U0362161

中国制造企业全球价值链的嵌入与升级研究

——以中国食品产业为例

徐娜 著

南开大学出版社

天津

图书在版编目(CIP)数据

中国制造企业全球价值链的嵌入与升级研究：以中国食品产业为例 / 徐娜著. —天津：南开大学出版社，2017.9

ISBN 978-7-310-05223-3

Ⅰ.①中… Ⅱ.①徐… Ⅲ.①制造工业－工业企业管理－研究－中国 Ⅳ.①F426.4

中国版本图书馆 CIP 数据核字(2016)第 219420 号

版权所有　侵权必究

南开大学出版社出版发行

出版人：刘立松

地址：天津市南开区卫津路 94 号　　邮政编码：300071
营销部电话：(022)23508339　23500755
营销部传真：(022)23508542　　邮购部电话：(022)23502200

*

唐山新苑印务有限公司印刷
全国各地新华书店经销

*

2017 年 9 月第 1 版　　2017 年 9 月第 1 次印刷
210×148 毫米　32 开本　8 印张　2 插页　234 千字
定价：32.00 元

如遇图书印装质量问题，请与本社营销部联系调换，电话：(022)23507125

目 录

前　言

　　科技革命带来了世界经济结构的变革，也带来了全球生产组织范式的根本性改变。以全球价值链为特征的分工模式已经主宰了当前的经济全球化进程和格局。作为全球价值链上重要一环的中国经济，从早期的代工生产到现如今的对外直接投资，中国制造业通过国际生产经营融入世界生产网络，分享全球价值链收益，并已经在世界占有重要一席。然而中国为世界制造业贡献巨大产出的同时，却只获得了**20%**的全球价值链增值收益。由此，研究在全球价值链中中国制造企业参与国际分工，以及国际化生产的模式选择和升级问题，对经济发展战略的实施和国际新秩序的建设具有重要理论研究价值和现实意义。

　　全书从概念出发，以全球价值链为核心，界定了贸易与投资、非股权与贸易、对外直接投资（FDI）与股权、外包与非股权的关系，通过辨析这些相互关系，梳理了基础理论的内在逻辑，进而对国内外股权与非股权（外包）的比较和选择模型进行阐释。同时，分别从不完全契约视角、全球价值链视角、国际化生产组织视角，对股权与非股权（外包）理论与实证研究进行了评述，进一步对发达国家、发展中国家以及新兴经济体的制造业全球价值链发展进行了经典文献梳理，从中获得了研究的新思路：一是扩充跨国公司国际化生产决策集，将非股权模式纳入企业国际化生产决策模型；二是将不完全契约的假设条件真正置入企业国际化生产决策模型中；三是从全球价值链出发，建立以全工序生产过程为主要特征的连续生产函数；四是运用企业微观数据进行企业国际化生产决策的实证检验。

　　由此，从全球价值链国际分工的内在要求，即生产要素的集约化和生产效率提高的角度出发，按照跨国企业国际化生产的全新经济发展范式，构建了中国制造企业参与全球价值链分工模式的一般分析框架。在理论研究方面，通过局部均衡方法分析跨国制造企业股权和非股权活动的运行机制与利益分配；采用动态均衡的分析方法研究跨国制造企业全球价值链生产过程中的股权与非股权模式选择的一般均衡，并分析外生变量变化对均衡决策的影响。在实证研究方面，采用五点尺度问卷调查法，联合应用数量化理论模型和二元选择模型（Logit（评定或逻辑回归）模型）对问卷数据进行分析，将定性因素进行定量化研究，揭示影响企业国际化生产模式选择的多因素相互作用程度；采用世界银行企业调查数据库以及经济与合作组织结构分析统计（OECD-STAN（structural analysis statistics））数据库数据，分别建立线形回归模型和非线性二元选择 Probit（一种广义的线性模型，服从正态分布）模型，检验我国企业参与全球价值链的国际生产决策；以食品产业为例，对嵌入全球价值链的中国食品产业集群的全球发展战略和升级进行了案例研究。

通过上述研究，获得如下独立观点：

（1）建立基于全球价值链的企业国际化生产决策动态均衡模型，研究发现当投资具有替代关系时，厂商倾向于对上游供应商采取股权模式；当投资具有互补关系时，厂商则倾向于对上游供应商采取非股权模式。中间投入品的技术互补程度越高，股权模式越会受到青睐；相反，中间投入品的技术替代程度越高，非股权模式则越为流行。类似地，当总部服务密集度较高时，最终厂商对下游供应商采用非股权模式的可能性越大；反之，则对下游供应商采用股权模式的可能性越大。

（2）利用数量化理论Ⅱ类模型，对我国企业在岸参与国际化生产模式选择的影响要因进行了实证分析，结果表明对于市场规模较大、技术水平较高的区域，企业倾向于选择股权模式进行国际化生产；而对于技术依赖度、生产规模和管理风险较高的区域，企业则主要通过非股权模式进入全球价值链。

（3）利用数量化理论Ⅲ类模型和二元选择 Logit 模型，对我国企业离岸国际化生产模式选择的影响要因进行了实证分析，结果表明收益性、风险性、便利性是决定企业选择国际化生产模式的关键影响因素。进一步分析发现，东道国投资风险性越大，企业通过契约生产等非股权模式进行国际化生产的可能性越大；而随着投资便利性的增强，企业选择股权模式的概率将大幅度上升；收益性指标是企业进行国际化生产的重要影响因素，但并不是区分企业股权投资或非股权安排的显著指标。

（4）随着企业成熟度和市场及政策的完善程度的提高，企业参与全球价值链的方式也逐渐由在岸股权生产、在岸承接非股权生产向离岸股权一体化生产和离岸非股权生产模式转变，并在一定条件下，股权与非股权模式可以并行发展。

（5）采用世界银行企业调查数据库以及 OECD-STAN 数据，对中国制造企业的国际化生产决策进行了实证分析，验证了下述结论：当产品替代弹性较小，上下游投资呈替代关系时，企业的上游指数与股权生产的概率呈正相关关系，企业的上游指数越大，股权模式生产的可能性越大，股权配置的比例也越高；反之亦然。当产品替代弹性较大，上下游投资呈互补关系时，企业的上游指数与股权生产的概率呈负相关关系，企业的上游指数越大，东道国技术依赖度越低，非股权模式生产的可能性越大，股权配置的比例也越低；反之亦然。

（6）从全球价值链与贸易、投资、就业和经济增长的新型互动关系中，揭示中国制造企业全球价值链整合下的股权与非股权模式内在选择机制的一般规律，并对中国制造企业在全球价值链的地位以及实现全球价值链增值和升级进行阐释。根据全球价值链流程升级、产品升级、功能升级及价值链升级的客观需要和要素组合的收益性、便利性和风险性的现实要求，提出了改善国际贸易条件、优化投资运营环境等贸易、投资、全球价值链等政策及其含义。

本书的写作历时两年，全书由徐娜负责构思和框架设计，并撰写了第一章、第二章、第三章、第四章、第五章、第六章和第八章；韩薇薇撰写了第七章。全书由徐娜进行了最后统稿。感谢我的导师齐欣教授对书稿提出的宝贵修改意见，感谢王殿华教授、华欣教授对本书出版的大力支持，同时也对我的同事张文胜、郑健翔等在本书写作过程中提供的帮助表示感谢，感谢南开大学出版社同仁们的辛勤工作。

本书为天津市哲学社会科学规划重点课题"中国制造业全球价值链嵌入与升级的战略路径研究(项目号: TJYY15-003)"的研究成果；天津科技大学人文社会科学创新团队食品安全管理、天津科技大学食品安全与战略管理研究中心十三五规划重大项目成果。

徐娜

2016 年 5 月

第 1 章 导论

1.1 研究背景与意义

1.1.1 研究背景

以格里芬（Gereffi，2001）[1]为代表的一些学者在波特（Porter，1985）[2]、科格特（Kogut，1985）[3]、格里芬（Gereffi，1994）[4]等人的研究基础上提出了"全球价值链（GVC，Global Value Chains）"的概念。可能连他们自己也无法预见到今天全球价值链会给世界经济带来怎样的一场"变革"。仅近两年内，"全球价值链"先后成为经济合作与发展组织（OECD）、联合国贸易和发展会议（UNCTAD）、世界贸易组织（WTO）等几大国际组织研究报告的主题，全球范围内第一个有关全球价值链的政策纲领性文件也于 2014 年在北京召开的亚洲太平洋经济合作组织（APEC）会议上通过，全球价值链正在以破竹之势改变着经济运行的轨迹和企业家的思维方式[5]。

而与此同时，国际贸易理论的研究也正在悄然发生着改变，研究重心从国家之间、产业之间逐渐转向企业这个微观主体。据联合国贸发会议估计，全球的跨国公司在母国以及国外创造了超过 16 万亿美元

---

① GEREFFI G. Beyond the Producer-driven/Buyer-driven Dichotomy: The Evolution of Global Value Chains in the Internet era [J]. IDS Bulletin, 2001, 32: 30-40.

② PORTER M. E. Competitive Advantage [M]. New York: Free Press, 1985: 37-64.

③ KOGUT B. Designing Global Strategies: Comparative and Competitive Value-Added Chains [J]. Sloan Management Review, 1985 (26): 15-28.

④ Gereffi G., Korzniewicz M. In Commodity Chains and Global Capitalism [M]. London: Green Wood Press, 1994: 189-201.

⑤ UNCTAD 的《2013 世界投资报告》的主题是"全球价值链与发展：全球经济中的投资和增值贸易"；WTO 的《2013 国际贸易统计报告》的主题是"全球价值链中的贸易"；OECD、WTO、WBG（世界银行）在 2014 年 G20 领导人峰会上提交的报告主题是"全球价值链：挑战、机遇与政策启示"；2014 年 APEC 通过了"推动全球价值链发展与合作战略蓝图"。

的增加值，占全球 GDP 的四分之一以上，而其中的 40%以上是由跨国公司的海外子公司创造的。来自美国统计署的资料显示，大约 90%的美国进出口都是通过跨国公司完成的。由此可见，跨国公司作为全球经济发展的推动者、参与者，通过其国际化的生产活动主宰着世界经济舞台的现在和未来，对于跨国公司的全球化生产行为的研究也成为近年来理论研究的热点。

众所周知，传统的跨国公司理论认为"跨国公司至少在两个或以上国家建厂实现对其生产经营活动的控制和管理"，因此控制权被当作一个主要的判断标准，但其却常常与所有权联系起来。其实所有权恰恰是跨国公司对外直接投资的结果，通过所有权优势，实现其国际生产的扩张。而随着全球价值链（Global Value Chains）理论和生产分割（Fragmentation of Production）理论的兴起，跨国公司理论也不断更新演进，跨国公司的核心竞争优势由传统的垄断优势、所有权优势逐渐向全球价值链优势转移，而这种优势既可以通过股权模式对全球价值链的所有权来实现，也可以通过非股权模式（NEM）对全球价值链的控制力来实现。新名词的出现勾勒出跨国公司全球生产范式的变革，也显示出学术界对于这种新变化的充分关注。OECD 关于 iPhone（苹果智能手机）的全球化生产的描述则更为直观地展现出一幅真实图景。

不论是 iPhone，还是 iPod 或 iPad，这些高技术产品的组装都是在中国完成的，而其使用的零部件则主要由德国、韩国、日本的供应商来提供。表 1.1 显示了苹果公司 iPhone 4 的零部件供应情况，占总价值 37.5%以上的制造环节（按照美国市场零售价为 500 美元）都是由国际外包完成的。可见跨国公司的国际化生产并不都是由其海外分公司来完成的，部分生产是通过合同制造、服务外包等非股权安排来实现的。

表 1.1　iPhone 4 的零部件供应情况

国家或地区	零部件	制造厂商	成本
中国台北	触摸屏，照相机	台湾大力光电，台湾胜华科技	20.75 美元
德国	基频处理器，电源，接收器	Dialog, Infineon	16.08 美元

续表

国家或地区	零部件	制造厂商	成本
韩国	应用处理器，显示屏，DRAM 内存	LG，三星	80.05 美元
美国	语音解码器，GPS，内存，触摸屏控制器，连接器	Broadcom, Cirrus Logic, Intel, Skyworks, Texas Instruments, TriQuint	22.88 美元
其他	其他	Misc	47.75 美元
		总计	187.51 美元

资料来源：OECD/WTO. Trade in Value-added: Concepts, Methodologies and Challenges [EB/OL]. http://www.oecd.org/sti/ind/49894138.pdf, 2011:2。

《2011年世界投资报告》的主题是"国际生产和发展的非股权形式"。报告中称国际生产的非股权形式（NEMs）日益重要，2010年跨国非股权活动创造了2万多亿美元的销售额，而且在人多数情况下，非股权活动表现出了比所在行业更快的成长速度（具体参见表1.2和图1.1）。通过合同制造、服务外包、特许经营等不断扩大的非股权生产和投资模式，为发展中和转型期经济体提供了机遇，使其能够进一步融入瞬息万变的全球经济。

表 1.2　2010 年跨国非股权活动关键指标（10 亿美元，百万从业人口）

	全世界与非股权相关的指标			
	销售额	增加值	从业人员	发展中经济体
合同制造——所选技术/资本密集型行业				
电子	230—240	20—25	1.4—1.7	1.3—1.5
汽车零配件	200—220	60—70	1.1—1.4	0.3—0.4
医药	20—30	5—10	0.1—0.2	0.05—0.1
合同制造——所选择的劳动密集型产业				
服装	200—205	40—45	6.5—7	6.0—6.5
鞋帽	50—55	10—15	1.7—2.0	1.6—1.8
玩具	10—15	2—3	0.4—0.5	0.4—0.5
服务外包				

续表

	全世界与非股权相关的指标			
	销售额	增加值	从业人员	发展中经济体
IT 服务与业务流程外包	90—100	50—60	3.0—3.5	2.0—2.5
特许经营				
零售餐饮、商务与其他服务	330—350	130—150	3.8—4.2	2.3—2.5
管理合同——选定行业				
酒店	15—20	5—10	0.3—0.4	0.1—0.15
	全世界与非股权相关的指标			
	费用	相关销售	相关增加至	
特许经营				
跨行业	17—18	340—360	90—110	

注：由于数据获得的原因，本数据只反映纯跨国销售，可能会低估相关产业非股权活动规模。

资料来源：联合国贸发会议. 世界投资报告 2011：国际生产和发展的非股权形式[M]. 北京：经济管理出版社，2011：163。

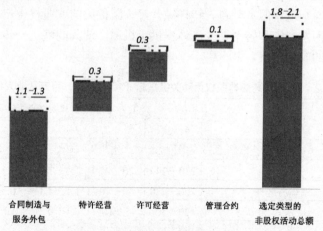

图 1.1　非股权安排（NEMs）世界销售额估计值（2010 年，单位：万亿美元）

注：虚线部分描述了每一条目的范围估计值。图中包含了表 1.2 以外的一些非股权活动，如合同制造（运动产品、大型家电、纺织品及电子元件）以及管理合同（基础设施服务）。

资料来源：联合国贸发会议. 世界投资报告 2011：国际生产和发展的非股权形式[M]. 北京：经济管理出版社，2011：162。

由此可见，随着国际生产体系的建立和完善，跨国公司真正进入到了"以世界为工厂""以各国为车间"的全球化生产时代，特别是在制造领域，全球价值链几乎重塑了制造业的竞争模式。如图 1.2 所示，与非 OECD 成员国相比较，以发达经济体为主要代表的 OECD 成员在世界制造领域仍然能够创造并获得大量的增加值（在全球价值链增加值占比达到 60%～80%）；但与此同时，中国的制造业在全球价值链的增加值占比则呈持续上升态势（由 1995 年的不足 4.4% 上升至 2011 年的 20.3%），竞争实力越来越强[①]。

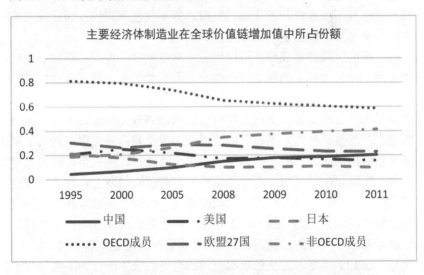

图 1.2　主要经济体制造业在全球价值链增加值中所占份额

注：表中欧盟数据包括 27 国数据，2013 年加入的克罗地亚被剔除。

资料来源：作者根据 OECD-Stats TiVA 数据库数据计算整理（2015 年 6 月更新）。

全球价值链分工背景下，制造企业不再仅仅拘泥于通过 FDI（股权控制）的方式来构建国际生产网络，还可以通过将跨国公司全球价值链的经营活动外部化（非股权安排）的方式与东道国企业一起构建

① 一国通过生产中间产品和最终产品在全球价值链中所获得的增加值，可以较好地体现该国制造业的竞争实力。

相互依存的全球网络。所谓股权模式是指跨国公司以占有公司股份的方式参与企业经营管理，实现对企业的控制和配置目的的生产组织方式，这里主要指传统的 FDI 方式。非股权安排（NEMs）与股权相对，是指通过股权以外的其他方式实现对东道国合作伙伴的控制的行为，包括合同制造、特许经营、服务外包、许可经营、管理合同、订单农业及其他类型的契约关系，通过这些契约关系，跨国公司能够协调其全球价值链中的活动，在不持有公司股份的前提下影响东道国公司的管理。伴随着技术、产品的可分割性越来越大，在国际生产价值链的任一环节都可以选择外国直接投资或选择非股权形式进行国际投资和生产，参与全球价值链的利益分配。

传统的跨国公司理论主要围绕三个问题展开：为什么有些企业选择在两个或两个以上的国家进行生产，而其他的企业却没有这样做？是什么因素决定了跨国公司在一些地区投资生产而不是其他的地区和国家？为什么跨国公司更愿意拥有自己的国外分支机构而不是与当地的生产厂商签订契约？而现代的跨国公司理论却将研究重点转向了全球价值链的治理、FDI 还是外包的国际生产选择、不完全契约与离岸外包、国际化生产组织的所有权与控制权等核心问题上。理论研究的转向暗示了跨国公司经营实践活动的变迁，跨国公司越来越多地通过契约安排及议价能力来调节、影响东道国企业的运作行为，很多时候这种影响是实质性的。非股权形式的出现重新演化了经典的经济学"三优势"（OLI）模型，它使得跨国公司的对外投资生产行为不再局限于股权控制（FDI）与非控制（贸易）的选择，而是将这种行为带入到了一个介于 FDI 与贸易之间的"中间地带"①。

跨国公司通过贸易、对外直接投资、外包等活动不断完善其国际生产体系，通过股权或非股权的组织模式实现对其全球价值链的管理。那么股权和非股权安排到底是什么关系？对于跨国公司而言，是在特定条件下二者之间最优选择的替代关系，还是在同一时点上二者共生互补的关系？如果是相互替代的，什么因素会决定跨国公司的最优选

---

① Hennart, Francois J. Down with MNE-centric Theories—Market Entru and Expansion as the Strategies for the Garment Industry[J]. Journal of International Business Studies, 2009, 40: 1432-1454.

择，在什么条件下选择股权模式，又在什么条件下选择非股权安排？二者在什么条件下实现互补共生？在全球价值链分工下，股权与非股权模式的发生和选择与生产阶段以及全球价值链的位置是否存在联系？如何在二者之间进行协调？中国制造企业该采取何种模式将产业链延伸到海外，参与全球生产价值体系分配与资源配置，是采用传统的 FDI（股权形式）还是 NEMs（非股权安排），抑或是二者的有效结合？制造企业在全球价值链的分工会受到哪些因素影响？中国制造企业如何破解价值链低端锁定的难题，实现产业升级和价值链攀升？正是这诸多的疑问引发了笔者浓厚的研究兴趣，才有了今天的论著——中国制造企业全球价值链的嵌入与升级研究——以中国食品产业为例。

1.1.2　研究目的和意义

1. 研究目的

现代信息和通信技术的革命，大幅地削减了人为和自然的贸易壁垒，使得世界经济结构、全球生产的组织范式发生了根本性变革，以全球价值链为特征的分工模式已经主宰了当前的经济全球化进程。原本局限在一国内部的产品的工序性生产被分割成若干高度专业化的生产任务分散到世界各地来进行；原本在跨国公司内部完成的生产与贸易行为也部分地被各种外部化的非股权契约生产所取代；跨国公司的直接投资与各种非股权安排替代了传统的贸易成为世界经济增长的主要动力；跨国公司传统的垄断优势、所有权优势逐渐演化为在全球价值链上的竞争优势；由贸易、直接投资和非股权安排共同决定的复杂网络联系替代了传统的由贸易决定的简单线性联系。全球价值链不仅改变了产品的生产方式，同时改变的还有贸易和投资的边界、模式，以及服务、资本、专有技术的流动及其内在联系机制，甚至有人认为全球价值链挑战了传统的人们关于经济全球化的思考，形成了一种全新的经济发展范式。跨国公司国际生产范式的变革带动了跨国公司理论的新发展，因此本书在理论层面上将从相关概念界定、理论模型、经济解释三个层次为这种变革和发展探寻理论上的解释和分析。本书旨在通过建立一个逻辑统一的数理模型框架，从微观角度研究全球价值链分工背景下，制造企业的国际化生产模式选择，把握全球价值链整合下的股权一体化生产与各种非股权安排的内在形成机制的一般规律，为建立逻辑统一的研究框架做出有益尝试。

作为全球价值链上重要一环的中国经济，其融入并影响全球经济的深度和广度。中国的全球价值链之路始于制造业，从早期的代工生产到现如今的对外直接投资，中国制造业已经在世界占有重要一席，并有以华为、联想为代表的一大批具有技术、资本和产品优势的中国制造企业走出国门，通过国际生产经营融入世界生产网络，分享全球价值链收益。与此同时，我们也注意到，世界 60%的制造业产出来自中国，但只获得了 20%的全球价值链增值收益①。越来越多的中国制造企业面临着国际化生产的模式选择和全球价值链升级问题。发达国家跨国公司的国际生产之路对于我国制造企业的"走出去"有无借鉴意义，经典的国际生产选择路径对我国制造企业是否有示范作用，在政策上又有哪些启示，这些都是本书将要关注的。因此本书在实践层面上一方面将利用世界银行对我国境内制造企业问卷调查的微观数据对数理模型进行实证检验；另一方面将为我国制造企业的国际化生产投资战略的制定以及参与全球价值链竞争与升级提供战略建议，并对我国外贸政策与外资政策的调整和完善提供理论支持，为我国制造业实现产业升级和可持续发展提出现实可行的政策主张。

具体来说，本书重点关注以下几个问题：

（1）股权与非股权的选择基于怎样的比较，影响选择的关键因素有哪些？

跨国公司股权与非股权的选择从本质来说就是跨国公司生产活动内部化与外部化的选择，简言之，就是相当于做出一个"是自己生产还是从外面购买"的决定。格罗斯曼和赫尔普曼（Grossman and Helpman，2002）②等人都曾经对这个主题进行研究，并且构建了 FDI与 Outsourcing 选择的一般均衡模型。而股权与非股权的选择在此模型基础上应进一步延伸，将控制权这个关键要素纳入进来进行分析。

---

① 根据 OECD-Stats Tiva 数据库数据计算，http://stats.oecd.org/。

② Grossman G. M., Helpman E. Outsourcing Versus FDI in Industry Equilibrium [J]. Journal of the European Economic Association, 2003 (1): 317–327.

无论是股权投资还是非股权安排,都有着各自不同的优势和特点,而两者之间的选择主要基于相对的成本、收益和风险的比较以及各自的可行性分析。二者从成本、收益、风险的角度比较如下:

第一,从成本方面比较,股权方式往往会使企业面临更为复杂的运营环境,由于企业需要对整个价值链实施控制,因而运营成本会比较高;非股权安排由于只对部分价值链实施控制,所以运营成本会比较低,但是却由于内部行为外部化的原因,从而会产生比股权投资更高的交易、沟通、管理和监督成本。

第二,从收益方面比较,股权方式是基于全价值链追求价值最大化的;而非股权安排由于放弃了对一部分价值链的控制,所以也就意味着要放弃这部分价值链所创造的利润。

第三,从风险方面比较,股权方式的内部化经营行为同时也就意味着内部化了全部与经营活动相关的风险,因而风险较高;非股权安排则将这些风险通过外部化的行为转移给了第三方。

总体而言,股权方式追求的是最大化的收益;非股权安排追求的是成本和风险的最小化。股权方式拥有对生产价值链的强控制力,构建并掌控着其国际化的生产网络;而非股权模式则更具灵活性,能够挑战制约构建新竞争能力的僵性和路径依赖性,克服对某些重要资源获取的认知盲区,大幅提高对东道国资源的利用效率,降低企业使用东道国资源的成本(Williamson and Verdin, 1992)[①]。当然,无论是股权投资还是非股权安排,对于价值链上的任何既定环节,都会随着其所在行业、具体的跨国公司的不同以及契约模式的不同而呈现特殊的表现。在现有的文献中,生产率优势、产业规模、工资率以及合同环境等要素均被认为是影响决策的重要因素,而对于政策、厂商议价能力等因素的影响程度有待于在本研究中继续。特别是对每一个具体因素的阈值解释将对我国制造企业跨国生产的组织模式选择具有重要的指导意义。

---

① Williamson P. J., Verdin P. J. Age, Experience and Corporate Synergy: When are They Sources of Business Unit Advantage?[J]. British Journal of Management, 1992 (3): 221–235.

（2）股权与非股权模式是否存在共生互补关系

相对于股权与非股权模式的选择替代关系，二者之间是否存在互补关系在现有文献中却鲜有提及。本书认为股权与非股权之间存在共生互补关系，原因主要有三个：一是无论股权还是非股权模式都是跨国公司在进行国际生产布局和国际生产体系构建时可以选择的方式，二者可以同时共生于一个跨国公司的国际生产体系之中，因此作为跨国公司协调其国际生产体系和组织结构的方式，二者之间可能会体现互补性。二是在跨国公司生产实践中，确实存在二者共存于价值链的同一阶段的现象，比如许多制造业的跨国巨头在同一国家既有直属的分支机构，又有多家非股权供应商，通常是由分支机构对非股权合作伙伴进行管理并为双方的合作提供采购、物流等方面的便利。还有一个值得注意的现象就是，我们发现零售业的跨国巨头在最初进入转型经济体市场时，几乎都是先采用 FDI 的股权方式进入的，后来随着转型经济体的发展及其商业环境的不断完善，特许经营等非股权方式就开始越来越多了。三是因为股权和非股权的关系与贸易和投资的关系有着密切的联系，股权与非股权的活动也同时会带动资本、技术、劳动等要素的跨国流动，由此而引起的规模经济、外部性等因素是否会成为二者之间存在互补关系的重要解释，这也将是本书的研究命题之一。

（3）跨国公司的国际化生产战略对于中国制造企业的借鉴？对于中国的政策制定者的启示

随着国际化生产方式的建立，产品的不同生产环节将不再局限在一个国家内部，而是在全球范围内进行资源选择和地理布局。跨国公司的投资生产活动贯穿于价值链中的每一个增值环节，采用的模式也不再仅仅局限于股权形式，而是包括种类繁多的非股权形式，如制造合约、管理合约、服务外包、特许经营、许可经营等。跨国公司的国际化战略也已经不能被贸易投资一体化的内容所涵盖，这也使得政策的空间被不同程度向外扩展。当今世界，跨国公司的投资生产行为都是基于整个国际生产价值链的，政策制定者应该关注全球价值链整合的全过程，关注不同国际生产组织模式下不同的政策选择空间，关注各种政策的组合及其相互作用，形成合力，支持经济发展。

对于中国的制造企业而言，一方面有"走出去"的迫切需要，另一方面有承接非股权生产的现实需要，因此研究跨国公司的国际化战略安排对于中国制造企业的这两种需要都有帮助和借鉴作用。希望这样的研究对我国制造企业能够有所启示，在"走出去"的时候不盲目，从靠直觉和经验的决策向科学决策转变；在承接跨国公司契约生产的时候不盲从，从低利润、低技术的生产价值链低端向高附加值、高技术获取的生产价值链高端转变。

2. 研究意义

从理论层面来讲，首先，邓宁的国际生产折衷理论 OLI 优势模型（所有权优势（ownership）、区位优势（location）、市场内部化优势（internalization））描述了跨国公司在东道国基于所有权、内部交易与许可权之间的模式选择，而国际生产的非股权模式则代表了这一理论的最新演进：它允许跨国公司在整个价值链管理中，通过外部性的活动进入一个"中间地带"，但仍然维持着一定的控制力。因此本书探讨跨国公司通过各种股权与非股权方式实现其对全球价值链的控制，丰富了传统的所有权优势理论以及内部化、外部化优势理论，将企业对全球价值链的控制视为一种新的竞争优势，在理论上是对传统跨国公司对外直接投资理论的延伸。其次，随着外部化理论和生产分割化理论的发展，外包成为跨国公司进行国际化生产时的热门选择，格罗斯曼、赫尔普曼（2003）[①]等人先后建立了跨国公司 FDI 与外包的选择模型，解释了跨国公司国际化生产方式选择的原因和条件。本书探讨的股权与非股权的选择，不仅仅是对成本、收益、风险的经济学分析，更站在全球价值链治理的角度，将控制力、议价能力、不完全契约等因素置入模型中，分析跨国制造企业国际化生产组织模式选择的条件和影响因素，从理论上丰富了跨国公司国际化生产选择模型的内涵。最后，本书在传统的投资与贸易关系模型基础上，增加非股权的中间模式，扩充了跨国公司国际化战略的决策集，建立动态的跨国公司国

---

① Grossman G M, Helpman E. Outsourcing Versus FDI in Industry Equilibrium [J]. Journal of the European Economic Association, 2003 (1): 317–327.

际化战略的一般均衡模型，这种分析的方法和框架有助于更为全面地解释和刻画跨国公司国际化生产行为，具有一定的理论意义。

　　从实践层面来讲，按照"中国制造2025"的战略规划蓝图，要想实现"制造强国"的中国梦，中国的制造企业可能都正在或将要面临着全球价值链低端锁定和跨国投资生产的低效率困境，如何选择融入全球价值链的方式和时机，如何安排每一个生产工序的全球布局，如何权衡价值链上所有权的配置，如何实现收益最大化与成本风险最小化的均衡，这些都是我国制造企业跨国投资生产实践中的难题。因此本书的研究对于我国制造企业的跨国实践具有一定的启示作用，为政策制定者提供一些理论和政策线索。此外，在实践层面，学界一直以来对采用行业数据检验企业微观决策的解释力存有质疑，因此本书拟采用世界银行2012年对中国企业问卷调查的微观数据（包括2700家民营企业和148家国有企业的调查数据，其中制造企业1727家），联合应用OECD-Stats STAN数据库数据，尝试对我国制造企业嵌入全球价值链的国际生产决策进行实证检验，以期对企业决策的微观数据检验有所裨益，希望能够对我国制造企业的国际化发展战略和路径提供更为可靠的策略依据。

1.2 研究方法与框架

1.2.1 研究方法

　　对于一个经济问题的研究，研究方法就好比那把利器一样带领我们剖开现象，探寻本质。本书基于袁方（1997）[①]，陈向明（2000）[②]的观点，分别从方法论、研究方式方法、具体方法与技术等三个层面阐释本书的研究方法。从现有文献可以看出，对于跨国公司的国际化生产问题的相关研究既有从理论层面进行模型推演的，也有从实践层

---

① 袁方，王汉生. 社会研究方法教程[M]. 北京：教育科学出版社，1997：24-26.
② 陈向明. 质的研究方法与社会科学研究[M]. 北京：教育科学出版社，2000.

面分析现象原因的；既有从定性角度阐释跨国公司国际化生产模式选择的，也有以定量手段检验理论模型的实证研究。因此本书坚持理论与实际相结合、规范与实证研究相结合、定量与定性研究相结合、静态与动态研究相结合的方法论原则，从跨国公司全球化生产的实际出发，对股权模式与非股权模式的运行机制和利益分配进行静态比较。在此基础上，研究制造企业全球价值链整合的国际投资战略动态均衡，并采用问卷调查方式，运用数量化理论模型方法和离散选择模型方法对我国制造企业的国际化生产模式选择的决策因素进行定量分析，从而为对策建议部分提供坚实的理论保障和实证基础。具体的研究方法与技术如下（参见图 1.3）。

1. 文献研究法

跨国公司的全球化生产趋势已经形成，众多的学者分别从理论层面和经验层面进行了大量研究，因此本书分别按照理论演进的逻辑顺序和研究内容视角分类进行两个维度的文献梳理，特别是对国际经济学领域的顶级期刊、著名学者、经典文献的相关主题逐本溯源，以求对该主题的研究现状进行深入分析，并在此基础上，提出跨国公司股权与非股权比较选择的理论分析框架和实证研究思路，包括模型的研究假设、变量选取以及实证研究部分的方式方法等，从而使得本书的研究能够有基础、有依据、有提高、有创新。

2. 统计调查研究法

其实无论是理论研究还是实证研究，无论是定量研究还是定性研究，都需要大量的社会调查和统计数据做支撑，因此本书使用了深度访谈、问卷调查、统计分析等方法。首先，通过对企业、政府部门的深度访谈一方面为调查问卷的设计做准备，另一方面为后期的政策建议寻依据；其次，在问卷设计、样本选取等明确的基础上对 200 家左右的企业进行问卷调查，为后期的实证研究积累数据基础；再次，针对回收的问卷，结合搜集到的相关宏观经济数据，采用日文版 EXCEL，EVIEWs 等软件进行统计计量分析，探寻影响企业国际化生产模式选择的关键因素；最后，采用 STATA 软件，应用数理统计方法分析世界银行对我国 1727 家制造企业的问卷调查结果，对本书的理论模型进行实证检验。

3. 模型研究法

针对跨国公司的全球化生产决策这一复杂的经济现象，显然模型研究法非常适合，以前的文献中也大多使用模型方法解决这一理论研究问题，如基于不完全契约理论的格罗斯曼—哈特—莫尔（GHM）模型[①]，研究跨国公司所有权分配的安特拉斯（Antras，2005）[②]的动态的一般均衡南北贸易模型，格罗斯曼和赫尔普曼（2002）[③]的关于自制或外购（make or buy）的选择模型等等。本书的模型研究法主要分为理论模型研究和实证模型研究。在理论模型方面，旨在建立逻辑统一的数理模型分析框架，一方面通过局部均衡方法分析跨国制造企业股权和非股权活动的运行机制与利益分配，分析异质性厂商在有限理性的假设下股权与非股权之间的相关性；另一方面，采用动态均衡的分析方法研究跨期条件下跨国制造企业全球价值链生产过程中的股权与非股权模式选择的一般均衡，并分析外生变量变化对均衡决策的影响。在实证模型方面，一方面采用五点尺度问卷调查法，联合应用数量化理论模型和二元选择模型（Logit 模型）对问卷数据进行分析，了解变量之间的潜在意义，揭示跨国公司全球化生产决策的各影响因素之间的相互关系；另一方面采用世界银行对我国 1727 家制造企业的问卷调查数据，以及中国宏观的全球价值链下贸易和投资数据（OECD-STAN 数据库数据），分别建立线形回归模型和非线性二元选择 Probit 模型，分析我国企业参与全球价值链的国际生产决策。具体的研究方法与可行性技术路线见图 1.3。

1.2.2 逻辑框架

本书的逻辑框架如图 1.4。

---

① 由格罗斯曼和哈特（Grossman & Hart，1986）、哈特和莫尔（Hart & Moore，1990）等共同创立，被称为 GHM 模型。

② Antràs P. Incomplete Contracts and the Product Cycle[J]. American Economic Review, 2005, 95 (4): 1054-1073.

③ Grossman G M, Helpman E. Integration Versus Outsourcing in Industry Equilibrium [J].The Quarterly Journal of Economics, 2002, 117 (1): 85-120.

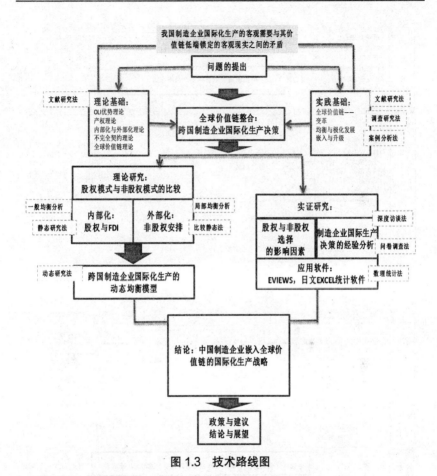

图 1.3　技术路线图

资料来源：作者绘制。

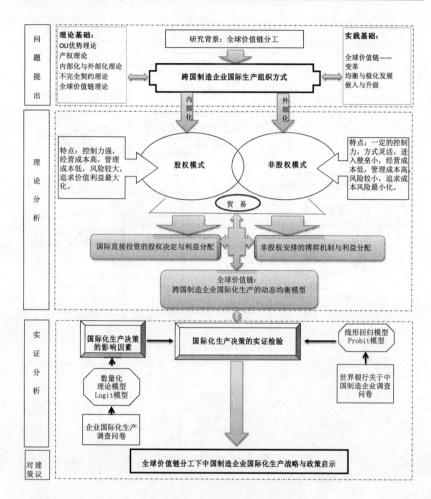

图 1.4 本书的逻辑框架

资料来源：作者绘制。

1.3 研究内容与创新

1.3.1 主要内容

本书缘起于我国制造企业不断向海外价值链延伸进行全球化生产的客观需要与其价值链低端锁定的客观现实之间的矛盾,以我国制造企业作为研究的主体,以全球价值链理论、所有权优势理论、内部化与外部化优势理论、不完全契约理论为分析逻辑的理论基础,以股权与非股权的比较为研究视角,以跨国制造企业的国际化生产安排为研究主线,探讨全球价值链背景下,跨国制造企业在全球范围内配置资源进行国际化生产的组织管理模式,分析股权和非股权安排的理论相关性及其利益分配机制,建立基于全球价值链整合的制造企业国际化生产动态均衡模型,对我国制造企业嵌入全球价值链的国际生产决策进行实证分析,并在此基础上提出全球价值链分工下中国制造企业国际化发展及产业升级的战略选择及相关政策建议。本书涉及全球价值链、股权生产、非股权生产、离岸生产与在岸生产等概念的逻辑关系,如图 1.5 所示。

本书共分为七部分,具体研究内容如下:

第一章为"导论"。作为本书的开篇,对本书的研究背景、研究意义和研究目的等进行基本的陈述,对相关的概念进行界定,阐述研究的主要内容和逻辑框架,提出本书使用的研究方法,归纳本研究的创新点、重点和难点。

第二章为"理论基础与文献综述"。作为本书的理论逻辑起点,本章首先将以跨国公司战略演进为序,对相关理论进行梳理和适用性说明,进而按照本研究的理论逻辑演进对现有的文献进行梳理,对国内外研究现状进行分析。以股权与非股权问题的溯源理论作为理论研究的逻辑起点,以股权与非股权的选择决策作为研究的主题展开阐释,分别从不完全契约理论、全球价值链理论及国际化生产组织的视角对非股权模式及其与股权模式的比较进行梳理和分析，研究全球价值链下各国制造业的发展轨迹，确定本研究的理论切入点和可行性，为本书的撰写奠定坚实的研究基础并提供广阔的价值提升的空间。

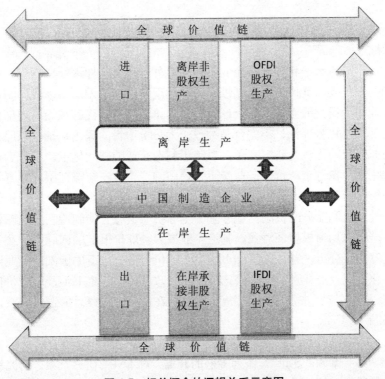

图 1.5　相关概念的逻辑关系示意图

资料来源：作者绘制。

　　第三章为"中国制造企业全球价值链专业化分工的分析"。作为本书的实践逻辑起点，本章将从全球价值链进行切入，探讨全球价值链对贸易、投资、就业以及经济增长的影响，并应用实践数据阐述全球价值链在世界各经济体呈现出的均衡与极化的发展趋势。在此基础上，从中国制造企业全球价值链的嵌入度指数、参与价值链的生产阶段、外国增加值、本国增加值等数据指标，详细分析我国制造企业参与全球价值链分工的方式、程度、利益分配及产业升级困境等问题。

　　第四章为"跨国制造企业国际化生产的动态均衡与利益分配"。作为本书的理论研究核心，本部分将研究焦点从传统的产品、产业分析拓展到生产阶段、生产活动以及生产任务的分析，以跨国公司的内部化优势与外部化成长之间的比较为切入点，从全球价值链的视角，在不完全契约的假设下，研究位于价值链上不同生产阶段厂商对上下游供应商投资战略决策的不同以及上下游供应商之间的相互决策影响，构建跨国制造企业全球价值链生产模式选择的动态均衡模型，探讨国际直接投资的股权决定机制和非股权安排的博弈机制及其利益分配。研究将重点关注全球价值链中厂商议价的序列性问题；关于不完全契约更深层面的考虑，如最终厂商与供应商之间的议价能力以及是否存在事前交易等。

　　第五章为"我国企业国际化生产的股权与非股权选择的影响因素分析"。本章采用实证研究法对影响企业国际化生产方式选择的因素进行检验分析。本部分主要根据前面的理论模型，提出制度、契约以及要素等方面的相关假设，设计五点尺度调查问卷，并对获取的 142 份有效问卷数据，在运用数量化理论Ⅲ类模型对影响我国企业在岸与离岸生产的各个因素进行分析的基础上，对聚类后的关键要素进行非线性 Logit 回归分析，得出各因素对企业国际化生产决策不同的作用方式及影响程度，为制定企业嵌入全球价值链的战略路径提供思路。

　　第六章为"全球价值链分工下我国制造企业国际生产决策的经验分析"。本章与第五章是全书的实证研究核心，本部分采用世界银行2012 年对中国企业问卷调查的微观数据（包括 2700 家民营企业和 148家国有企业的调查数据，其中包括 1727 家制造企业，这些数据无论在样本数量和权威性方面都值得信赖），联合应用 OECD-STAN 数据库数据，分别应用多元线性回归和二元离散选择模型，尝试对我国制造企业嵌入全球价值链的国际生产决策进行实证检验，并在此基础上提出我国企业嵌入全球价值链的路径选择依据和条件。

　　第七章为"全球价值链分工下中国制造企业国际化生产战略与政策启示"。作为本研究的落脚点，本部分主要是在前文理论模型和实证模型分析的基础上，同时借鉴发达国家跨国公司国际化生产的经验，对中国制造企业全球价值链嵌入、整合、升级提出战略建议，并提出相关的制度设计空间和政策启示。

1.3.2 创新点

本书的写作是站在巨人肩膀上开始的，在大量前人研究的基础上，本书在写作过程中力求取得以下几方面的突破和创新：

1. 学术思想方面

扩展了经济发展范式研究的内涵。由原来的通过产业分类分析贸易结构和生产分工，发展为按业务功能分析贸易结构和生产分工，改变了生产要素在全球范围内的集约和重组方式。本书将传统的"make or buy"国际生产决策的一般均衡模型拓展至全球价值链背景下，通过加入全球价值链生产阶段、厂商议价时序性、技术依赖度等因素，构建一个基于全球价值链的制造企业国际生产投资战略动态决策模型，强调最终产品厂商与中间厂商的议价能力对投资所有权配置的重要作用。

一国全球价值链参与度与一国的经济规模、中间品的属性及中间品贸易密切相关。从最终需求距离的研究视角发现，由于非股权活动的增加，中间品生产的扩大，使得各国离最终需求的距离呈现不同程度的增加。随着全球价值链的延长，大多数国家的上游指数增大，一国贸易政策的靶向性和控制力逐渐减弱，但其传导的速度和影响范围逐渐扩大。

2. 学术观点方面

从劳动密集型和低技术产品比较优势、高技术产品出口的国外依赖和长期加工贸易形成的路径依赖，分析形成中国制造业全球价值链低端锁定的主要原因，并提出了要素禀赋低端锁定的地理转移契机、从"出口加工区"向"自由贸易区"的功能升级契机、中产阶级消费市场形成的产品升级契机、中国"走出去"战略助力价值链全面升级契机。

通过在模型中设定的中间投入品替代弹性指数 ρ 反映的技术依赖

度，最终产品替代弹性指数 α 反映的市场控制力，以及总部服务密集度 γ 来反映最终厂商与供应商之间的议价能力，而议价能力的高低决定了企业全球价值链收益分配的比例。

建立基于全球价值链企业国际化生产决策动态均衡模型，当投资具有替代关系时，厂商倾向于对上游供应商采取股权模式；当投资具有互补关系时，厂商则倾向于对上游供应商采取非股权模式。中间投入品的技术互补程度越高，股权方式越会受到青睐；相反，中间投入品的技术替代程度越高，非股权模式则越为流行。类似地，当总部服务密集度较高时，最终厂商对下游供应商采用非股权模式的可能性越大；反之，则对下游供应商采用股权模式的可能性越大。

3. 研究方法方面

在理论建模方面，首先是在理论模型的前提假设上，基于有限理性的认知，真正将"不完全契约"条件内生化，使得理论推演的结论更加贴近实际，更具解释力；其次在建模过程中则采用动态研究的方法，对企业的国际化生产决策进行不同生产阶段的跨期综合分析，突破了以往主要基于静态和比较静态的研究路径。

在实证建模方面，首先是数据选择创新，本书采用由世界银行"企业调查"（Enterprises Surveys）授权提供的 2012 年中国境内企业问卷调查的微观企业数据进行实证检验，这与以往的文献多采用 SITC4（联合国最新国际贸易分类标准）来替代企业层面数据具有显著区别，也解决了学界一直以来的对用行业数据检验企业微观决策问题的质疑；其次是联合应用数量化理论模型与二元离散选择模型，有效解决了单纯应用多元回归模型对定性要素量化不准确的问题，大幅度提高了模型的拟合度。

1.3.3 重点和难点

本书的重点是在传统的"make or buy"国际生产决策的一般均衡模型基础之上，加入全球价值链生产阶段、厂商议价时序性、技术依赖度等因素，构建一个基于全球价值链的制造企业国际生产投资战略动态决策模型。建立一个逻辑统一、结构完整的理论模型具有相当的难度，而同时还要考虑模型的兼容性和可扩展性，就对研究者的数理建模基础和逻辑推理能力要求更高。此外，鉴于企业层面数据的难以获得性，在本领域应用企业微观数据进行实证检验还很少见。本书拟采用世界银行问卷调查的微观数据进行企业层面的实证检验。虽然世界银行的调查问卷设计得非常详细，但仍缺乏企业从事国际生产经营的一些直接数据，为此还需要对相关数据进行艰难的搜集、整理和处理，并进行大量的市场调研和走访，需要研究者投入足够多的时间和精力。

1.4 相关概念界定

本书基于股权与非股权比较的视角，探讨了全球价值链分工下我国制造企业的国际生产决策问题。但通过对大量文献的检索、阅读和整理发现，几个类似的概念需要辨析和界定：全球价值链与产业链、全球商品链、全球生产网络之间是什么关系？贸易与投资的关系和股权与非股权的关系的研究区别是什么？非股权与贸易是什么关系？股权投资等同于对外直接投资（FDI）吗？非股权与外包又是什么关系？所有这些问题的回答是本书研究的基础，而本书对这些问题所做的分析和回答则是在对大量经典理论文献梳理、归纳和总结的基础上完成的。

1.4.1 全球价值链相关概念界定

米歇尔·波特（Michael E. Porter, 1985）[1]教授在其著名的《竞争优势》一书中提出了"价值链"（Value Chains）的概念。他认为企业创造价值的过程可以分解在设计、生产、营销、交货等一系列相互分离的活动中，这些活动中的每一个环节都会对企业的相对成本地位有所贡献，其总和构成企业的价值链。科格特（Kogut, 1985）[2]在研

---

① Porter M. E. Competitive Advantage [M]. New York: Free Press, 1985: 37-64.
② Kogut B. Designing Global Strategies: Comparative and Competitive Value-Added Chains [J]. Sloan Management Review, 1985 (26): 15-28.

究企业和国家的全球竞争优势时，提出了价值增值链（Value Added Chains）的概念，与波特（Porter）的价值链的概念相比，价值增值链更强调的是由原材料、劳动力、技术等组合而成的各种投入环节，直至最终消费市场全过程中每一环节的价值增值，而且科格特（Kogut）将价值增值链拓展至国家层面和全球视角。格雷菲里芬（Gereffi，1994）[①]等人则在融合价值链和价值增加链的基础上，提出了全球商品链（GCC，Global Commodity Chains）的概念，但从本质上与波特（Porter）的价值链没有太大的差别，它也强调的是产品从设计到生产到营销的全过程中形成的产业网络关系，只不过此时的产业网络不只局限于企业内部，而是向企业外部及全球领域拓展开来。其实波特（Porter）在20世纪90年代以后，也开始将其价值链的概念从企业层面向产业层面扩展，并研究其空间分布。全球价值链（GVC，Global Value Chains）的概念由格雷菲里芬（Gereffi，2001）[②]等在全球商品链的基础上提出，GVC提供了一种基于全球经营网络的分析方法，主要可以用来分析跨国公司的全球化生产活动及其组织安排，考察价值在哪里、由谁创造和怎样分配的问题。斯特金（Sturgeon，2001）[③]分别从组织规模、区位分布和生产主体等三个维度来界定全球价值链，特别强调其参与主体不仅限于一体化的厂商，还包括零售商、供应商等外部合作厂商。联合国工业发展组织对全球价值链做出了具有代表性的定义，所谓全球价值链是指为实现商品或服务价值而将研发、生产、销售等过程连接在一起的全球性企业网络组织，包括所有参与者和生产、销售等活动的组织及其价值增值和利润分配等。在这里本书还要特别提及的一个概念——全球生产网络，迪特·恩斯特（Dieter Ernst，2002）[④]等人将全球生产网络定义为在全球范围内参与生产或提供最终产品和服务

① Gereffi G., Korzniewicz M. In Commodity Chains and Global Capitalism [M]. London: Green Wood Press, 1994: 189-201.
② Gereffi G. Beyond the Producer-driven/Buyer-driven Dichotomy: The Evolution of Global Value Chains in the Internet Era [J]. IDS Bulletin, 2001 (32): 30-40.
③ Sturgeon T. J. How do We Define Value Chains and Production Networks? [J]. IDS Bulletin, 2001 (32): 9-18.
④ Ernst D., Fagerberg J., Hildrum J. Do Global Production Networks and Digital Information Systems Make Knowledge Spatially Fluid?[J]. Economics Series, 2002 (43).

的一系列相关联企业所形成的网络关系。这一概念与全球价值链含义相近，但很多学者认为全球生产网络侧重于企业及地区之间的复杂联络关系，而全球价值链则更加强调价值环节的线性特征。本书将全球价值链定义为由跨国公司及其一体化分支机构和外部合作厂商在全球范围内为实现商品或服务价值而形成的复杂的相互依存的跨国经营网络，我们不只关心价值链全过程的价值增值的线性特征，更为注重的是在全球价值链下的组织安排和区位决定。

1.4.2 贸易与投资的关系和股权与非股权的关系的研究区别

贸易和投资的关系是国际经济学领域中一个经典研究主题，也是股权与非股权关系研究的理论缘起。蒙代尔（Mundell，1957）[①]首次论及贸易与投资的关系，他认为投资与贸易之间具有替代性，即当贸易受到阻碍时，人们会采用对外直接投资方式以绕过贸易的壁垒，资本流动替代商品的流动而增加。20世纪80年代初期，马库森（Markuson，1983）[②]和斯文森（Svensson，1984）[③]进一步对贸易与投资的关系进行了阐述，认为贸易与投资之间不仅具有替代性，在一定条件下还存在互补关系。20 世纪 80 年代中后期，巴格瓦蒂（Bhagwati，1987）和狄诺剖勒斯（Dinopoulos，1991）[④]等经济学家继续补充了马库森（Markuson）等人的"互补模型"，提出了"补偿投资模型"，从政治经济学的视角将为回避潜在的贸易保护而进行的投资称为"补偿投资"。

本书的研究视角是股权与非股权的关系，是现代国际化生产领域中的崭新课题，与传统的贸易与投资的关系有着密切的联系，又存在着显著区别。密切联系主要体现在以下四点：一是股权模式在大部分情况下指的是对外直接投资（FDI）；二是非股权安排是介于贸易与投

① Mundell R. A. International Trade and Factor Mobility [J]. The American Economic Review, 1957, 47 (3): 321-335.
② Markusen J. R. Factor Movements and Commodity Trade as Complements [J]. Journal of International Economics, 1983, 14 (3-4): 341-356.
③ Svensson L. E. O. Factor Trade and Goods Trade[J]. Journal of International Economics, 1984, 16 (3-4): 365-378.
④ Bhagwati J., Dinopoulos E., Wong K. Y. Quid-Pro Quo Foreign Investment[J]. The American Economic Review, 1992 (5): 186-189.

资之间的中间地带，与国际贸易和 FDI 密不可分，特别是在诸如汽车零部件、服装、酒店等行业中，合同制造、服务外包等非股权活动销售额在总贸易额中占据了相当大的份额，而实施非股权活动的主体又主要是跨国公司及其分支机构，因此会与跨国公司的 FDI 交织在一起；三是在跨国公司的国际生产与经营活动中，直接所有（独资）、部分所有（合资）、契约关系（非股权和贸易）和内部贸易等各种模式构成的国际经营网络相互交织，各种模式的边界有时变得十分模糊，他们相互之间的关系也会交织在一起；四是股权与非股权之间是否也如投资与贸易的关系那样，呈现出或替代或互补的关系吗？当然，对股权与非股权关系的研究又显著不同于贸易与投资的研究，观点有三：第一，贸易与投资的关系是站在国家层面上的，探讨国与国之间产品流动与资本流动之间的关系；而股权与非股权的关系是站在企业层面上的，探讨跨国公司在国际生产经营过程中的所有权控制与契约控制之间的关系。第二，贸易与投资的关系归根结底是要素的全球配置问题，反映了国家之间的经济关系；股权与非股权的关系归根结底是对要素配置采取的管理模式和组织模式问题，反映了跨国公司的全球战略及其经济关系。第三，在研究视角上，贸易与投资的关系更倾向于宏观视角，研究一国的贸易与对外直接投资之间的关系；而股权与非股权的关系更倾向于微观视角，研究一国的跨国公司通过何种模式（股权或非股权抑或二者的结合）实现对其全球产业链、价值链的控制与协调。

1.4.3　非股权与贸易之间的关系

《2011 年世界投资报告》中将非股权模式定义为：通过持有股权以外的方式来控制东道国经济实体的行为。非股权模式包括合同制造、管理合约、服务外包、特许经营、许可经营、订单农业等契约关系，跨国公司通过这些契约对东道国的合作公司进行控制和协调，对其业务活动施加实质性影响，使其成为自己国际化生产网络不可或缺的一部分。而这也正是非股权与贸易最大的区别所在，因为两国公司间的纯粹贸易行为是没有控制力的。此外，非股权具有贸易和投资的两重性，主要涉及生产环节的中间产品或服务，而贸易不具有投资的性质，主要涉及流通环节的产成品；非股权契约的对象是跨国公司为了实现一定控制的特定主体，而贸易一般来说贸易对象是不固定的；从合同层面来说，非股权合同往往除了会涉及产品贸易以外，通常还会涉及技术、商标等一系列知识产权的转移，比纯粹的贸易合同要复杂很多，合同期限也会长很多。

1.4.4 FDI 与股权之间的关系

跨国公司在其国际生产经营活动过程中，通过全部所有、部分所有、契约关系、内部贸易来实现对其全球产业链和全球价值链的控制和治理。联合国贸易和发展会议将 FDI 定义为：通过持有（至少持有10%以上的股份）股份的方式，实现对东道国经营实体的行为进行控制，并享有长期利益的投资模式。因此，FDI 跟股权一样，是与非股权相对应的一种模式。

1.4.5 外包与非股权的关系

所谓外包（Outsourcing），英文原意是从外部获取资源的意思，与企业内部化相对应。在企业追求核心竞争力的时代，外包活动变得越来越流行，跨国公司在全球范围内通过分包行为加快其国际化生产的扩张步伐。从产品设计、中间产品的生产到组装、市场销售和售后服务等，外包活动的领域和范围也在不断拓展。显然，外包不仅仅意味着采购原材料和零部件，它也意味着找到一个合作伙伴，建立起相对稳定的双边关系，并且让合作方承担部分或全部的专属性投资，以便能够生产产品或提供服务来满足厂商的特殊需求。双边关系通常是通过合同来进行管理的。而按照《2011年世界投资报告》中关于非股权的定义，它把非股权定义为一种跨国公司对全球价值链的管理模式，是指通过股权以外的其他方式实现对东道国经济实体的控制的组织管理模式。

外包和非股权是两个意义非常相近的概念。从内涵上看，二者都属于企业外部化获取资源，以获取核心竞争优势的战略考虑；从表现形式上看，非股权主要包括服务外包、管理合约、合同制造、订单农业、特许经营以及许可等多种契约方式，外包按对象性质划分为制造外包和服务外包，而其具体表现形式则与非股权有很多重合之处。尽管如此，二者在意思表达上还是存有区别的。一是外包强调的核心本质是责任的转移，即发包方通过外包把某项任务完成的责任完全转移给了独立的接包企业；非股权强调的核心本质是企业通过契约或非契约手段对独立企业施加实质性影响的协调控制力。从这个意义上来说，外包并不都是强调这种协调控制力的。二是从外包的发展规律和趋势来看，发包方与接包方之间可以是简单的分包关系，也可以是交易或伙伴型关系；而非股权强调的是双方之间的稳定合作伙伴关系。从这个角度来说，非股权可以看作是外包发展的高级阶段。三是从契约角度来看，外包合约的期限有的可以很短，有的却可以持续时间较长；而非股权合约一般期限都比较长。此外，非股权合约一般还会同时涉及技术、商标等一系列知识产权的转移，同时兼具贸易和投资的双重功能。跨国公司可以通过其外部化（外包）的活动进入一个介于贸易和投资之间的中间地带，实现不掌握股权却仍能维持一定控制力的组织管理模式——非股权安排。

以上对本书中容易混淆的概念进行了界定，但仍需要说明的是，随着跨国公司的不断成长和壮大，其越来越多地通过契约或非契约的方式对合作伙伴施以实质性影响和控制，而且原来是被跨国公司控制的合作企业有的也已逐渐发展成为跨国公司去控制别的合作者，显然这种发展趋势使得 FDI、非股权和贸易之间的界限越来越模糊。例如在电子行业，很多合同制造商本身就是该领域的著名跨国公司，如台湾英业达公司一方面为包括苹果公司在内的多家行业领先企业提供产品设计、制造与销售的外包服务，另一方面他本身又通过在其马来西亚等国的海外分支机构来完成其生产活动。

第 2 章 理论基础与文献综述

对跨国公司国际化生产决策的研究，本应属于国际生产理论的范畴，但由于其涉及国际贸易理论、国际直接投资理论、外包理论等多种理论的复杂交织，尚未形成完整统一的理论体系。因此，作为研究的逻辑起点，本书以企业国际化生产战略思想的变迁为序，对主要理论进行阐述，并围绕股权与非股权比较的视角，按照本书的逻辑框架思路对现有文献进行梳理、分析和评述，希望能够清晰地勾勒出跨国公司国际生产的股权模式、非股权模式动态演化的逻辑脉络，并对全球价值链下各国制造业发展轨迹进行梳理，为进一步的研究提供理论基础。

2.1 研究的理论基础

跨国公司在进行国际化生产的过程中，重点考虑的问题主要有三个：一是为什么要进行跨国投资，即投资动机问题；二是在什么地点进行跨国投资生产，即区位选择问题；三是选择什么投资形式进行国际化生产，即投资决策问题。沿着这样的思考路径和实践活动的极大繁荣，被称为"跨国公司 FDI 理论丛林"的形成一一回答了上述问题。鉴于有关跨国公司 FDI 的经典理论在众多的学术课本、专业书籍中都已详述，限于篇幅，本书不再一一赘述。下面仅就本书直接相关并适用的理论进行简述。

2.1.1 垄断优势理论——国际生产折衷理论[①②③]

最早对跨国公司的 FDI 活动进行专门研究的就是被誉为"跨国公司理论之父"的加拿大经济学家海默（Stephen Herbert Hymer），他在其 1960 年完成的博士论文《一国企业的国际化经营》(The International Operations of National Firms）中，首次提出了垄断优势的概念，后由其导师金德尔伯格（Charles P. Kinleberger）完善并推荐于 1976 年由麻省理工学院出版社正式出版。这就是著名的海—金传统（Hymer-Kinleberger Tradition），也被称为"垄断优势理论"。

垄断优势理论认为在现实中市场是不完美的，而正是由于市场的这种不完美特性，才会使得一国企业在国内通过获得某种"独占生产要素"的垄断优势，并凭借这种企业特定优势向海外进行投资和生产。这种垄断优势，既可以成为别的企业进入市场的壁垒，又会成为获取收益的特定所有权。然而，这种垄断优势到底包含什么，海默并未进行深入解答。其后，被称为"海—金"学派的众多学者对该理论进行了丰富和延伸，综合来看，这种企业特定的垄断优势来自外部市场不完美性所形成的诸如技术优势、资本优势、管理优势、规模经济优势等。

继垄断优势理论出现之后，各种关于跨国公司和 FDI 的理论观点陆续出现，如维农的产品生命周期理论、小岛清的比较优势理论、巴克利和卡森的内部化理论等等。然而这些理论均由于假设条件的限制，而使得其解释力具有一定的局限性，直到 1977 年，英国学者邓宁（J. H. Dunning，1977）[④]在他的《贸易、经济活动区位和跨国公司：一种折衷理论方法探索》一文中，提出了国际生产折衷理论。该理论影响的广泛性使得跨国公司理论达到了一个新的高度。

① Hymer S. The Multinational Corporation and the Law of Uneven Development [A]. Bhagwati J. Economics and the New World Order[C]. World Law Fund. 1971: 25-27.
② Rugman A. Book Review on Hymer's Ph. D Dissertation Published in 1976[J]. Journal of International Business Studies, 1978: 103-104.
③ Dunning J. H. The Eclectic (OLI) Paradigm of International Production: Past, Present and Future[J]. International Journal of the Economics of Business. 2001, 8 (2): 173-190.
④ Dunning J. H. Trade, Location of Economic Activity and the Multinational Enterprise: A Search of an Eclectic Approach [M]. London: Macmillan, 1977.

　　国际生产折衷理论在综合了前人研究成果的基础之上，提出了决定跨国公司对外投资生产的三个核心要素：所有权优势（O）、区位优势（L）和内部化优势（I），简称 OLI 优势理论。其中，所有权优势与垄断优势理论的企业"独占生产要素"的特定优势是一致的，只不过邓宁更为强调知识资本等无形生产要素所带来的优势；区位优势是指只与某一特定地区有关的因素所带来的优势，主要包括要素禀赋优势、政策和环境优势等；内部化优势则来自于因外部交易成本过高或信息不完全所带来的企业内部化生产的比较优势。企业同时具备这三种优势，是企业进行 FDI 的充分必要条件。尽管许多学者对于国际生产折衷理论也存在着诸如优势重复、模型静态化、要素分析可行性差等诟病，但这仍不影响这一模型对跨国公司的国际化生产活动的解释力度。

　　本书是基于股权与非股权比较视角展开的，跨国公司通过完全所有权控制、部分所有权控制或契约控制的形式实现其对全球价值链的管理，跨国公司的竞争优势与其选择的具体模式如表 2.1 所示。由此可见，跨国公司国际化生产的模式选择不再局限于 FDI 股权模式和贸易模式，而是包括了介于二者之间的一系列非股权模式。此时，跨国公司并不是通过股权而是通过基于企业的所有权优势和区位优势带来的某种契约约束能力和议价能力来实现对其海外价值链的控制的。

表 2.1　全球价值链下跨国公司的国际生产模式安排

管理类型	国际生产模式	OLI 模型		
		所有权优势	区位优势	内部化优势
股权控制	FDI 直接参股东道国企业	√	√	√
契约控制	通过契约约束东道国企业	√	√	×
基于议价能力的控制	通过东道国企业对跨国公司特定要素优势的依赖，约束其行为	√	√	×
无控制	内部交易、贸易	√	×	×

　　资料来源：Unctad. World Investment Report 2011: Non-Equity Modes of International Production and Development [R]. New York and Geneva, 2011: 155。

2.1.2　内部化理论—外部化理论

内部化理论是由英国学者巴克利和卡森于 1970 年在《跨国公司的未来》一书中提出的[①]。该理论解释了跨国公司选择通过 FDI 在海外建立自己的分支机构来实现内部一体化生产，而不选择利用外部市场交易来完成其国际化生产的原因。内部化理论缘起于科斯的交易成本学说，由于外部市场的不完美而引起的交易成本过高是跨国公司决定内部化生产的根本原因。内部化理论强调的是企业在组织内部进行要素转移的成本优势，所以这种将外部市场的买卖关系变为企业内部的供求关系的行为也是有条件的，内部化决策的条件就是内部化的边际收益等于内部化的边际成本。

然而，近几十年来，跨国公司的各种服务外包、合同制造、管理合约等国际生产方式蓬勃发展，似乎正在向内部化理论发起了挑战。"外部化"与"内部化"相对，是企业为了聚焦核心业务，获取核心竞争能力，而将一些次要的工作交给其他企业来完成的一种企业生产经营模式。其中外包（Outsourcing）就是一种外部化生产的主要形式。Outsourcing 的原意是 out source using，即资源外取，这也是外部化的核心思想，最早由普拉哈拉德和哈默尔（Prahalad and Hamel，1990）[②]提出。

其实，按照交易成本理论，企业的边界在于其对外部交易成本与内部化管理成本之间的权衡。从企业的完全内部化到市场的外部化交易之间，形成了一系列以契约为纽带的生产组织形式，即非股权安排（NEMs），如图 2.1 所示，它介于 FDI 股权投资与贸易之间的中间地带，具有内部化与外部化的双重属性。但是企业内部化到外部化的选择，绝不仅仅是收益成本之间的线性比较，而是多元非线性的复杂决策；二者之间也不仅仅会呈现出简单的替代关系，而是一场竞争、共生的

[①] Buckleyp J., Casson M.The Future of the Multinational Enterprise [M]. London：Macmillan, 1976: 68.

[②] Prahalad C. K., HAMEL K. The Core Competence of the Corporation[J].Harvard Business Review, 1990, 68 (3): 79-91.

非零和博弈。

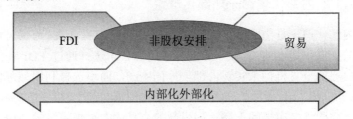

图 2.1　FDI、非股权与贸易之间的关系示意图

资料来源：UNCTAD. World Investment Report 2011: Non-Equity Modes of International Production and Development [R]. New York and Geneva, 2011: 155。

2.1.3　交易成本理论—不完全契约理论

交易成本理论起源于新制度经济学，通过引入交易成本的概念，科斯（Coase，1937）[1]成功地回答了"企业为什么会出现"等被新古典经济学忽视的问题，交易成本理论后来被克莱因（Klein，1978）[2]和威廉姆森（Williamson，1979）[3]等人发扬光大，引入了三个关键性假设：有限理性、资产专用性和机会主义。由于有限理性，使得交易双方不可能事先签订一份内容完备的合约，合约各方也由此产生了从事机会主义行为的动机。交易成本理论认为合约一方投入的专用性资产，具有沉没成本的特征，因此容易被合约他方所要挟。解决这一难题的办法就是进行一体化生产（企业合并）。但是显然，交易成本理论忽略了一体化活动也是存在成本的问题。

不完全契约理论继承了交易成本理论的所有假设，明确指出契约的不完全性是交易成本产生的根源，被认为是模型化了的交易成本理论[4]。格罗斯曼（Grossman，1986）和哈特（Hart，1990）和莫尔（Moore，

① Coase R. H. The Nature of the Firm[J].Economica, 1937, 4 (16): 386-405.

② Klein B., Crawford R, Alchian A. Vertical Integration, Appropriable Rents and the Competitive Contracting Process[J], Journal of Law and Economics, 1978 (21): 145-162.

③ Williamson O. E. Transaction Cost Economics: the Governance of Contractual Relations[J]. Journal of Law and Economics, 1979 (22).

④ Salanie（1997）等人持此观点，但包括 Williamson，Brousseau 和 Fares（2000）在内的一些学者对此则持怀疑态度。

1990)等在前人研究的基础上,进行了极具意义和挑战性的工作,使得不完全契约理论逐渐进入人们的视野,作为一种重要的经济学理论研究范式,在企业边界、公司决策与治理、所有权配置等问题的研究上实现了突破。不完全契约理论的框架主要由格罗斯曼(Grossman,1986),哈特(Hart,1986),莫尔(Moore,1990)[①]等人共同创立,故也简称为 GHM 模型。GHM 模型将契约权划分为专属权控制和剩余权控制两种类型,所有权即是对这些剩余权控制的购买,该模型是以契约的不完全性为基本假设,以资产的专属权与剩余权控制之间的权衡和最优配置为研究目的,因此又被称为所有权—控制权模型。

跨国公司基于全球价值链分工的国际化生产模式的选择过程,既是企业基于市场交易成本与企业内部成本之间的权衡,也是企业基于所有权与剩余控制权之间的权衡,同时也是与全球价值链上下游企业之间的博弈过程。厂商与价值链上企业之间的谈判议价具有鲜明的不确定性和不完全性。因此本书的分析是基于交易成本理论和不完全契约理论基础之上的。需要声明的是这两种理论之间并没有孰优孰劣之分,而是视分析的问题和领域来进行选择的。

2.1.4 国际生产分割—全球价值链

随着现代通信技术的突飞猛进和自由贸易的迅速发展,各种自然的和人为的贸易壁垒被大幅削减,使得原来在一国内部完成的产品生产过程被分割成若干个工序,由世界各地的高度专业化生产的企业来完成。其实,生产分割(Fragmentation)并不是什么新现象,早在 1933 年,贸易经济学家俄林(Ohlin)[②]就指出"产品的生产不是只能划分为两个生产阶段——原材料生产和制成品生产,而是可以划分为很多阶段",只不过大规模的国际生产分割活动还是近三四十年的事。而对于国际生产分割理论的研究从 20 世纪 80 年代就已开始,主要是从三

---

① Grossman S. J, Hart O. D. The Costs and Benefits of Ownership: A Theory of Vertical and Lateral Integration [J]. Journal of Political Economy, 1986, 94 (4): 691-719.

② Ohlin B. Interregional and International Trade [J]. Harvard Economic Studies, 1933 (39).

个层面展开①：其一是在跨国公司 FDI 理论层面，主要用于分析跨国公司内部垂直一体化；其二是在国际贸易理论层面，主要用于分析中间品贸易、产品内贸易；其三是在国际生产组织模式选择层面，主要用于分析一体化生产或外包的生产模式选择，这也是本书分析的理论逻辑基础。

生产的国际化分割是全球价值链形成的基础。以格里菲（Gereffi，2001）②为代表的一些学者在价值链（波特，1985）③、价值增值链（科格特，1985）④、全球商品链（格里芬，1994）⑤的基础上提出了"全球价值链（GVC，Global Value Chains）"。它是包含从产品的构思设计到面向最终消费者的全过程中涉及的所有活动及其各种经济组织形式构建的复杂生产经营网络。全球价值链将投资、生产、贸易等一系列经济活动全部纳入其中，成为现代经济全球化的典型特征。

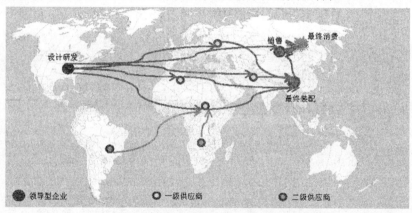

图 2.2　生产驱动型全球价值链示意图

资料来源：作者绘制。

① 刘庆林，高越，韩军伟. 国际生产分割的生产率效应[J]. 经济研究. 2010（2）：32-43，108.
② Gereffi G. Beyond the Producer-driven/Buyer-driven Dichotomy: The Evolution of Global Value Chains in the Internet Era [J]. IDS Bulletin, 2001 (32): 30-40.
③ Porter M. E. Competitive Advantage [M]. New York: Free Press, 1985: 37-64.
④ Kogut B. Designing Global Strategies: Comparative and Competitive Value-Added Chains [J]. Sloan Management Review, 1985 (26): 15-28.
⑤ Gereffi G., Korzniewicz M. In Commodity Chains and Global Capitalism [M]. London: Green Wood Press, 1994: 189-201.

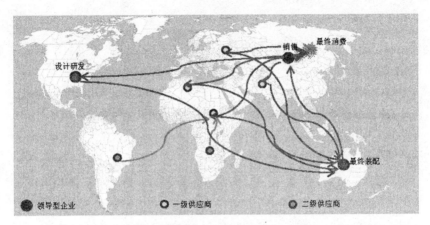

图 2.3   消费驱动型全球价值链示意图

资料来源：作者绘制。

　　按照格里芬等人（2005）[1]的观点，全球价值链可以分为生产驱动和消费驱动两种类型。生产驱动型主要发生在高技术部门，如半导体、电子、汽车等，这种类型的 GVC 主要控制在领导型企业或上游供应商手中，如产品的设计、研发等部门（见图 2.2）。消费驱动型主要是围绕大型零售商展开的，其领导型企业主要专注于价值链的末端如营销、销售等（见图 2.3）。可见全球价值链的两端不仅附加值高，而且还控制着整条价值链。因此我国制造企业以什么样的方式进入价值链安排海外生产，更有效率地分享全球价值链收益将是本书的重要研究课题。

① Gereffi G., Humphrey J., Sturgeon T. The Govemance of Global Value Chain [J]. Review of Internal Political Economy, 2005, 12 (1): 78-104.

2.2 国内外研究现状及述评

2.2.1 股权与非股权比较研究的经典理论追溯

由于跨国公司与对外直接投资（FDI）之间密切的内在联系，因而跨国公司理论的逻辑起点自然是 FDI 理论，而早期的 FDI 理论正是传统的贸易理论和投资理论的自然延伸。正如本书前文所述，股权模式在大部分情况下指的是对外直接投资，而非股权安排是介于贸易与投资之间的中间地带，与国际贸易和 FDI 密不可分，可以说跨国公司的股权与非股权的关系研究是对传统的贸易与投资的关系理论的延伸和延续，代表了贸易与投资经典模型在现代经济条件下新的演化。

1. 完全竞争假设下贸易与投资的关系研究

正如大家所知的那样，传统的国际贸易理论都是以市场完全竞争、信息充分、生产要素国际间不可流动为假设前提的，从古典贸易理论的绝对优势理论（Adam Smith，1776）[①]、相对优势理论（Robert Torrens，1815[②]；David Ricardo，1817[③]）到新古典贸易理论的要素禀赋理论（简称 H-O 理论）都是在这样的假设下对贸易发生的原因及其经济影响进行分析的。显然，在这样的假设下，要素不可流动，贸易自由发生，不会出现 FDI，更不用说跨国公司了。在随后的 1948 年，美国经济学家萨缪尔森（Samuelson，1948）[④]在《经济学杂志》（*Economic Journal*）上发表了一篇文章，文中在 H-O 理论的前提假设下，得出了一个惊人的发现：即使要素在国际间不可流动，自由贸易在使两国间商品价格相等的同时，要素价格也会相等，这就是著名的生产要素价格均等化定理，也被称为"赫克歇尔—俄林—萨缪尔森定理"（简称 H-O-S 定

---

① Smith A. The Wealth of Nations [M].Chicago: University of Chicago Press, 1776.
② Torrens R. Essay on the External Corn Trade[M]. London: Hatchard, 1815.
③ Ricardo D. On the Principles of Political Economy and Taxation [M]. Variorum edition in Sraffa P. Works & Correspondence of Ricardo D in 1817, Cambridge: Cambridge University Press, 1951.
④ Samuelson P. A. Economics: An Introductory Analysis [M]. McGraw-Hill, 1948.

理）。虽然由于前提假设的原因，使得 H-O-S 定理在现实中的解释力大大减弱了，但自由贸易至少可以部分替代要素的自由流动的观点还是受到了很多学者的肯定。于是，该模型被进一步放松假设条件，认为要素可以在两国间自由流动，而且存在关税、运输成本等贸易限制，则要素价格趋等的压力可能会使得生产要素发生国际间的流动，资本的流动开始进入人们的视野。一方面贸易和投资的关系开始引起人们的关注，另一方面，这也为后期的 FDI 理论奠定了理论基础。

贸易和投资的关系是国际经济学领域中一个经典研究主题，也是股权与非股权关系研究的理论缘起。蒙代尔（Mundell，1957）[①]是最早论及贸易与投资关系的学者，他通过建立一个标准的 2×2×2 国际贸易模型，研究发现当生产要素不可流动且不存在贸易壁垒时，贸易必然发生，直到实现产品和要素价格的均等；而如果贸易壁垒巨大，资本要素却可以在两国之间自由流动时，由于贸易壁垒导致两国之间的资本边际收益产生差异，则资本的国际流动必然发生，直至实现产品和要素价格的均等。由此，蒙代尔认为投资与贸易之间具有替代性，即当贸易受到阻碍时，人们会采用投资方式以绕过贸易的壁垒，资本流动替代商品的流动而增加。

2. 不完全竞争假设下贸易与投资的关系研究

20 世纪 80 年代初期，马库森（Markuson，1983）[②]和斯文森（Svensson，1984）[③]等人进一步对贸易与投资的关系进行了阐述，认为贸易和投资不一定仅仅是相互替代的，有时还会呈现出互补关系。马库森（Markuson，1983）首先放松了 H-O 模型和蒙代尔的假设，根据规模报酬、不完全竞争市场等现实情况，先后考察了技术差异、生产税收、垄断市场、外部规模经济以及要素市场扭曲条件下，贸易和投资的关系，研究结果发现由要素价格差异引起的要素的国际流动增

① Mundell R. A. International Trade and Factor Mobility [J]. The American Economic Review, 1957, 47 (3): 321-335.

② Markusen J. R. Factor Movements and Commodity Trade as Complements [J]. Journal of International Economics, 1983, 14 (3-4): 341-356.

③ Svensson L. E. O. Factor Trade and Goods Trade[J]. Journal of International Economics, 1984, 16 (3-4): 365-378.

加了两国之间的贸易额，贸易和投资之间呈现出互补的关系。同时，该研究也提示人们要素禀赋的差异并不是贸易产生的唯一近因，在某种程度上，资本和劳动等要素的流动对贸易的决定会更重要。马库森（Markuson），斯文森（Svensson，1985）[①]认为是贸易要素和非贸易要素之间的关系决定了贸易和投资的或替代或互补关系。如果贸易要素与非贸易要素是合作的关系，意味着要素的流动会促进贸易增加，二者呈现出互补的关系；如果贸易要素与非贸易要素是不合作的关系，二者则会出现相互替代的现象。

20 世纪 80 年代中后期，巴格瓦蒂（1987[②]，1993[③]）和迪诺剖勒斯（1991[④]，1992[⑤]）等经济学家继续补充了马库森（Markuson）等人的"互补模型"，提出了"补偿投资模型"，从政治经济学的视角将为回避潜在的贸易保护而进行的投资称为"补偿投资"。他们认为无论是政府还是企业为了化解贸易保护的威胁，都可能会采用增加对外直接投资的方式来应对。

综上所述，上述对贸易和投资关系的研究也是一个逐渐演化的过程，贸易和投资之间呈现替代还是互补关系的研究结论，其本质是对研究假设条件的放松和现实化的结果。我们可以发现在蒙代尔（Mundell）时期，假设市场是完全竞争的，自由贸易可以替代要素的自由流动，但注意，此时的资本流动，从本质上来看，还属于是由于资本的边际收益的差异所引起的间接投资。到了马库森（Markuson）和巴格瓦蒂（Bhagwati）时期，假设条件被放松至不完全竞争的市场，外部规模经济、技术差异等因素都被引入模型，这时候的投资才成为真正意义上的对外直接投资，贸易与 FDI 除了替代关系之外，还存在

① Markusen J R, Svensson L. E. O. Trade in Goods and Factors with International Differences in Technology[J]. International Economic Review, 1985, 26 (1): 175-192.

② Bhagwati J. International Trade: Selected Readings[M]. Second Edition. Cambridge: MIT Press, 1987.

③ Bhagwati J. Regionalism and Multilateralism: an Overview[A]. Melo J. D, Panagariya A. in New Dimensions in Regional Integration[C]. Cambridge, UK: World Bank and Cambridge University Press, 1993: 22-51.

④ Dinopoulos E. Domestic Unionization and Import Competition[J].Journal of International Economics, 1991 (8): 79-100.

⑤ Dinopoulos E. Quid Pro Quo Foreign Investment and VERs: A Nash Bargaining Approach[J]. Economics and Politics, 1992 (4): 43-60.

互补关系。还有一点值得注意的是，贸易和投资的关系的研究一直被放置在一般均衡的国际贸易理论研究框架之下，均是以国家为主体的宏观层面的研究，从而缺乏对微观层面和以企业为主体的研究。

随着跨国公司的发展和壮大，世界经济新格局的出现和发展，人们在国际经济学领域的研究热点也开始发生变化，研究对象由国家的宏观层面向企业组织的微观层面转化，研究的重点也开始转向对贸易和投资模式的变化以及跨国生产的资源重组等问题的研究。传统的贸易理论已经不能全面地解释这些问题，因此许多学者开始探寻新的方法和理论，他们将研究重点放在对单个企业的国际经营、贸易以及投资机会的选择上，而这其中最重要的选择就是对服务外国市场的方式和资源获取战略的选择（Helpman，2006）[①]。本书恰是从此层面展开研究，对跨国公司进入外国获取资源的生产组织方式——股权和非股权模式的相关性及其动态选择进行分析。

2.2.2 股权与非股权选择的国际化生产决定模型

跨国公司在以往的国际化生产经营活动中，主要是通过股权方式（FDI）在海外创建分支机构，在世界范围内形成由母公司掌控的国际生产网络。然而随着时间的推移，越来越多的跨国公司通过其全球价值链将其部分的国际生产活动外部化。正如奥迪特（Audet，1996）[②]，坎帕和戈德堡（Campa and Goldberg，1997）[③]，芬斯特拉（Feenstra，1998）[④]，赫梅尔等（Hummels et al.，2001）[⑤]和叶芝（Yeats，2001）[⑥]文献所述，许多国家的企业的分包活动呈扩张趋势，从产品设计、产

① Helpman E. Trade, FDI, and the Organization of Firms[J]. Journal of Economic Literature, 2006, 44 (3): 589-630.

② Audet D. Globalization in the Clothing Industry[A]. OECD. Globalization of Industry: Overview and Sector Reports[C]. Paris: Organization for Economic Cooperation and Development, 1996.

③ Campa J, Goldberg L. S. The Evolving External Orientation of Manufacturing: A Profile of Four Countries[J]. Economic Policy Review, 1997 (7): 53-81.

④ Feenstra R C. Integration of Trade and Disintegration of Production in the Global Economy[J]. The Journal of Economic, 1998 (12): 31-50.

⑤ Hummels D., Ishii J., Yi K. M. The Nature and Growth of Vertical Specialization in World Trade[J]. Journal of International Economics, 2001, 54 (1): 75-96.

⑥ Yeats. Just how Big is Global Production Sharing?[A]. Arndt S, Kierzkowski H. Fragmentation: New Production Patterns in the World Economy[C]. New York: Oxford University Press, 2001: 108-143.

品组装、市场以及售后服务等全球价值链上的任一环节都可通过外包（outsourcing）的方式来完成。同时，同一个企业或其他企业又积极地投身到更多的 FDI 活动中。可见，跨国公司既可以通过内部化（股权模式），也可以通过外部化（包括非股权模式）的方式在全球范围内组织生产要素进行生产，并通过这两种方式对全球价值链进行治理。汉森（Hanson 等，2001）[①]以美国企业为例为跨国公司的全球化扩张提供了证据。然而，为什么有的跨国公司更愿意采用 FDI，而不是outsourcing，其他的跨国公司却刚好相反呢？这就涉及"自己生产还是从外面买"（make or buy）的决策。

1. "make or buy" 的初期研究文献

"make or buy" 的决定对于任何一个企业而言都是最基本的决策。从产品研发、设计到机器设备的准备、安装再到产品零部件的组装、包装及运输，生产过程中的每一个环节企业都要对是自己生产还是购买零部件或者是服务外包等做出决策，正如科斯（Coase，1937）[②]在"企业的性质"一文中强调的那样，正是这些决策的累积定义了现代企业的边界。经济学家们最初对于"make or buy"决策的研究集中在对单一生产者和可能供应商之间的双边关系的研究上。格罗斯曼和 Hart（1986）[③]在充分考虑到了交易成本、不完全契约的基础上，建立了一个标准的两企业模型，两企业之间可以是水平型的也可以是垂直型的，在第一阶段每个企业的管理者都可以做出基于合作的专属性投资，在第二阶段，企业进一步做出生产决策。研究发现，当契约成本很高时，即在契约中列明所有时期专属权的成本大大地超过了一方的资产时，那么对于这一方而言，最优的选择就是购买除了契约中列明的专属权以外的所有权利，这就是所谓的垂直一体化，也就是购买供应商的专属性资产，以获取并控制其剩余权。Helpman（1984）[④]在不完全竞争

① Hanson G. H, Mataloni R. J, Slaughterm J. Expansion Strategies of U.S. Multinational Firms[J].BEA Papers, 2001.

② Coase R. H. The Nature of the Firm[J].Economica, 1937, 4 (16): 386-405.

③ Grossman S. J, Hart O. D. The Costs and Benefits of Ownership: A Theory of Vertical and Lateral Integration [J]. Journal of Political Economy, 1986, 94 (4): 691-719.

④ Helpman E. A Simple Theory of Trade with Multinational Corporations[J].Journal of Political Economy, 1984, 92 (3): 451-471.

市场和企业拥有专属性资产的假设下，建立了一个简单的国际贸易一般均衡模型。模型认为在不同产业内企业的区位选择是一个决策变量，模型基于相对国家规模和要素禀赋差异化的基础上，对贸易模式、产业内贸易份额、企业内贸易份额等进行了预测。文章认为随着垂直一体化和水平一体化理论的扩展，产生了更多具有现实意义的资源配置方式，特别是跨国公司的一体化结束了在母国和母公司生产零部件的历史，建立一个新企业虽然需要额外的固定成本，但却可以减少贸易壁垒所带来的相关成本，由此可见，贸易壁垒越大，跨国进入的方式越被期待。赫尔普曼（Helpman）和克鲁格曼（Krugman，1985）[①]建立了一个两部门贸易的一般均衡模型，进一步假设具有异质性和规模报酬递增特征的总部服务和中间品作为最终产品的直接投入，且最终产品、中间品、总部服务三者的资本密集度依次递增，当三者在地理上分割时，只要有足够大的要素禀赋差异和规模报酬递增的作用，垂直型跨国公司就会出现。安特拉斯（Antras，2003）[②]在赫尔普曼（Helpman）和克鲁格曼（Krugman，1985）的两部门贸易一般均衡模型的基础上，考虑了不完全契约和企业产权等因素，认为由于资本的可共享性，资本密集型产业将主要通过 FDI 在海外设立分支机构来完成零部件的生产。

从威廉姆森（Williamson，1975[③]，1985[④]）、赫尔普曼（Helpman，1985）等人的研究开始，大量的文献阐述并强调了交易成本、资产专属性以及不完全契约在指导企业决策时的作用。这些研究为我们更好地理解跨部门、跨区域企业的生产决策做出了尝试。但是有一点需要明确的是，企业任何的一个理性决策都是在给定环境条件下做出的，因此我们的研究不能忽视企业决策时所面对的行业背景及其相互关系。而且，前面的研究主要基于两种类型的研究：企业微观层面的关系博

① Helpman E., Krugman P. R. Market Structure and Foreign Trade [M]. Cambridge, MA: MIT Press, 1985.

② Antràs P. Firms, Contracts, and Trade Structure[J]. Quarterly Journal of Economics, 2003, 118 (4): 1375-1418.

③ Williamson O. E. Markets and hierarchies: Analysis and Antitrust Implications[M].New York: Free Press, 1975.

④ Williamson O. E.The Economic Institutions of Capitalism [M]. New York: Free Press, 1985.

弈，国家宏观层面的一般均衡分析。因而能否建立一个以跨国公司为主体的一般均衡分析框架成为当时的重要命题。

2. FDI 和 Outsourcing 的决定模型

伴随着跨国公司 FDI 活动的持续升温，当人们还在为是垂直型 FDI 还是水平型 FDI 争论不休的时候，Outsourcing 在很多行业内已经成为一种流行现象。Outsourcing 的原意是 out source using，即资源外取，也称外包。外包的表现形式非常多样化，即使在同一行业内，不同国家或区域的外包模式也会存在很大差异。奇尼特兹（Chinitz，1961）[1]就发现在匹兹堡的企业比位于纽约的同类型企业更热衷于外包活动，而同时在日本、韩国的电子行业却更青睐垂直一体化。黑尔珀（Helper，1991）[2]详尽探讨了美国汽车制造厂商普遍的外包行为。那么是什么因素决定企业选择 FDI 或 Outsourcing 呢？

科南（Konan，2000）[3]充分考虑了中间品市场扭曲的情况下，建立了一个基于中间品企业内贸易的南北多国活动模型。该模型假设市场是不完全竞争的，生产分为两个阶段：一个是非熟练劳动密集型的中间品生产；一个是熟练劳动密集型的最终产品生产。最终产品厂商面临的组织决策是在国内一体化、进口中间品、跨国垂直型 FDI 之间进行选择。科南（Konan）认为企业会依据对不同区位及所有权的潜在收益进行比较的结果来选择中间品的生产模式，研究结果发现选择垂直型 FDI 的活动与零部件的价格、交易成本和建立中间品工厂的固定成本呈负相关关系。同时科南（Konan）通过案例研究还揭示了垂直投资对贸易的互补性大于替代性，跨国生产的决策与国外要素的价格水平，外国供应商的竞争性质，交通、关税以及设立分支机构的成本等多种因素有关。

格罗斯曼（Grossman），赫尔普曼（Helpman，2002）[4]建立了一

① Chinitz B. Contrasts in Agglomeration: New York and Pittsburgh[J].The American Economic Review, 1961 (2): 279-289.
② Helper S. Strategy and Irreversibility in Supplier Relations: the Case of the US Automobile Industry[J]. Business History Review, 1991, 65 (4): 781–824.
③ Konan D. E. The Vertical Multinational Enterprise and International Trade [J]. Review of International Economics, 2000, 8 (1): 113-125.
④ Grossman G. M, Helpman E. Integration Versus Outsourcing in Industry Equilibrium [J].The Quarterly Journal of Economics, 2002, 117 (1): 85-120.

个企业组织内生的产业结构均衡模型，最终产品厂商对于由一体化生产（FDI）还是由专业化厂商（outsourcing）提供零部件的选择主要基于对交易成本和不完全契约成本与管理成本之间的权衡。因为一体化生产往往会面临较高的管理成本，而同时专业化厂商生产虽然生产成本较低，但却会面临较高的搜寻成本和合同延迟问题。研究发现，除了"刃峰"情形下，不存在专业化与一体化的一般均衡解。当市场竞争程度较高时，外包的发生需要外包相对于一体化存在非常大的成本比较优势才行；而当市场的竞争程度不高时，外包的发生主要取决于由一体化厂商和专业化厂商支付的固定成本的比较。

格罗斯曼（Grossman），赫尔普曼（Helpman，2003）[1]为了能够更加清楚地阐释 FDI 与国际外包之间的取舍权衡问题，设计了一个企业生产不同消费品的模型。每个生产者都需要专门的零部件作为生产最终商品的投入。假设在南部生产这些零部件最便宜，专业化的生产厂商生产这些零部件更有效率，但是最终厂商与零部件供应商之间的关系则由于合同的不完全性而饱受折磨。最终厂商由它们所需的零部件的特征来加以区分，供应商以它们的专长来区分。均衡时，一些厂商选择协议分包，而另一些厂商则选择自己生产。研究结果发现影响厂商做出组织形式选择的因素主要有：生产率、企业规模、环境和工资情况。其中，专业厂商生产率的优势使得最终厂商自己生产的边际成本增加，因此外包的可能性加大；产业规模越大，消费的比例越大，外包活动越活跃；环境因素中，合同越完备，外包越多；南部相对工资的提高，增加成本压力，一部分零部件厂商退出市场，最后厂商和供应商实现均衡。

赫尔普曼（Helpman，2006）[2]在异质性企业和不完全契约假设下，对企业的国际化生产组织模式的选择进行了分析，他认为企业主要是在两个维度上进行决策的：一是企业的中间产品是选择从外部获取（outsourcing）还是从内部获取（insourcing）；二是企业的中间产品是

① Grossman G. M, Helpman E. Outsourcing Versus FDI in Industry Equilibrium [J]. Journal of the European Economic Association, 2003 (1): 317-327.

② Helpman E. Trade, FDI, and the Organization of Firms[J]. Journal of Economic Literature, 2006, 44 (3): 589-630.

从国内获取（not-offshore）还是从国外获取（offshore）。因此，企业的选择主要有四种可能：国内自己生产、国内外包、FDI、国际外包（outsourcing）。研究发现零部件密集的部门，outsourcing 使用越多；总部密集的部门，外包和 FDI 都会增加，但生产率的差异越大，FDI 相对使用较多，outsourcing 使用较少；随着南部比较优势的发展，相对工资的下降和北部保护的削弱，离岸外包越来越多，对于总部密集的部门来说，outsourcing 的比例就会超过 FDI。

　　陈永民和马库森（Yongminchen and Markuson，2012）①分析了跨国公司对 FDI 和外包等两种国际生产路径的选择问题，他们将资本划分为实物资本和知识资本两种类型，其中实物资本与知识资本最主要的区别就是，实物资本更容易被列明和管理，所以实物资本的所有权可以授予使用人有效控制；而知识资本则很难被详尽列明在合同中并进行管理，因此使用人很难有效控制。当知识资本的生产收益大于实物资本时，对实物资本的所有权和控制权就会成为知识资本所有者执行控制权的路径，因而生产在企业内部发生；反之，外包发生。他们建立了一个两期的不完全契约模型，将所有类型的资产形式统一放在一个模型中，在知识资本具有非排他性，实物资本具有完全排他性的假设下，相对实物资本密集型的企业更愿意选择外包形式，相对知识资本密集型的企业更愿意选择 FDI。

　　可见，许多国际经济学领域的著名学者都对这一问题进行了深入的研究，得出类似结论的还有安特拉斯（Antras，2003）②、马林和维迪尔（Marin and Verdier，2012）③等人。此外，西方学者对于跨国公司生产组织模式的选择也进行了企业层面数据的实证研究，富浦（Tomiura，2007）④，科勒和斯莫尔卡（Kohler and Smolka，2012）⑤，

① Yongmin Chen, Horstmann I. J, Markusen J. R. Physical Capital, Knowledge Capital, and the Choice Between FDI and Outsourcing[J]. Canadian Journal of Economics, 2012, 45 (1): 1-15.

② Antràs P. Firms, Contracts, and Trade Structure[J]. Quarterly Journal of Economics, 2003, 118 (4): 1375-1418.

③ Marin D., Rousová L., Verdier T. Do Multinational Transplant Their Business Model? [D]. University of Munich, Mimeo, 2012.

④ Tomiura E. Foreign Outsourcing, Exporting, and FDI: A Productivity Comparison at the Firm Level[J]. Journal of International Economics, 2007, 72 (1): 113-127.

⑤ Kohler W., Smolka M. Global Sourcing: Evidence from Spanish Firm-level Data[J]. World Scientific Studies in International Economics, 2012 (4): 139-189.

科尔科斯、伊拉科、米奥恩和维迪尔（Corcos，Irac，Mion，Verdier，2013）[1]等学者先后对日本、法国、西班牙等国的企业数据进行分析，发现这些国家的企业采用 FDI 方式获取中间产品比外包会更有效率，但在西班牙，外包的方式仍旧比国内生产更有效率。耶普利（Yeaple，2006）[2]，纳恩和特勒夫勒（Nunn and Trefler，2008[3]，2012[4]）等利用美国企业的数据验证了总部密集的部门，生产率差异性越大，采用一体化的方式就越多。

2.2.3 不完全契约视角下外包的理论和实证研究

现代计算机信息技术革命的表现之一就是产品的生产过程在国家间的逐步分解（或称价值链分割），越来越多的企业在全球范围内组织生产，并且部分零部件的生产和服务选择外包形式来完成。普拉哈拉德和哈默尔（Prahalad and Hamel，1990）[5]最早提出 outsourcing 的概念，认为外包是企业为了获取核心竞争力的一种战略选择。道姆伯格（Domberger，1998）[6]将外包定义为一种市场组织形式，即企业将原先由内部完成的部分生产活动通过签约的方式交由外部生产者来完成。乌利（Ulli，2000）[7]则将外包直接定义为从外部获取资源的方式总称。由此可见，目前人们对于外包的概念陈述不一，但有一点是肯定的，外包行为是一种契约行为，这就必然将人们的研究引入不完全契约的视角。

① Corcos G., Irac D M, Mion G. The Determinants of Intrafirm Trade: Evidence From French Firms[J]. Review of Economics and Statistics, 2013 (3): 825-838.

② Yeaple S. R. Offshoring, Foreign Direct Investment, and the Structure of U.S. Trade[J]. Journal of the European Economic Association, 2006, 4 (2-3): 602-611.

③ Nunn N., Trefler D. The Boundaries of the Multinational Firm: An Empirical Analysis[J]. The Organization of Firms in a Global Economy, 2008 (2): 55-83.

④ Nunn N., Trefler D. Incomplete Contracts and the Boundaries of the Multinational firm[J]. Journal of Economic Behavior & Organization, 2012.

⑤ Prahalad C. K., Hamel K. The Core Competence of the Corporation[J].Harvard Business Review, 1990, 68 (3): 79-91.

⑥ Domberger S. The Contracting Organization: A Strategic Guide to Outsourcing[M]. Oxford: Oxford University Press, 1998.

⑦ Ulli A. New Dimensions of Outsourcing: A Combination of Transaction Cost Economics and the Core Competencies Concept[J]. European Journal of Purchasing & Supply Management, 2000 (6): 23-29.

1. 不完全契约与 GHM 模型

所谓不完全契约是与完全契约相对的，主要针对的是契约的不完备性而言的。关于契约不完全的原因，归纳起来主要有以下三方面：第一，不确定性的存在使得合约人不可能事先签订一份包含各种可能情况的契约（Grossman and Hart，1986）[①]；第二，过高的契约撰写成本也会阻碍合约人去签订一份完全的契约，因为那从经济上是无效率的（Grossman and Hart，1986；Horn，2010[②]）；第三，过高的契约执行成本使得即使是完全的契约也不能被完全执行（Tirole，1999[③]；Maskin，2002[④]；Horn，2010）。

不完全契约理论的框架主要由格罗斯曼（Grossman，1986），哈特（Hart，1986，1990），莫尔（Moore，1990）等人共同创立，故也简称为 GHM 模型。早期的交易成本理论强调不完全契约所带来的非一体化关系的效率低于完全契约的运行效率，这也就相当于暗示了一体化的运行效率在完全契约条件下会得到提高。而 GHM 模型并不是对这两者进行比较，它比较的是剩余权在合约各方之间配置的最优问题，它强调的是控制权的对称性和不完全契约所引起的扭曲。由于契约的不完全性，可能会阻止一方从他的事前投资中获得事后的补偿收益，从而扭曲了事前的投资激励，使产出效率降低。从某种程度来讲，在一体化情况下，因为投资的边际价值和平均价值会同时变动，所以当平均投资报酬发生变化时，会影响到投资的水平；而在非一体化情况下，事后剩余权被分配得更平衡，所以每个企业都会投资到一个合适的水平。因此，当一个企业的投资决策对其他企业而言非常重要时，一体化形式是最优的选择；而当一个企业的投资决策对其他企业而言只是有些重要时，非一体化形式会是最优的选择。需要说明的是不完全契约会导致扭曲，事后的再谈判也会因信息的缺失和不对称而受到阻

① Grossman S. J, Hart O. D. The Costs and Benefits of Ownership: A Theory of Vertical and Lateral Integration [J]. Journal of Political Economy, 1986, 94 (4): 691-719.
② Horn R. D, Aaron H. Director: The Coming of Age of a Reformer Skeptic[J]. History of Political Economy. 2010, 42 (4): 601-630.
③ Tirole J. Incomplete Contracts: Where do We Stand?[J]. Econometrica, 1999, 67: 741-781.
④ Maskin E. On Indescribable Contingencies and Incomplete Contracts[J]. European Economic Review, 2002, 46 (4-5): 725-733.

碍（Farrell，1985）[①]。

　　不完全契约理论及其 GHM 模型在公司治理、资本融资等领域广泛应用并取得了重要突破，因此与供求曲线模型、萨缪尔森的迭代模型、非对称信息模型和银行挤兑模型一起，共称为现代经济学五大标准分析工具。但由于 GHM 模型存在的先天的逻辑矛盾也使得不完全契约理论一直饱受争议（Basile and Trani，2008[②]）。

　　早期的不完全理论大多都是直接假设"契约是不完全的"，而不是从模型中得出的结论（Maskin and Tirole，1997），并在此假设基础上研究最优的产权分配方案，从而实现与完全契约相同的效率（Grossman and Hart, 1986[③]；Hart and Moore，1990[④]；Maskin, 2002[⑤]）。从这个意义上来讲，早期的不完全契约理论其本质更关注完全契约，而把契约的不完全性视为外生变量，这在理论逻辑上并不自适（黄凯南，2010）[⑥]。此外，GHM 模型重视物质资本而忽视了其他资产的重要性（Zingales，1997）[⑦]，它将剩余控制权与所有权画上了等号，但在实践中，控制权并不等同于所有权，二者经常是分离的。

　　无论是理论上的矛盾，还是实践中的挑战，都对不完全契约理论的发展起到了重要的推动作用。不完全契约理论的发展主要沿着两个方向进行：其一是坚持在完全理性的假设下将契约的不完全性内生化。如哈特（Hart）和莫尔（Moore，1999）[⑧]在模型中引入了更多的复杂环境因素，从而使得契约的不完全性是基于内生变量的。赫尔马林

① Farrell J. Owner-consumers and Efficiency[J]. Economics Letters, 1985 (4): 303-306.

② Basile L., Trani R. Incomplete Contracts Modelling[J]. Metroeconomica, 2008 (59): 347-370.

③ Grossman S. J, Hart O D. The Costs and Benefits of Ownership: A Theory of Vertical and Lateral Integration [J]. Journal of Political Economy, 1986, 94 (4): 691-719.

④ Hart O, Moore J. Property Rights and the Nature of the Firm [J]. Journal of Political Economy, 1990, 98: 1119-1158.

⑤ Maskin E. On Indescribable Contingencies and Incomplete Contracts[J]. European Economic Review, 2002, 46 (4-5): 725-733.

⑥ 黄凯南. 主观博弈论与制度内生演化[J]. 经济研究, 2010（4）.

⑦ Zingales L. Survival of the Fittest or the Fattest? Exit and Financing in the Trucking Industry[J].NBER Working Papers 6273, 1997.

⑧ Hart O., Moore J. Foundations of Incomplete Contracts[J]. Review of Economic Studies, 1999, 66 (1): 115-138.

（Hermalin，2002）[①]和霍恩（Horn，2010）[②]等人发现当缔约成本过高时，最优的契约选择可能使契约趋向简单化和隐形化。第二个研究方向则是在有限理性的假设下进行研究的。博尔顿（Bolton，2010）[③]等人在有限理性的假设下，建立了不完全契约模型，认为合约人在认知成本与收益之间的权衡导致了内生的不完全契约。从本质上来看，只有在有限理性的假设下才可能揭示契约不完全的真正原因（Williamson，1975[④]，1985[⑤]，1998[⑥]，2000[⑦]）。未来，建立一个真正意义上的有限理性研究范式将是不完全契约理论的一个重要发展方向（Maskin，2002[⑧]；Basile，Trani，2008[⑨]），在此基础上，将更多的要素如行为要素加入进来，扩展新的研究方向，这可以帮助我们产生一个新的研究路径。

2. 不完全契约与 outsourcing 理论

虽然 outsourcing 一词自 20 世纪 90 年代开始在文献中频繁出现，但在国内对该词的翻译还不尽一致，如"资源外包""外包""资源外取""外购"等。在本书中译为"外包"。对于外包的定义，国内外学者也没有形成统一的意见，下面列举几种具有典型代表意义的外包的定义（见表 2.2）。

---

① Hermalin B. E. Adverse Selection, Short-Term Contracting, and the Underprovision of On-the-Job Training[J]. The B.E. Journal of Economic Analysis & Policy, 2002, 1 (1): 1-21.

② Horn R. D, Aaron H. Director: The Coming of Age of a Reformer Skeptic[J]. History of Political Economy, 2010, 42 (4): 601-630.

③ Bolton P. Oehmke M. Credit Default Swaps and the Empty Creditor Problem[J]. NBER Working Papers 15999, 2010.

④ Williamson O. E. Markets and Hierarchies: Analysis and Antitrust Implications[M].New York: Free Press, 1975.

⑤ Williamson O. E. Assessing Contract[J]. Journal of Law, Economics and Organization, Oxford University Press, 1985, 1 (1): 177-208.

⑥ Williamson O. E. The Institutions of Governance[J]. American Economic Review, 1998, 88 (2): 75-79.

⑦ Williamson O. E. The New Institutional Economics: Taking Stock, Looking Ahead[J]. Journal of Economic Literature, 2000, 8 (3): 595-613.

⑧ Maskin E. On Indescribable Contingencies and Incomplete Contracts[J]. European Economic Review, 2002, 46 (4-5): 725-733.

⑨ Basile L., Trani R. Incomplete Contracts Modelling[J]. Metroeconomica, 2008 (59): 347-370.

表 2.2　外包的定义

典型代表	外包的定义
普拉哈拉德（Prahalad），哈默尔（Hamel，1990）	外包是企业为了获取核心竞争力的一种战略选择
柯塔博（Kotable，1992）	外包描述了由独立的供应商向企业提供零部件或成品的程度
道姆博格（Domberger，1998）	外包是一种市场组织形式，即企业将原先由内部完成的部分生产活动通过签约的方式交由外部生产者来完成
雷和希特（Lei and Hitt，1995）	外包是指依赖于外部资源生产零部件或提供其他增值活动
乌利（Ulli，2000）	外包是指从外部获取资源的方式总称
依尔拉门特（Ellrametal，2008）	外包被视为一种通过有效利用外部熟练劳动力降低劳动成本的途径
徐姝（2003）	企业为保留企业内部最具竞争优势的核心资源，而把其他资源与外部的专业化资源予以整合的一种管理战略
卢锋（2007）	企业在保持最终产出或产出组合不变的前提下，将生产过程中涉及的某些投入性活动通过契约方式交由外部厂商来完成

资料来源：作者整理。

虽然关于外包的定义还没有达成统一，但是外包活动早已有之，如美国建国初期的帆船制造商将帆的生产交由苏格兰的厂商来完成，而帆的原材料则由印度的厂商完成。如果从专业化分工的角度理解，外包现象甚至可以追溯至亚当·斯密时期。外包活动虽然古已有之，但据一些研究人员观察，外包是近些年才流行开来的，例如，亚伯拉罕和泰勒（Abraham and Taylor，1996）[①]证实在 13 个美国工业部门增加了外包业务服务；而坎帕和戈德堡（Campa and Goldberg，1997）[②]

[①] Abraham K G, Taylor S K. Firms' Use of Outside Contractors: Theory and Evidence[J]. Journal of Labor Economics, 1996, 14: 394-424.

[②] Campa J., Goldberg L S. The Evolving External Orientation of Manufacturing: A Profile of Four Countries[J].Economic Policy Review, 1997 (7): 53-81.

以及赫梅尔、拉波波特和易（Hummels，Rapoport and Yi，1998）[1]的报告证实了国际外包业务的增长。随着外包实践活动越来越活跃，理论界对它的研究也越来越多，特别是随着交易成本理论、不完全契约理论框架的建立和不断完善，外包理论的发展也进入了一个新时代。

从威廉姆森（Williamson，1975[2]，1985[3]），格罗斯曼（Grossman）和哈特（Hart，1986）[4]开始，通过阐述交易成本的职能、资产的专用性和不完全契约理论指导企业选择是进行内部活动还是从外部寻求帮助以满足国内需求的学术研究体系开始形成。尽管这项工作是有影响力的，但它只是为了解不同时期或不同区域的外包行为的差异，或为近期趋势的评估解释提供了一个起点。这是因为决策理论方法通常会给定某种行业环境，从而忽视了企业在一个行业所面临的各种选择之间的相互依存关系。例如，外包对于某个生产者的吸引力很可能将取决于多少个潜在企业可以满足其需求，这反过来又可能取决于同行业中的其他公司是否选择垂直整合或者外包。

格罗斯曼（Grossman）和赫尔普曼（Helpman，2003）[5]研究在一个包含外包和贸易的一般均衡模型中，选择进行外包活动的区位决定性因素。他们将外包模拟成一种行为，它需要寻求对手，以及被不完全合同控制下的特殊投资关系。国际外包的程度取决于进口供应商的国内和国际市场的厚度、寻求每个市场的相关费用、海关进口的相关费用、以及每个国家制定合同的环境特征。斯宾塞（Spencer，2005）[6]提出不完全契约、专属性投资及供应商的搜寻和匹配是决定离岸外包的重要因素。安特拉斯（Antras，2007）[7]改进了跨国公司国际化生产

① Hummels D., Ishii J., Yi K M. The Nature and Growth of Vertical Specialization in World Trade[J]. Journal of International Economics, 2001, 54 (1): 75-96.

② WIlliamson O. E. Markets and Hierarchies: Analysis and Antitrust Implications[M].New York: Free Press, 1975.

③ WIlliamson O. E.The Economic Institutions of Capitalism [M]. New York: Free Press, 1985.

④ GVossman S. J, Hart O D. The Costs and Benefits of Ownership: A Theory of Vertical and Lateral Integration [J]. Journal of Political Economy, 1986, 94 (4): 691-719.

⑤ Grossman G. M, Helpman E. Outsourcing Versus FDI in Industry Equilibrium [J]. Journal of the European Economic Association, 2003 (1): 317-327.

⑥ Spencer B. J. International Outsourcing and Incomplete Contracts[J]. Canadian Journal of Economics, 2005 (38): 1107-1135.

⑦ Antràs P., Helpman E. Contractual Frictions and Global Sourcing[J].NBER Working Paper No. 12747, 2007.

的模型（2004）以适应不同程度的合约摩擦，研究企业在生产率不同条件下决定是一体化还是对外采购中间投入品，以及从哪些国家采购。帕斯卡利（Pascali，2009）[1]发现在公司的垂直结构中，资产专用性的影响被不良合约制度加强，被较低的中间税率减弱。他总结出：不能很好地执行契约将会打乱公司在专用性资产存在下的垂直结构，这将会导致重大的福利损失。如果提高国内合约制度是不可行的，一个等价的解决方案是减少对中间产品进口的贸易壁垒。这将会整顿国内厂商使其减少对于垂直整合的需求，增加外包需求。安特拉斯（Antras，2012）[2]深入调查了格罗斯曼（Grossman）和哈特（Hart，1986）[3]的开创性论文在国际领域的影响，并且讨论了不完全契约模型在国际贸易领域的广泛应用情况。文献承认 GH 理论中的不完全契约的类型介绍不仅可以塑造企业的所有制结构，也包括地理位置的决定。换句话说，契约制度的重要性不仅仅在于理解垂直　体化的决定，它们也是构成一个企业比较优势的来源之一。

随着交易费用和企业产权理论的不断完善，不完全契约的假设开始进入外包理论模型。从格罗斯曼（Grossman）和哈特（Hart，1986）、卡琼（Cachon）和哈克（Harker，2002）[4]、Grossman 和 Helpman（2005）[5]等人的文献中可以看出，在不完全契约的假设前提下，越来越多的因素如竞争、规模经济、工资率等被内生化纳入外包理论模型。但是由于不完全契约作为前提假设却很难真正内生地进入模型，即使将不完全契约作为一个因素内生地植入模型之中，倘若假设行为人是完全理性的前提下，也很难真正揭示出契约的不完全性对外包的形成和效率的重要影响。因此，在本书的研究中，将试图在"有限理性"的假设下，将合约人的有限认知内生于非股权决定模型中，来探求非股权安

① Pascali L. Contract Incompleteness, Globalization and Vertical Structure: an Empirical Analysis[J]. Boston College Working Papers in Economics, 2009: 727.
② Antràs P. Grossman-Hart (1986). Goes Global: Incomplete Contracts, Property Rights, and the International Organization of Production[J]. NBER Working Paper No. 17470, 2012.
③ Grossman S. J, Hart O D. The costs and Benefits of Ownership: A Theory of Vertical and Lateral Integration [J]. Journal of Political Economy, 1986, 94 (4): 691-719.
④ Cachon G., HARKER P. T, Competition and Outsourcing With Scale Economics[J]. Management Science, 2002, 48: 1314-1333.
⑤ Grossman G. M, Helpman E. Outsourcing in a Global Economy[J].Review of Economic Studies, 2005, 72 (1): 135-159.

排的发生、发展与转变的经济学演进。

3. 外包的实证研究

随着外包实践活动的日益频繁，对外包行为进行实证性研究的文献也越来越多，归纳起来主要有以下几方面的分析和论述。一是关于外包活动的存在性实证研究的，如奇尼特兹（Chinitz，1961）[①]就发现在匹兹堡的企业比位于纽约的同类型企业更热衷于外包活动，而同时在日本、韩国的电子行业却更青睐垂直一体化。黑尔珀（Helper，1991）[②]则详尽探讨了美国汽车制造厂商普遍的外包行为。亚伯拉罕（Abraham）和泰勒（Taylor，1996）[③]证实在 13 个美国工业部门外包业务服务大幅增加，而坎帕（Campa）和戈德堡（Goldberg，1997）[④]，芬斯特拉（Feenstra，1998）[⑤]，赫梅尔（Hummels），拉波波特（Rapoport），易（Yi，1998）[⑥]的报告证实了国际外包业务的增长。

二是关于企业外包的原因的分析。如吉尔马和格尔格（Girma and Gorg，2004）[⑦]利用英国制造企业的统计数据对企业外包活动及其相关因素进行了实证分析，分析结果显示出外包与企业内部的高工资有关，企业内部的工资水平越高，外包活动越容易发生，说明节约成本是外部化获取资源的重要原因。泰特、埃拉姆和哈特曼（Tate, Ellram and Hartmann，2009）[⑧]采用案例研究法对服务外包的演进进行了调查分析，研究结果显示外包发生的最初原因是为了降低成本而不断增长的内部化和外部化的压力，以及企业通过其他区位的生产以追求效率

① Chinitz B. Contrasts in Agglomeration: New York and Pittsburgh[J].The American Economic Review, 1961 (2): 279-289.
② HELPER S. Strategy and Irreversibility in Supplier Relations: the Case of the US Automobile Industry[J]. Business History Review, 1991, 65 (4): 781-824.
③ Abraham K. G, Taylor S. K. Firms' Use of Outside Contractors: Theory and Evidence[J]. Journal of Labor Economics, 1996, 14: 394-424.
④ Campa J., Goldberg L. S. The Evolving External Orientation of Manufacturing: A Profile of Four Countries[J].Economic Policy Review, 1997 (7): 53-81.
⑤ Feenstra R. C. Integration of Trade and Disintegration of Production in the Global economy[J].The Journal of Economic, 1998 (12): 31-50.
⑥ Hummels D., Ishii J., YI K. M. The Nature and Growth of Vertical Specialization in World Trade[J]. Journal of International Economics, 2001, 54 (1): 75-96.
⑦ Girma S., Görg H. Outsourcing, Foreign Ownership, and Productivity: Evidence from UK Establishment-level Data[J]. Review of International Economics, 2004, 12 (5): 817-832.
⑧ Tate, Ellram W., Hartmann L., et.al. Offshore Outsourcing of Services: An Evolutionary Perspective[C]. Academy of Management Annual Meeting 2009, Chicago, USA.

的提高，后来，企业进行外包活动更多是出于战略利益的考虑，如提高质量和市场份额。

三是关于外包活动的经济影响分析。如芬斯特拉（Feenstra）和汉森（Hanson，1996）[1]通过构建南北模型发现国际外包使得技术工人的相对工资上涨，而非技术工人的工资则相对下降。芬斯特拉（Feenstra）和汉森（Hanson，1997）[2]进一步解释了外包使得美国对熟练工人的相对需求逐步增加的现象。阿姆迪特（Amdt，1997）则验证了外包对国际贸易及社会福利的促进作用，他认为外包企业通过利用国外的低价劳动力，在提升其国际竞争力的同时也扩大了国内生产，而且其就业效应会大于对本国劳动的替代效应，所以外包不仅会增加承接方的就业水平，还会提高本国的就业。福克斯勒（Fixler，1999）[3]研究了外包对本国生产率的影响，发现短期内受外包冲击导致生产率下降，长期内则由于竞争使得生产率增长较快。格尔格（Gorg，2003）[4]，韦尔森和曼（Wilson and Mann，2004）[5]等人也得出了基本相同的结论。

另外一些研究则得出了居中的结论，即外包对工资差距的影响甚微。斯劳特（Slaughter，2000）[6]对总部位于美国的跨国公司的外包活动进行了实证分析，发现 20 世纪八九十年代美国跨国公司的外包活动并没有对工资差距的加大有重要影响。得出类似结论的还有麦肯锡公司的黛安娜·法雷尔（Diana Farrell，2005）[7]，刘润娟，丹尼尔·特

① Feenstra R. C, Hanson G. H. Globalization, Outsourcing, and Wage Inequality[J]. American Economic Review, 1996, 86 (2): 240-245.

② Feenstra R. C, Hanson G. H. Foreign Direct Investment and Relative Wages: Evidence from Mexico's Maquiladoras[J]. Journal of International Economics, 1997, 42 (3-4): 371-393.

③ Fixler D., Kimberly Z. The Productivity of the Banking Sector: Integrating Financial and Production Approaches to Measuring Financial Service Output[J]. Canadian Journal of Economics, 1999, 32 (2): 547-569.

④ Gorg H. Fancy a stay at the "Hotel California"? Foreign Direct Investment, Taxation and Exit Costs[R]. DNB Staff Reports, Netherlands Central Bank, 2003.

⑤ Wilson J. S, Mann C. L, OTSUKI T. Assessing the Potential Benefit of Trade Facilitation : A Global Perspective[J]. Policy Research Working Paper Series 3224, The World Bank, 2004.

⑥ Slaughter M. J. Production Transfer Within Multinational Enterprises and American Wages[J]. Journal of International Economics, 2000, 50 (4): 449-472.

⑦ Farrell D. Offshoring: Value Creation through Economic Change[J]. Journal of Management Studies, 2005, 42 (3): 675-83.

勒夫勒尔（Daniel Trefler，2008）[①]。而埃格等（Egger et al.，2006）[②]却得出几乎相反的结论，他们通过对企业外包进行短期分析，确认了外包与就业之间的负相关关系，造成这种情况出现的主要原因是外包冲击导致了低技术劳动力的短期失业。

可见，理论界对于外包活动的关注度也随着外包实践活动的流行而不断升级，其中外包对于工资、就业水平、生产率等的影响一直以来就是一个重要的研究焦点。然而，学者们却在不同的假设前提下，以不同国家或行业的数据为基础分析问题，得到了几乎截然不同的结论，这从某种意义上可以认为外包对工资和就业的影响具有不确定性。

2.2.4　全球价值链视角下非股权模式的理论和实证研究

早期的跨国公司主要是以 FDI（股权模式）方式在东道国创建分支机构完成其国际化生产网络的构建。但随着时间的推移，越来越多的跨国公司偏好于将其生产的部分甚至全部环节外部化给其他合作企业来完成，从而形成了包括跨国公司内部分支机构和外部合作伙伴在内的相互依存的跨国经营网络，我们可以称之为全球价值链（Gobal Value Chains，GVCs）。跨国公司依据不同的行业、市场及其环境特征，通过建立各种机制和工具对其合作伙伴进行控制和协调，正如《2011年世界投资报告》所述，非股权模式是一种在跨国公司控制下的全球价值链的管理模式。

1. 全球价值链的治理

价值链治理（Governance）一词是由格里芬（Gereffi，1994）[③]首先提出的。汉弗莱和施密茨（Humphrey and Schmitz，2000）[④]对价值链治理做出如下定义：所谓价值链治理是指通过一系列的制度安排和

① Liu R. J, Trefler D. Much Ado About Nothing: American Jobs and the Rise of Service Outsourcing to China and India[J]. NBER Working Papers, 2008.

② Egger H., Egger P., International Outsourcing and the Productivity of Low-skilled Labor in the EU[J]. Ecoomic Inquiry, 2006, 44 (1): 98-108.

③ Gereffi G., Korzniewicz M. In Commodity Chains and Global Capitalism [M]. London: Green Wood Press, 1994: 189-201.

④ Humphrey J., Schmitz H. Governance and Upgrading: Linking Industrial Cluster and Global Value Chain Research[J]. IDS Working Paper 120, 2000.

协调机制，对处于价值链不同环节的各经济主体的关系及其不同的经济活动进行非市场化协调。巴克利（Buckley，2011）[1]将全球供应链划分成三部分：第一部分是原始设备制造商，也是整个价值链的核心，由它控制着品牌，并承担设计、工程、研发及市场等相关环节的任务，当然，这其中的一部分也是可以外包出去的，但厂商仍控制着整个价值链的核心部分。第二部分是合同制造商，它们是为原始设备制造商提供零部件或配套服务的，这就是所谓的模块化生产网络，合同制造商需要拥有适应合同变化和低成本大规模制造的能力。第三部分则是仓储、配送等。跨国公司通过混合的所有权政策和区位政策来对全球价值链进行治理，以实现资源在全球范围内的优化配置。

格里芬（Gereffi），汉弗莱（Humphrey，2005）[2]构建了一个理论框架，用来帮助解释全球价值链的治理模式。借鉴了三个方面的观点：交易成本经济学、生产网络、技术能力和企业层面的学习，并且确定三个变量在确定全球价值链的治理和变化中起到了关键的作用。这三个变量分别是：（1）交易的复杂性；（2）促成交易的能力；（3）供应基地的能力。这种理论产生了五种类型的全球价值链治理，分别是层次结构、占有率、相关性、模块化和市场化。他们通过对自行车、服装、园艺和电子产品等四个行业进行案例研究，发现全球价值链治理的动态性和重叠性等凸显特征。

伊尔瓦森和阿尔斯坦姆（Ivarsson and Alvstam，2010）[3]选取了世界上最大的家居装修零售商——瑞典的宜家家居的详细企业数据，研究了它是如何为其在中国和东南亚地区的供应商提供重要的技术支持，以改善它们的产品和工艺。这表明，即使是由大型零售商协调的买方驱动的全球价值链，对于那些规模小又没有经验的劳动密集型产品的生产商来说，仍旧存在技术升级的潜力。从理论上说，目前的价值链

---

① Buckley P. J. International Integration and Coordination in the Global Factory[J]. Management International Review, 2011, 51 (2): 269-283.

② Gereffi G., Humphrey J, Sturgeon T. The Governance of Global Value Chain [J]. Review of Internal Political Economy, 2005, 12 (1): 78-104.

③ Ivarsson I., Alvstam C. G. Supplier Upgrading in the Home-furnishing Value Chain: An Empirical Study of IKEA's Sourcing in China and South East Asia[J]. World Development, 2010, 38 (11): 1575-1587.

理论，需要考虑到"发展"的治理结构存在。安特拉斯（Antras，2013）[1]建立了一个由多个独立有序阶段组成的完整生产链中企业的所有权模型。在每一阶段成品生产商均会与每一个阶段的特定供货商订立零部件采购合同。模型给出了在价值链中所有权的最优配置。利用投入产出数据发展了两种独特的测度在产业价值链中的平均位置的方法。

2. 全球价值链下的非股权安排

跨国公司主要通过内部化（股权控制）与外部化（包括非股权控制）两种方式对全球价值链进行管理（UNITED, 2011）。而内部化与外部化之间的选择决策则主要基于二者之间的成本、收益、风险的比较和各自可行性的比选（Buckley and Casson, 1976, 2001[2]）。跨国公司在其全球化进程中一直关注两个关键性的战略决策，一是区位的确定，另一个则是如何对包括关键企业在内的生产经营网络的协调和控制。跨国公司根据外部环境的不同选择不同的区位政策和所有权政策，以实现其收益的最大化，但这显然并不只限于它们的内部化活动。事实上，跨国公司的 outsourcing 和 offshoring 活动趋势越来越明显。按照贝克利（Buckley）和卡森（Casson, 1976）的观点，Outsourcing 包括国内外包和国际外包；Offshoring 既包括国际外包也包括 FDI 海外制造的部分。本书所论及的非股权模式，即是跨国公司外部化活动的一种组织管理模式。

联合国贸易和发展组织在其出版的《2011 年世界投资报告》中对非股权安排（NEMs）做出了如下定义：非股权安排是指通过股权以外的其他方式实现对东道国合作伙伴的控制的行为，包括合同制造、特许经营、服务外包、许可经营、管理合同、订单农业及其他类型的契约关系，通过这些契约关系，跨国公司能够协调其全球价值链中的活动，在不持有公司股份的前提下影响东道国公司的管理（UNITED, 2011）。波士顿咨询集团（Boston Consulting Group，2004）提出非股权安排最理想的情况是产品的标准化制造和服务的标准化流程。在产

① Antràs P., Yeaple S R. Multinational Firms and the Structure of International Trade[J]. NBER Working Paper No. 18775, 2013.
② Buckley P. J., Casson M. The Moral Basis of Global Capitalism: beyond the Eclectic Theory[J]. International Journal of the Economics of Business, 2001, 8 (2): 303-327.

品受到严格的知识产权保护或是存在极端的物流要求和高水平技术的要求以及顾客对产地非常敏感的情况下，一般很少使用非股权模式。即便如此，埃纳尔（Hennart，2009）[1]还是认为跨国公司在其全球价值链的管理过程中，通过外部化的活动进入了一个介于贸易和投资之间的中间地带——非股权模式，该模式下跨国公司虽然放弃了所有权，但却对合作厂商仍然维持着一定的控制力，这也从根本上丰富了外部化的内涵，改善了传统的外部化成本与优势之间的权衡。

3. 非股权模式的实证研究

许多文献都对股权和非股权之间的选择进行了实证分析，如加蒂格恩和安德森（Gatignon and Anderson，1988）[2]，阿加瓦尔和拉马斯瓦米（Agarwal and Ramaswami，1992）[3]以及肯鹊克特和昆度（Contractor and Kundu，1998a）[4]等人验证了海外分支机构的规模、东道国资产的规模、国际化经验以及品牌声誉等因素都对股权与非股权之间的选择起到了非常重要的影响。纳科斯和毛塞蒂斯（Nakos and Moussetis，2002）[5]通过搜集希腊中小企业的数据进行实证分析，验证了东道国的法律限制、交易成本及对外国企业的态度等因素对企业选择股权或非股权决策有重要影响。加蒂农和安德森（Gatignon and Anderson，1988），依拉米莉和拉奥（Erramilli and Rao，1993）[6]发现企业更喜欢内部化的（股权）高控制模式。但在服务业，特别是与那些专业性服务企业（如咨询公司等）相比，消费型服务企业（如酒店、饭店等）

① Hennart, Francois J. Down with MNE- centric Theories—Market Entru and Expansion as the Strategies for the Garment Industry[J]. Journal of International Business Studies, 2009, 40: 1432-1454.

② Gatignon H., Anderson E. The Multinational Corporation's Degrees of Control over Foreign Subsidiaries: an Empirical Test of a Transaction Cost Explanation[J]. Journal of Law Economics and Organization, 1988, 4 (2): 305-336.

③ Agarwal S., Ramaswami S. N. Choice of Foreign Market Entry Mode: Impact of Ownership, Location and Internationalization Factors[J]. Journal of International Business studies, 1992, 23 (1): 1-28.

④ Contractor F., Kundu S. Modal Choice in a World of Alliances: Analyzing Organizational Forms in the International Hotel Sector[J]. Journal of International Business Studies, 1998, 29 (2): 325-358.

⑤ Nakos G., Brouthers K. D. Entry Mode Choice of SMEs in Central and Eastern Europe[J]. Entrepreneurship Theory & Practice, 2002 (Fall): 47-63.

⑥ Erramilli M. K, RAO C. P. Service Firms International Entry-mode Choice: a Modified Transaction-cost Analysis Approach[J]. Journal of Marketing, 1993, 57: 19-38.

中采用非股权模式的更多（Erramilli，1990）[1]。肯鹊克特和昆度（Contractor and Kundu，1998a）发现，在酒店行业中，非股权模式涉及的资产占全部资产的 65.4%，其中采用最多的两种非股权形式分别为特许经营和管理合约。科格特和詹德（Kogut and Zander，1993）[2]，马德豪克（Madhok，1997）[3]以及阿罗拉和福斯福里（Arora and Fosfuri，2000）[4]等发现一方面是由于组织能力、难以复制的技术等不能有效地通过市场模式转移给东道国合作者，所以导致了企业被迫采用内部化的模式；另一方面，转移那些容易复制的能力并没有直接影响非股权的选择，而当技术秘密可以编制成册进行转移时，非股权模式更受青睐。

　　较少文献关注非股权的不同模式之间的选择。依拉米莉和切奇坦斯（Erramilli and Chekitans，2002）[5]在组织能力论的基础上构建了一个用于解释在两种非股权模式——特许经营和管理合约之间的选择模型。作者调查了 46 个不同国家的 139 家酒店，提出了几个假设，解释并验证了选择特许经营或管理合约的原因。研究发现，在不同的非股权模式中，转移成本的差异没有达到产生一个明确的选择决定，当企业间转移的是物理性的能力时，特别是联合一个强大的品牌时，厂商更偏好于特许经营。鲍德斯（Brouthers，2001）[6]和申卡尔（Shenkar，2001）[7]认为，对于文化的距离与非股权模式之间的关系，经验证据是模棱两可的，甚至是相互矛盾的，他们认为文化的距离与企业间的契约合作之间既无正向关系，也无负向关系。而对于内部化模式，文

① Erramilli m. K. Entry Mode Choice in Service Industries[J]. International Marketing Review 1990, 7 (5): 50-62.

② Kogut B., Zander U. Knowledge of the Firm and the Evolutionary Theory of the Multinational Corporation[J]. Journal of International Business Studies, 1993, 24 (4): 625-645.

③ Madhok A. Cost, Value and Foreign Market Entry Mode: The Transaction and the Firm[J]. Strategic Management Journal, 1997, 18: 39-61.

④ Arora A., Fosfuri A. Wholly Owner Subsidiary Versus Technology Licensing in the Worldwide Chemical Industry[J]. Journal of International Business Studies, 2000, 31 (4): 555-572.

⑤ Erramilli, Chekitans. Choice Between Non-Equity Entry Modes: An Organizational Capability Perspective [J]. Journal of International Business Studies 2002, 33: 223-242.

⑥ Brouthers K. D., Brouthers L E. Explaining the National Cultural Distance Paradox[J]. Journal of International Business Studies, 2001, 32 (1): 177-189.

⑦ Shenkar O. Cultural Distance Revisited: towards a more Rigorous Conceptualization and Measurement of Cultural difference[J]. Journal of International Business Studies, 2001, 32 (3): 519-535.

化的距离可能起到较大的作用。李宁（LiNing，2008）[1]通过对九年间全球范围内 48 个行业的 22156 个跨国联盟进行调查研究，运用新的研究方法发现了宗教信仰等因素对企业选择股权或非股权联盟的影响。还有一些学者发现，当企业经营规模变大时，它更倾向于采用非股权模式，也可能是因为可以减少风险或减少管理问题。中国学者马春光等人（2012）[2]研究了金融危机后中国企业的对外投资情况，并提出中国企业走出去应更多采用非股权模式。安特拉斯和佐（Antras and Chor，2013）[3]建立了一个由多个独立有序阶段组成的完整生产链中企业的所有权模型，在每一阶段最终产品生产商均会与每一个阶段的特定供货商订立零部件采购合同，模型给出了企业在价值链中所有权的最优配置。分析结果显示了对一体化供货商的激励与他在产业链中相对位置的不同而不同，而且在整体供应商与下游供应商之间关系的性质主要依赖于最终产品生产商所面对的需求弹性。该文章通过结合美国人口普查局的关联贸易数据库和布罗达和温斯坦（Broda and Weinstein，2004）[4]的美国进口需求弹性估计，验证了模型和国际贸易统计数据之间的匹配性，发现经验证据广泛支持他们的主要预测。

　　可见，学者们对于非股权模式无论是理论研究还是实证研究，都进行了较为深入的探讨，在理论研究方面，近年来与全球价值链理论结合的较为紧密，甚至将非股权模式视为跨国公司治理全球价值链过程中的一种重要的组织管理模式。跨国公司可以通过各种非股权模式调整并控制东道国合作企业的生产经营活动。在实证研究方面，也有学者利用投入产出表以及处理后的贸易数据对多个国家的非股权实践活动进行定量分析，这些研究的结论尽管不尽一致，但仍对本书后期的研究工作给予了重要提示和参考。

① Li Ning. Religion, Opportunism, and International Market Entry via Non-equity Alliances or Joint Ventures[J]. Journal of Business Ethics, 2008, 80 (4): 771-789.

② Ma Chun Guang, Wang Yang. The Strategic Choice of Non-Equity Modes by Chinese Enterprises under the Current Global Financial Crisis[J]. International Journal of Business Strategy, 2012, 12 (2).

③ Antràs P., Chor D. Organizing the Global Value Chain[J]. NBER Working Paper No. 18163, 2013.

④ Broda, Christian, Weinstein D. Variety Growth and World Welfare[J]. American Economic Review Papers and Proceedings, 2004: 139-145.

2.2.5 国际化生产组织视角下的股权与非股权模式比较研究

随着计算机的处理能力和存储容量以及通信光纤的网络容量等以指数级的速度增长，远距离信息的传输和处理成本大幅下降，因此，信息技术的革命带来的是生产过程在世界范围内的分解，或者被称为价值链的分割。越来越多的企业重新在世界范围内组织生产。企业在制定它们的全球战略时，面临的一个关键抉择就是采用什么样的组织形式进行全球化生产，是采用控制海外股权的 FDI 方式，还是采用国际外包？是采用垂直一体化，还是水平一体化，抑或混合一体化？核心企业及其海外分支机构、契约合作企业等为实现国际化生产而采取的各种形式的生产组织的总和构成国际化生产组织，它涵盖了从独资到参股，再到各种形式的契约在内的广泛层面。有些企业更倾向于以所有权方式增加对海外企业的控制，如英特尔公司 1997 年在哥斯达黎加投资 3 亿美元建立全资子公司，以满足母公司离岸生产大量零部件的需要。另一些企业如耐克、苹果等零部件则大量依赖于分包给非附属厂商生产，而只把设计和市场留在自己企业内部（Antras，2012）[①]。

为什么有的企业通过强控制力来对其海外生产施以影响，而另一些企业却不是这样？格罗斯曼（Grossman）和哈特（Hart，1986）[②]从产权理论角度进行了解释，他们认为当双方进入一种契约关系时，往往是有一个低成本的契约选择，以对专属权的控制进行配置。特别是，当一方为购买另一方资产的契约成本过高时，对于第一方来说，购买除了合同中特别提到的那些权力以外的剩余权力将会是其最佳的选择。所以说所有权是购买这些剩余控制权的等价交换物。垂直一体化就是为了获得剩余权控制而进行的对供应商财产的一种购买行为。在不完全契约的假设下，只有当一个企业对另一个企业的控制所带来的生产效率的提高超过了另一个企业因失去控制力而造成的生产效率的减少

① Antras P. Grossman-Hart（1986）. Goes Global: Incomplete Contracts, Property Rights, and the International Organization of Production[J]. NBER Working Paper No. 17470, 2012.

② Grossman S. J., Hart O D. The Costs and Benefits of Ownership: A theory of Vertical and Lateral integration [J]. Journal of Political Economy, 1986, 94 (4): 691-719.

时，企业才会做出购买另一个企业（股份）的决策。

斯蒂芬·罗斯·耶普尔（Stephen Rose Yeaple，2003）[①]认为许多跨国企业的行为用现有的国外直接投资（FDI）模型并不能进行恰当的描述。因为企业经常在一些国家采用垂直一体化的战略而在另一些国家却施行水平一体化战略，来构建它们的国际生产体系。因此他们提出了一种三国模型，用来分析企业为什么会遵循一个复杂的一体化战略，揭示了复杂的一体化战略在潜在的东道国之间所创造出的互补效应，这对于国际生产组织结构也有重要的启示。分析还表明，各国之间的运输成本下降，可能会增加复杂一体化战略的重要性。

芬斯特拉（Feenstra，2005）[②]则建立了一个简单的国际外包模型，并将其用于解释中国的加工贸易。一般而言，谁拥有所有权谁就控制产品投入，但中国的加工贸易模式打破了传统的规则，分离了工厂的所有权和投入控制权，即外国企业更愿意拥有中国工厂的所有权（至少是部分），而中国企业则倾向于通过投入品进行控制。为了解释这样的组织安排，作者分别建立了基于企业产权（PR）和激励系统（IS）的理论模型，跨国公司和中国工厂的经理通过纳什议价协商分配与出口相联系的剩余价值。研究发现 IS 模型推导出企业所有权与控制权的互补效应，而 PR 模型则推导出企业所有权与控制权的替代效应。而且通过中国的实证数据也支持了所有权和控制权在两方之间分离的结论。在南部沿海省份，也就是出口最活跃而且交易成本最低的地区，上述生产组织模式安排最为流行。

世界经济的新发展激发了学者们对于贸易和投资模式变革以及国际生产组织等问题的研究热情。埃尔赫南·赫尔普曼（Elhanan Helpman，2006）[③]认为虽然传统的贸易理论在解释这些问题上可以有所作为，但是还需要新的方法，尤其是需要建立包含企业海外活动替

① Yeaple S. R. The Role of Skill Endowments in the Structure of U.S. Outward Foreign Direct Investment[J]. The Review of Economics and Statistics, 2003, 85 (3): 726-734.

② Feenstra R. C., Hanson G. H. Ownership and Control in Outsourcing to China: Estimating the Property-Rights Theory of the Firm [J]. Quarterly Journal of Economics, 2005 (120): 729-761.

③ Helpman E. Trade, FDI, and the Organization of Firms[J]. NBER Working Papers with number 12091, 2006.

代模式在内的模型，因为在世界经济的变革中组织性的变革是核心部分。原有理论的改进都集中在单个企业针对其自身的特点，研究其行业的运行机制和外国公司提供的机遇。而其实更应关注行业结构中企业个体行为的影响，为 FDI 和贸易的结构模式选择提供新的解释，确定新的比较优势来源。

　　很多文献都基于产权理论对跨国公司的产权模式进行研究，并从实证的角度验证了企业国际化生产模式（并购或外包等）的选择假说。马林（Marin）和维迪尔（Verdier，2009）①则重点研究了跨国公司的内部组织，对跨国公司总部与子公司之间的权力分配进行实证研究，并提供了一个框架，来分析决定通过出口或外国直接投资进行当地市场的服务、市场准入和跨国公司组织的最佳模式。克斯廷（Kersting，2011）②构建了一个考虑生产不同最终产品的异质企业模型，调查了通过 FDI 或离岸外包两种模式将制造过程转移到南部更低成本地方的情况，当最初的生产率很低时，离岸外包的生产率和收益相对更高；而当初始生产率很高时，企业不选择外包归因于固定成本的存在。研究还发现，从这种类型的全球经济一体化模式中获益最多的并不是那些拥有最低边际成本的企业，而是那些在执行生产任务过程中不得不继续留在国内（管理权）生产效率较高的企业，而最初在生产阶段并没有那么有生产效率的企业却体验着最大程度的收益率增长。只要将生产阶段有代价地移动到南部，为保持均衡状态，将会有企业选择将制造过程继续保留在北部。随着全球化进程的加快，这些企业将遭受利润下降的损失，这是因为总的生产成本的下降引致价格水平的下降。在最后阶段，只有非常少的、大型的、高生产率水平、高管理水平的企业依然在国内完成制造阶段。安特拉斯（Antras，2012）③调查了格罗斯曼（Grossman）和哈特（Hart，1986）开创性的论文在国际贸易

① Marin D., Verdier T. Power in the Multinational Corporation in Industry Equilibrium [J]. Economic Theory, 2009, 38: 437-464.

② Kersting E. K. International Organization of Production with Heterogeneous Firms[J]. Villanova School of Business Department of Economics and Statistics Working Paper Series with number 17, 2011.

③ Antras P., Chor D, FALLY T, et al. Measuring the Upstreamness of Production and Trade Flows[J]. NBER Working Paper No. 17819, 2012.

领域中的影响力，并且讨论了在开放经济环境下，GH 理论的实施以及它对国际生产组织和国际贸易流动结构的影响。

由此可见，将企业放在一个孤立的环境中进行研究，已经不能解释现有的全球化生产现象了，而必须将企业置于全球生产体系中，从国际化生产组织的视角对跨国公司的投资、贸易结构进行研究，为企业的国际化生产决策提供新的解释。本书的重点是跨国公司股权与非股权模式的比较研究，即提出相关假设，建立模型，探寻全球价值链下制造企业国际化生产模式的选择，研究对于我国制造企业的全球价值链整合与升级战略具有重要意义，特别是为我国制造企业走出去战略的具体模式选择提供思路和借鉴。

2.2.6 全球价值链下各国制造业发展研究

全球价值链的发展改变了制造业原本的发展轨迹和竞争模式，使得一些发展中国家的制造企业异军突起，得以迅速发展；同时一些发达国家却面临着"去工业化"的窘境。各国制造业在全球价值链分工下的发展态势和地位并不均衡，这也引起了学者的广泛关注。

博纳格利和戈尔斯坦（Bonaglia, F. and Goldstein A., 2007）[1]认为发达国家仍旧保持了对全球价值链关键资产的所有权和控制权，如技术、组织和市场能力、品牌和设计等。全球价值链上的领导型企业仍旧主要集中在大型跨国公司手中，其仅仅是将必需的专有技术转移给发展中国家，以使他们能够从事简单的装配工作。OECD 于 2007 年的一项调查结果显示，中国、墨西哥和土耳其的日用品行业，菲律宾的动漫产业，中国的飞机制造业等行业的分割化生产特征愈发明显，参与全球价值链为这些发展中国家实现产业升级提供了良好的机遇，帮助这些国家成功实现从 OEM（代工生产）生产向 OFDI（对外直接投资）的飞跃。

---

① Bonaglia F., Goldstein A. More than T-shirts: The Integration of Developing Country Producers in Global Value Chains[J]. OECD Development Centre Policy Insights, No. 49. Paris: OECD Publishing, 2007: 1-2. DOI: http://dx.doi.org/10.1787/243347268732.

皮萨诺和施（Pisano and Shih，2009）[①]以及蒂莫等人（Timmer et al.，2012）[②]认为，发达国家过多地将精力集中于创造设计、概念和服务上，从而使得中低技能劳动从全球价值链中获取的收益份额越来越小，放弃在制造业上的相关功能，从长期来看可能会侵蚀价值链中上游和下游活动的成果，并可能会受到新兴经济体发展的威胁，最终导致发达国家引以为傲的研发、设计功能优势也受到影响。

OECD（2013）的研究发现[③]，近些年来，虽然表面上看发达国家失去了大量的制造业出口市场份额，但欧洲、日本、美国的一些企业仍旧在制造业全球价值链中获得巨大的利益回报，来自欧美等国的制造业增加值明显高于中国，其主要原因是发达国家主要从事的是价值链上高附加值的生产活动，如品牌营销、设计等。当然在这些发达国家之间，制造业的发展也并不均衡。美国在 21 世纪初，由于 IT 业的热潮，制造业发展迅速，但近几年来，美国制造业已经失去了其在全球价值链上原有的位置。日本的制造业也出现了下滑，而欧洲国家却一直保持着其在制造业全球价值链上的整体地位。但在欧洲国家内部，制造业活动也发生了一些变化，全球价值链开始向东欧如波兰、捷克等国转移。

非洲开发银行/经济合作与发展组织/联合国开发计划署，2014[④]指出，非洲各国制造业也已进入全球价值链时代，越来越多的生产过程被分割在全球进行生产，各种任务根据不同区域的比较优势进行区位选择。发展中国家可以通过全球价值链向世界市场提供专业化的熟练技术产品，这也为这些国家制造业的发展打开了快速发展之路。虽然现在非洲各国只能从事全球价值链上低价值的活动，获得全球价值链收益的较小份额，但增加值却从 1995 年的 1.4%上升为 2011 年的

① Pisano G. P., Shih W C. Restoring American Competitiveness [J]. Harvard Business Review. 2009, 87 (7-8).

② Timmer M., Erumban A. A., Los B., et al. New Measures of European Competitiveness: A Global Value Chain Perspective[J]. World Input-Output Database Working Paper 9, 2012.

③ OECD. Interconnected Economies Benefiting from Global Value Chains[M]. Paris: OECD Publishing, DOI: http://dx.doi.org/10.1787/9789264189560-en, 2013: 179-188.

④ AFDB/OECD/UNDP . African Economic Outlook 2014: Global Value Chains and Africa's Industrialisation[J]. Paris: OECD Publishing, DOI: http://dx.doi.org/10.1787/aeo-2014-en, 2014: 18.

2.2%。文章认为非洲国家应进一步开放贸易市场，加强基础设施建设，完善相关政策以及环境的可持续发展是未来在全球价值链竞争中收益最大化的核心要求。

一些学者近来的研究发现，制造业的全球化也带动了服务业的全球化，越来越多的制造业生产过程中将"服务"作为其中间产品投入，形成了服务、产品制造、销售的一体化（Nordas，2010[1]）。越来越多的制造企业通过与服务业相结合获得了新的竞争优势（Kommerskollegium，2012[2]；Lodefalk，2012[3]）。

与此同时，中国制造业在全球价值链中也获得了"举足轻重"的地位，大量的中国学者对此也进行了深入的研究。张延贵、陈晓燕（2009）[4]指出中国制造业大多被分配到全球价值链中从事低附加值的活动，且深陷"破坏环境、消耗资源、剥削劳工"的泥潭。我国制造业竞争力的提升，装备制造业的发展至关重要，同时仍需跨越产业思维，进行全价值链整合。陈爱贞、刘志彪（2011）[5]认为是我国装备制造业在全球价值链的低端地位引发了生产模式的自我锁定，低层次的中间品投入以及外资企业的出口驱动的贸易模式造成了我国目前装备制造业在全球价值链的低端锁定困境。巫强、刘志彪（2012）[6]进一步研究发现，我国消费品制造业融入全球价值链的步伐明显快于装备制造业，这种步伐的不一致导致上游装备制造业的市场空间被国外挤占，这也进一步导致我国区域经济发展的不均衡。林桂军、何武（2015）[7]研究了我国装备制造业在全球价值链上的增长特征，结果表明中国装备制造业升级主要来源于一般贸易和加工贸易，外商独资企

[1] Nordas H.K. Trade in Goods and Services: Two Sides of the Same Coin?[J]. Economic Modelling, 2010, 127: 496-506.

[2] Kommerskollegium. Everybody is in Services: The Impact of Servicification in Manufacturing on Trade and Trade Policy[M]. Stockholm: National Board of Trade, 2012.

[3] Lodefalk M. The Role of Services for Manufacturing Firms' Exports[J]. Orebro Business School Working Paper Series No. 10/2012, 2012.

[4] 张岩贵，陈晓燕. 全球价值链与中国制造[J]. 世界经济研究，2009（10）：8—13.

[5] 陈爱贞，刘志彪. 决定我国装备制造业在全球价值链中地位的因素——基于各细分行业投入产出实证分析[J]. 国际贸易问题，2011（4）：115—125.

[6] 巫强，刘志彪. 本土装备制造业市场空间障碍分析——基于下游行业全球价值链的视角[J]. 中国工业经济，2012（3）：43—55.

[7] 林桂军，何武. 全球价值链下我国装备制造业的增长特征[J]. 国际贸易问题，2015（6）：3—24.

业和民营企业是其升级的主要动力，而造成我国装备制造业全球价值链低端锁定的主要原因是一般贸易和国内企业。

邱斌，叶龙凤，孙少勤（2012）[①]，李强、郑江淮（2013）[②]等人的实证研究结果显示，参与全球生产网络有助于提升我国资本技术密集型制造业在全球价值链上的地位，但对于资本和劳动密集型制造业的提升作用并不明显；研发水平、制度环境和人力资本等因素对我国制造业升级具有正向作用。王岚（2014）[③]则认为融入全球价值链对我国低技术制造业升级有促进作用，而对于中高技术制造业，则会出现全球价值链分工锁定。张咏华（2015）[④]利用世界投入产出表测算发现，中国制造业是全球价值链上与其他区块（如东亚、北美、欧洲等）关联性最高的，但其对其他区块的经济影响却微乎其微。中国制造业应以技术及技术升级构筑中国制造强国的地位。

由此可见，由于世界各国制造业的竞争优势以及参与全球价值链的速度、深度和广度均有所不同，因此其在全球价值链的地位、获得的收益也有很大区别。但无论是发达经济体还是发展中经济体，都在制造业积极参与全球价值链的活动中受益，因为制造业的全球化从来不是一个你进我退、你有我无的零和博弈，而是一个各国协作、你中有我、我中有你的共赢游戏。

2.3 本章小结

本章首先按照跨国公司理论发展的逻辑演进，从垄断优势理论到国际生产折衷理论、从内部化理论到外部化理论、从交易成本理论到

① 邱斌，叶龙凤，孙少勤. 参与全球生产网络对我国制造业价值链提升影响的实证研究——基于出口复杂度的分析[J]. 中国工业经济，2012（1）：57—67.
② 李强，郑江淮. 基于产品内分工的我国制造业价值链攀升：理论假设与实证分析[J]. 财贸经济，2013（9）：95—104.
③ 王岚. 融入全球价值链对中国制造业国际分工地位的影响[J]. 统计研究，2014（5）：17—23.
④ 张咏华. 制造业全球价值链及其动态演变——基于国际产业关联的研究[J]. 世界经济研究，2015（6）：61—70.

不完全契约理论、从国际生产分割理论到全球价值链理论，对本书的理论研究基础进行了梳理。其次，以股权与非股权的比较为核心，分别从经典理论追溯、"make or buy"的传统模型以及不完全契约、全球价值链、国际化生产组织等视角对股权与外包模式选择的理论和实证文献进行了分析。最后，对全球价值链下世界各国制造业的发展研究进行了分析。上述研究的最大贡献和进步主要表现在以下几个方面：

（1）随着研究的深入，企业异质性、不完全契约等假设被植入股权与外包的选择模型中，使得研究的结果更符合实际，结论更丰富，更可信；

（2）传统的跨国公司生产组织决策是孤立的，是企业单方面的选择；而随着研究的深入，一些学者开始将跨国公司的国际生产组织决策放到了一个与其他企业决策互相依存的决策环境中，企业的决策不再是单方面的选择，而是基于复杂外部环境的多方博弈的结果；

（3）从消费者均衡到生产者的均衡，上述研究为我们提供了一个研究国际生产组织模式的一般均衡框架。

（4）OECD 与 WTO 联合发布的贸易增加值数据，为研究世界各国制造业在全球价值链的地位和收益提供了新的更为准确的评价方案。

综上所述，已有的文献为本书的研究提供了思路并打下了坚实的基础，但也存在可以进一步完善之处，本书将在以下几方面寻求突破：

（1）以非股权模式嵌入企业国际化生产决策模型。对于跨国公司生产决策模型的研究，以往文献均是基于对 FDI（一体化）和外包这两种组织模式的比较和选择，较少能够见到对于跨国公司股权和非股权生产决策的比较研究，而本书认为非股权与外包并非等同概念，其决策的因素和机制均会有所不同（前文已有详细论述）。

（2）内生的不完全契约模型。虽然很多学者已经将契约的不完全性作为研究的前提假设，但这种直接的假设并不能将契约的不完全性真正内生于模型之中（Maskin and tirole，1999）[①]，使得不完全契约理论其本质更关注的仍是完全契约，这在理论逻辑上并不自适（黄凯

---

① Maskin E., Tirole J. Unforeseen Contingencies and Incomplete Contracts[J]. Review of Economic Studies, 1999 (66): 83-114.

南，2012）[1]。

（3）基于全球价值链的连续生产函数。全球价值链的形成已经将制造企业的战略规划拓展到全球范围内，从上游的研发、设计到中游的零部件制造组装，再到下游的品牌营销及服务等生产的全过程。但较少有学者从全球价值链的视角，研究最终厂商对上下游供应商生产组织决策的不同以及上下游供应商之间的相互决策影响。

（4）基于微观数据的实证检验。限于数据的可获得性，既往的文献在实证方面的研究相对较少，而且大部分的实证研究采用的是行业数据，而用行业数据去检验企业微观的生产组织模式决策，其结果的可靠性和解释力一直受到质疑。

因此，本书将以上四点作为本研究的方向，期望对跨国公司的国际化生产组织模式选择及其在中国制造企业的应用研究能够有所贡献和有所突破。

---

① 黄凯南. 不完全合同理论的新视角——基于演化经济学的分析[J]. 经济研究，2012（2）：133—145.

第3章　中国制造企业全球价值链
专业化分工的分析

日益下降的运输成本，方便快捷的信息沟通技术，不断降低的贸易投资壁垒……所有这一切促成了跨国公司的生产活动遍布世界各地，连同其所密切联系的各种经济组织在内，形成一个巨大的复杂的国际生产网络，我们称之为"全球价值链"。各种形式的经济组织通过全球价值链紧密联系在一起，并形成了以价值链中生产工序的专业化分工为特征的经济发展范式。据《2014年世界贸易报告》的数据显示，在全球出口贸易额增加值中，与全球价值链有关的部分超过了50%，在发展中国家之间的贸易额中，与全球价值链有关的部分则在过去的25年间翻了两番①。有研究显示，在300家销售收入超过10亿美元的跨国企业中，平均51%的零部件制造，47%的产品装配，46%的仓储，43%的客户服务和 39%的产品研发都是在母国之外完成的（MIT Center for Transportation and Logistics，2009）②。约翰逊和诺格拉（Johnson and Noguera，2012）的研究显示，全球中间品贸易额占贸易总额的比重已经达到2/3，其中货物贸易是56%，服务贸易73%③。由此可见，这种以全球价值链为特征的分工模式已经主宰了当前的经济全球化进程。

其实，全球价值链活动并不是一个新现象，只不过是近二十年来

---

① WTO. World Trade Report 2014: Trade and Development: Recent Trends and the Role of the WTO [R]. Geneva. 2014: 79.
② MIT Center for Transportation and Logistics. Supply Chain Survey[R]. Global Scale Network, 2009.
③ Johnson R. C., Noguera G. Accounting for Intermediates: Production Sharing and Trade in Value Added [J]. Journal of International Economics, 2012 (86): 224-336.

随着技术、贸易环境等各方面条件的成熟，才大规模发展起来。与此相一致的是，在理论界对于全球价值链的研究也呈蓬勃发展之势。近两年内，"全球价值链"就先后成为 OECD、UNCTAD、WTO 等几大国际组织研究报告的主题——UNCTAD 的《2013 世界投资报告》的主题是"全球价值链与发展：全球经济中的投资和增值贸易"；WTO 的《2013 国际贸易统计报告》的主题是"全球价值链中的贸易"；OECD、WTO、WBG（世界银行）在 2014 年 G20 领导人峰会上提交的报告主题是"全球价值链：挑战、机遇与政策启示"；2014 年 APEC 通过了"推动全球价值链发展与合作战略蓝图"等。

3.1 全球价值链——一种全新的经济发展范式

全球价值链不仅改变了产品的生产方式，同时改变的还有贸易和投资的边界、模式，以及劳动、资本、专有技术的流动及其利益分配，甚至有人认为全球价值链挑战了传统的人们关于经济全球化的思考，而且形成了一种全新的经济发展范式。下面将从全球价值链对贸易、投资、就业、经济增长等方面的影响和变革进行阐释。

3.1.1 全球价值链与贸易

1. 全球价值链对贸易分工的影响

因为生产的分割化，所以有了全球价值链的形成；也正是因为全球价值链的蓬勃发展，使得贸易中原本按照行业的专业化分工转变为业务功能来分工。正如格罗斯曼（Grossman）和罗西•汉斯伯格（Rossi Hansberg，2006）所说，现在不再是"拿红酒换布匹"的时代了，而是到了业务分工甚至是任务分工的时代了[①]。业务功能活动分布于整条价值链，包括研发、采购、生产、市场、售后服务等，国家之间也

---

① Grossman G., Hansberg R. The Rise of Offshoring: it is not Wine for Cloth Any More[A]. The New Economic Geography: Effects and Policy Implications[C]. Jackson Hole Conference Volume, 2006 (08): 59-102.

不再是传统的按照产业划分的专业化而是改为业务功能的专业化，如中国的装配操作，印度的业务服务等。企业的价值链战略可能涉及多个行业，而一个行业（如金融服务业）又同时成为几乎所有价值链的一部分，即使是采掘业或某些能源、原材料行业，也会成为大部分制造业产业链的最前端。

如果说全球价值链作为一种全新的经济发展范式，其中一个重要的内涵就是它改变了原本通过产业去理解贸易和生产分工，形成了按业务功能进行的资源重组，就连劳动等基本要素可能也不再按照产业划分，这样的转变是具有突破性的。

2. 全球价值链对贸易政策的影响

全球价值链将世界各国更为紧密地联系在了一起，这也会使得各国之间的贸易政策的相互依赖关系更强了，相互影响的程度和方式也更深入、更直接。在传统的贸易中，产品在一国完成其全部生产过程，国际贸易可以看作是国内生产和国外生产之间的竞争。一国可以轻松地通过设置关税等贸易保护政策，来减少本国消费者购买国外制成品，以保护国内产业。但是今天，越来越多的离岸生产分割在世界各地进行，它使得国际贸易的竞争不再发生在国与国之间，行业与行业之间，而是发生在生产任务单元甚至工序之间。这时，贸易政策的影响力和范围变得更大了，影响结果也更为复杂化了。因为一个所谓的"国内生产者"，其实际上使用的零部件、中间产品和服务可能都来自国外，当产品被贴上了"世界制造"的标签时，每个企业不再参与产品制造的全过程，也不再享有产品全部的剩余价值，而只是去捕获全球价值链收益的一部分。当一件摆在我们眼前的商品，其背后的生产者遍布全球，而且成分非常复杂时，也就意味着一国贸易政策的靶向性和控制性都更弱了，但是这项政策对其他市场影响的速度和范围则随着全球价值链的扩张而被极度放大。

3.1.2 全球价值链与投资

FDI 可以看作是全球价值链发展的一个重要引擎，因为跨国公司正是通过 FDI 在世界各地建立的众多分支机构和子公司，形成了全球价值链中的主要组织单元。反过来，全球价值链的发展，也在国际投资领域引起了巨变。如中国和印度就因此成了新的主要对外投资来源地，其政府也通过主权财富基金和国有企业投资成为某些领域全球价值链的重要参与者，甚至控制者。而全球价值链对 FDI 最深远的影响可能是对跨国公司海外治理模式的改变：它改变了以往跨国公司单纯通过 FDI（股权控制）的方式来掌控其全球生产网络，而是不断地通过外部化的活动如离岸外包等非股权方式，以各种形式的契约为主要约束，在不拥有股权的条件下，对其海外生产施加强大的控制影响力（具体如图 3.1 所示）。

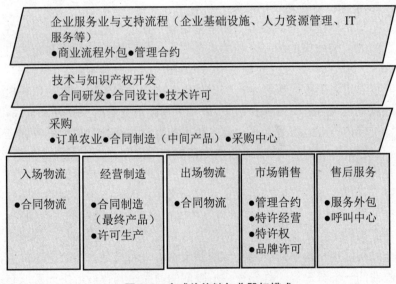

图 3.1　全球价值链与非股权模式

资料来源：作者绘制。参考 UNCTAD. World Investment Report 2011: Non-Equity Modes of International Production and Development [R]. New York and Geneva, 2011: 155；迈克尔·波特. 竞争优势 [M]. 北京：华夏出版社，1997:50。

　　一般来说，跨国公司通过全球价值链进行水平投资和垂直投资，在某些行业以一种方式的投资为主，但在有的行业如制造业，一面进行垂直整合，一面可能在多国都设立水平型的生产组装部门，即两种方式并存。跨国公司通过这种水平型或垂直型的 FDI 和各种非股权安排以及它们之间发生的各种不同类型的贸易交易关系，连接起来形成了复杂的生产联系网络。因此，如今各国的投资政策也需要更加注重全球价值链的各部分、不断降低的投资壁垒和适当的投资促进措施以及良好的投资环境，对于本国更好地参与全球价值链，提高价值链收益而言是至关重要的。

3.1.3　全球价值链与就业

作为世界 GDP 的一个重要组成部分，全球价值链上的价值增值不断增长，这意味着越来越多的国内就业现在要依赖于外国的最终需求和价值链流畅的运转。对全球价值链的正确理解以及对本国在全球价值链上所处位置的认知，对于我们重新认识就业与贸易、投资、专业化分工之间的关系尤为重要。

有人认为进口的增加威胁了国内的就业，也有人认为越来越多的离岸活动也会使国内就业减少。但随着全球价值链的发展，这些威胁可能都会被重新认知。因为全球价值链，可能在进口部门中丢失的那个工作机会会在出口部门被创造出来。兰滋等人（Lanz, et al.，2011）的研究表明，由于全球价值链的形成，使得企业专注于核心业务的发展，而在全球范围内以更低的成本重新配置资源，由此带来的生产率的提高，有助于企业扩大产出并提供更多的就业机会[1]。因为全球价值链，国内的就业可能更多依赖于在本国建立的外国分支机构以及价值链出口中的增值部分。OECD 最近的研究分析称，外国分支机构对国内增加值的贡献，超过 50% 是通过留在国内的劳动收入增加带来的[2]。因为参与全球价值链的需要，促进人员教育和技能培训的政策在各国被执行，也因此改变了一国的劳动力质量。

与此同时，全球价值链对于劳动就业的风险也会由于全球生产网

---

[1] Lanz R., Miroudot S., Nordas H. K. Trade in Tasks[J]. Trade Policy Paper.No. 117 OECD Publishing. doi: 10.1787/5kg6vzhkvmmw.en.2011.

[2] OECD, WTO, WORLD BANK GROUP. Global Value Chains: Challenges, Opportunitiesand Implications for Policy [R]. G20 Trade Ministers Meeting, Sydney, Australia. 2014-07-19:23. http://www.oecd-ilibrary.org/science-and-technology/interconnected-economies_9789264189560-en.

络的紧密联系而被放大，也就是说，全球价值链对就业产生的真正风险来自于价值链的破坏，价值链上的一个环节的失败可能通过乘数效应被数倍放大，并引发整条价值链的动荡。因此，一国的就业政策也需重新做出调整，从以保护工作为对象向保护人、保护产业链为主的政策转变。

3.1.4 全球价值链与经济增长

全球价值链的发展，使得国家之间联系得更为紧密，一个国家不再是仅仅依靠国内的资源来生产产品和提供服务。国家的竞争优势也不再仅仅体现为本国生产活动中对于技术和要素禀赋所拥有的比较优势，还包括了其所进口的中间产品所附带的技术和要素优势，也就是说其他国家的专业化和生产率优势可以经由全球价值链输入到本国，进而提高本国的经济增长率。大部分的文献研究表明，经济开发程度与经济增长速度密切相关（Dollar, 1992[1]; Sachs, Warner, 1995[2]; Edwards, 1998[3]; Frankel, Romer, 1999[4]; Newfarmer, Sztajerowska, 2012[5]）。全球价值链对于经济增长的影响，从很大程度上改变了人们传统的关于竞争优势的思考，同时其对于处于价值链不同位置的经济活动的影响也是显著不同的，譬如全球价值链对上游企业经济活动的影响就远远不同于其对下游产业的影响。因此，了解一国参与价值链的程度，以及它在价值链上所处的位置，可以帮助识别一国竞争优势的来源，以及发现新的竞争领域。

综上所述，全球价值链改变了贸易分工的方式；为跨国公司的海外投资提供了更多可能方式的选择；它改变了就业的结构、方向及质

① Dollar D. Outward-Oriented Developing Economies Really do Grow More Rapidly: Evidence from 95 LDCs, 1975-1985[J]. Economics Development and Cultural Change, 1992.

② Sachs J., Warner A. Economic Reform and the Process of Global Integration[J]. Brookings Papers on Economic Activity No. 1. Washington, DC. 1995.

③ Edwards S. Openness, Productivity and Growth: What Do We Really Know?[J]. Economic Journal, 1998: 108.

④ Frankel J. A., Romer D. Does Trade Cause Growth?[J]. American Economic Review, 1999, 89(3).

⑤ Newfarmer R., Sztajerowska M. Trade and Employment in a Fast-changing World [A].Lippoldt D. Policy Priorities for International Trade and Jobs [C]. www.oecd.org/trade/icite. 2012.

量，加快了一国经济增长的速度；它甚至改变了经济政策原有的范围和指向……它为世界经济的发展提供了一种更高效率、更低成本的发展路径，因此一些学者认为，全球价值链挑战了人们传统的对经济全球化的思维模式，而成为一种新的经济增长范式（Grossman，Rossi-hansberg，2008; Baldwin，2009）[1][2]。但是也有学者持反对意见，OECD 等有限的经验研究结果显示：劳动密集型产品的生产仍旧主要集中在劳动力丰富的国家生产；而资本丰富的国家大量生产的还是资本密集型产品（OECD，2011；Assche，2012）[3][4]。这与传统的建立在亚当·斯密和大卫·李嘉图的比较优势理论框架下的贸易投资理论并无二异，可能我们只是需要将研究焦点从以前的产品、产业分析拓展到生产阶段、生产活动以及生产任务的分析。

　　争论还在继续，无论答案如何，有一点可以肯定的是：即使全球价值链不需要一套新的理论来支撑，传统的贸易投资模型也必定不能适用和解释今天的经济问题，因此对传统的贸易投资模型加入全球价值链的特定元素变量，将有助于揭示更深层次的经济运行规律。

3.2　全球价值链在世界各国的均衡与极化发展

　　随着"世界制造""全球生产"时代的真正到来，全球价值链为每个国家（无论大小，无论发达还是落后）提供了一种可能的以更高效率、更低成本生产为特征的经济发展机制。然而，全球价值链在世界各国的发展并不均衡，全球价值链利益也并不会自动实现。

　　① Grossman G., Rossi-Hansberg E. Trading Tasks: A Simple Theory of Offshoring[J]. American Economic Review, 2008, 98 (5): 1978-1997.
　　② Baldwin R. Integration of the North American Economy and New-Paradigm Globalisaton[J]. CEPR Discussion Paper No7523. London, 2009.
　　③ OECD.STAN Bilateral trade database by industry and end-use category[R]. STAN: OECD Structural Analysis Statistics （database). Doi: 10.17871data_00599_en, 2011.
　　④ Assche V. Global Value Chains and Canada's Trade Policy: Business as Usual or Paradigm Shift[EB/OL]. www.irp.org, 2012.

3.2.1 全球价值链中的贸易增加值

全球价值链的发展带动了中间品贸易份额的急速增加（占总贸易份额已经超过 2/3），这使得传统的计算总额的贸易统计方法受到了前所未有的挑战。由于中间品贸易所导致的重复计算，价值链后端（如加工装配等）产品贸易额严重失真等问题，基于国家层面的双边贸易统计很难呈现各国贸易及其全球价值链生产的真实图景。

1. OECD 的 ICIO 模型方法

OECD 在原有的 STAN 投入产出数据库的基础上，通过创建 ICIO（Inter-Country Input-Output，国家投入产出）模型方法，成功剥离出贸易增加值（Trade in Value Added），并联合 WTO 一起开发了贸易增加值数据库，还原各国之间的贸易真相。

国家投入产出表将贸易流动按照最终使用用途进行分解，按产业和最终使用绘制的双边贸易数据库覆盖所有的商品，并遵照 BEC（Broad Economic Categories）分类进行消费品、中间产品和资本品的划分，建立 ICIO 矩阵如表 3.1 所示。

表 3.1　国家投入产出（ICIO）矩阵

	产业内交易						中间品合计	最终需求的构成		
	国家 1 产业 1	国家 1 产业 2	国家 1 ……	国家 2 产业 1	国家 2 产业 2	国家 2 …………		国家 1	国家 2	国家 3
国家 1　产业 1 国家 1　产业 2 国家 1　……	国内投入品使用			国外投入品使用			……			
国家 2　产业 1 国家 2　产业 2 国家 2　……	国外投入品使用			国内投入品使用			……			
…… …… ……		……								
总产出增加值										

资料来源：De Backer, K. and S. Miroudot. Mapping Global Value Chains[J].OECD Trade Policy Papers.No159. OECD Publishing, Paris. 2013:42.DOI: http://dx.doi.org/10.1787/5k3v1trgnbr4-en.

目前，OECD 已经完成了包括所有 OECD 成员和中国、印度、俄罗斯等非 OECD 成员共计 58 个国家或地区的贸易增加值数据库，这为各国真实了解贸易增加值构成和在全球价值链所处地位、重要性以及国内上下游产业对出口的贡献等提供了必不可少的数据支撑。同时对于贸易失衡等问题的重新认识，为政策制定者提供了更为准确的政策依据。

　　2. 主要经济体贸易增加值的结构分析

　　一国的贸易出口并不都是来自于国内增加值，还有一部分来自于国外增加值，而二者之间关系的对比获取能帮助我们深入分析一国在全球价值链的位置及其竞争优势。如图 3.2 所示，日本、美国等国家出口中的国外增加值很低，这可能与其广阔的国内中间品市场以及本国大量的高新技术投入有关，故其出口中的本国增加值较高，而国外增加值较低。而像中国、墨西哥等国素有"世界制造中心"的称号，会大量进口中间品进行加工、装配，因此相对来说，出口中的国外增加值份额较高。但中国2005年和2011年的国外增加值份额明显下降，这可能与近些年来中国出口中涉及的高水平装配有关，从而提高了出口产品的国内技术含量，因此国内增加值明显增加。当然，这一指标的高低变化受到多重因素的影响，具体到每个国家的情况都不尽相同，有时候还要结合其他指标具体分析。

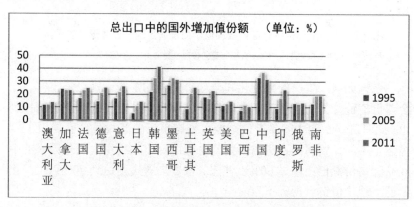

图 3.2　世界主要经济体出口中的国外增加值份额①

资料来源：根据 OECD-Stats TiVA 数据库数据整理（2015 年 6 月更新）。

---

　　① 出口中的国外增加值份额（EXGR_FVASH）：一国出口中的增加值由国外增加值和国内增加值组成，出口中的国外增加值份额通常用来表示一国出口中的进口程度。

　　图 3.3 描述了世界主要经济体国内增加值中用于满足国外最终需求的份额，该指标反映了一国经济对外国最终需求的依赖程度。如图3.3 所示，美国、日本、中国、巴西、印度等国或由于国内市场较为广阔，或由于国内经济较为发达，因此其对国外需求的依赖程度较低，以美国为例，2011 年其国内增加值中用于满足国外最终需求的比重只有 10.41%；而韩国同时期这一比重就达到了 33.39%。

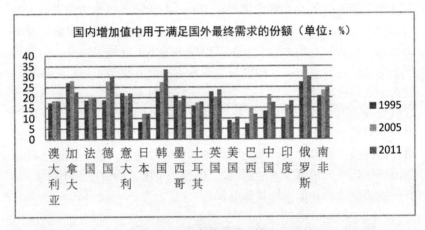

图 3.3　世界主要经济体国内增加值中用于满足国外最终需求的份额[①]

资料来源：根据 OECD-Stats TiVA 数据库数据整理（2015 年 6 月更新）。

　　无论如何，生产的分割化和全球价值链的形成无疑已是事实。在全球价值链分工下企业的竞争优势，体现在企业对整条价值链的控制上，此时高质量的中间品进口与嵌入别国市场的准入同等重要。图 3.4 描述了中间品贸易额占进出口贸易总额的比重，可见大部分国家的中间品贸易份额已经超过 60%，韩国、俄罗斯等国则达到 70%以上，正所谓"得价值链者得天下"。

---

　　① 国内增加值中用于满足国外最终需求的份额（FFD_DVA）：描述一国直接或间接出口到国外最终消费者手中的商品国内增加值。

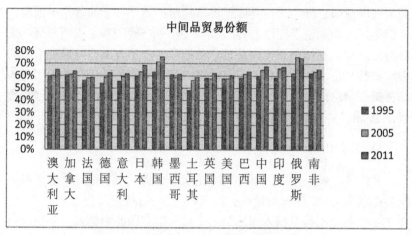

图 3.4　世界主要经济体中间品贸易份额①

资料来源：根据 OECD-Stats TiVA 数据库数据计算并整理（2015 年 6 月更新）。

3.2.2　世界主要经济体全球价值链参与程度分析

1. 全球价值链参与度指数

作为反映一国在全球价值链中重要性的核心指标之一，全球价值链参与度指数，是一个描述一国参与垂直分割化生产程度的指标。胡梅尔斯等（Hummels et. al，2001）最早曾用一国的垂直专业化份额来计算该指标，即测度一国出口产品中所包含的进口部件所占的份额②。但是这个指标只关注了后向 GVC，也就是只关注了外国供应商的重要性，而忽略了一国还可能为其他国家提供中间投入品的情况，所以还应加上出口商品服务中被其他国家当作中间品的份额，即前向 GVC。综合了这两方面的份额，就可以用来评估一国参与全球价值链的程度了③。

该指标利用 ICIO 模型，遵循将出口总额按照各不同成分来源国分解成贸易增加值的基本思路，定义了全球价值链参与度指数。用 FV

---

① 中间品贸易份额指一国出口中间品与进口中间品数额的总和占一国进出口总额的比重。

② Hummels D., Ishii J., Yi K. M. The Nature and Growth of Vertical Specialization in World Trade[J]. Journal of International Economics, 2001, 54 (1): 75-96.

③ Koopman R., Powers W., Wang Z., et al. Give Credit to where Credit is Due: Tracing Value Added in Global Production Chains[J]. NBER Working Papers No, 2011.

表示一国出口总额中来自外国经济体的增加值；余下的就是一国出口总额中国内增加值了，用 DVA 表示。进一步分解 DVA 成四部分：出口最终产品、直接出口给国外进口商的中间产品、出口并返回本国的中间产品、出口间接增加值。其中出口间接增加值是出口的中间投入品在第三国总出口中的增值，用 IV 表示。则全球价值链参与度指数就是 IV 和 FV 份额之和，用公式表示如下：

$$GVC\_participation_{ik} = \frac{IV_{ik}}{E_{ik}} + \frac{FV_{ik}}{E_{ik}} \qquad (3.1)$$

其中 E_{ik} 表示 i 国对 k 国的出口总额。由此可见，全球价值链参与指数由前向 GVC 参与指数和后向 GVC 参与指数两部分之和组成。前向 GVC 参与指数是指本国出口中出口到第三国的中间投入品增值所占份额；后向 GVC 参与指数是指一国出口中国外投入品增值所占份额。在一国出口额中，外国增加值越高，出口到第三国零部件的增加值越高，说明该国的全球价值链参与程度就越高。

图 3.5、图 3.6 和图 3.7 分别描绘了 G20 国集团、OECD 成员国和新兴经济体等国家或地区的全球价值链参与指数，或许能更清晰地呈现出各国（地区）在全球价值链分工体系下的基本情况。如图所见，各国参与全球价值链的程度并不均衡，最高的卢森堡 GVC 参与指数达到了 71.6%，而像南非的 GVC 参与指数只有 33.8%。G20 国集团、OECD 成员国以及新兴经济体之间全球价值链参与的程度并没有太大差异，相比较而言，以发达经济体为主要成员的 OECD 全球价值链参与程度略高，但新兴经济体近些年来 GVC 参与指数的增长更快一些。

全球价值链发展的不均衡还体现在经济规模、贸易增加值的构成上。观察这些数据可以看出，小的开放经济体如卢森堡、斯洛伐克、比利时等国 GVC 参与指数普遍较高，且明显的后向 GVC 大于前向 GVC，也就是说这些国家位于价值链的后端（如销售等），主要从国外获取中间产品生产并出口；相比较而言，经济总量较大的国家（经济体）如美国、日本、加拿大等国的 GVC 参与度并不太高，而且其前向 GVC 指数高于后向 GVC，说明这些国家出口增值中有较高比例的国内增加值，这可能与它们拥有并利用其较大的国内市场和先进的技术有关，说明这些国家位于价值链的前端（如研发、设计等），主要出口中间产品被第三国使用。与国家或地区的经济规模相比，GVC 参与程度与一国进口中间品或出口中间品的属性联系更为密切，如沙特阿拉伯、俄罗斯、澳大利亚等一些资源丰富国家大量出口石油等中间产品到第三国，因此其前向 GVC 也远远高于其后向 GVC。

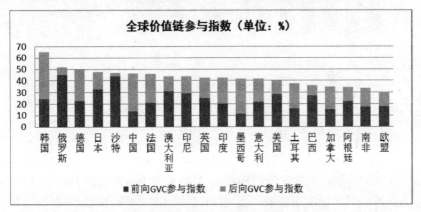

图 3.5　G20 国集团全球价值链参与指数（2009）

资料来源：根据 OECD-Stats STAN 数据库数据整理（2013 年 5 月更新）。

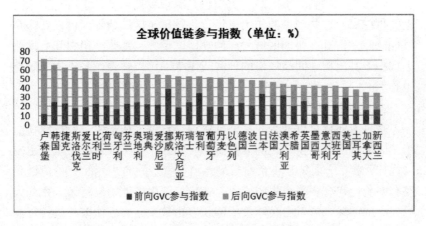

图 3.6　OECD 成员国全球价值链参与指数（2009）

资料来源：根据 OECD-Stats STAN 数据库数据整理（2013 年 5 月更新）。

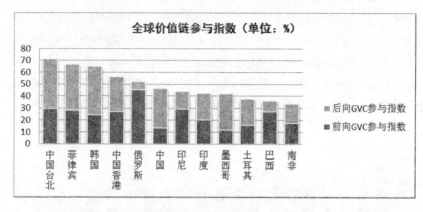

图 3.7　新兴经济体全球价值链参与指数（2009）

资料来源：根据 OECD-Stats STAN 数据库数据整理（2013 年 5 月更新）。

此外，分析全球价值链参与指数的细节数据，还可揭示价值链活动区域的维度。如中国出口增值的 13%来自于与其临近的亚洲国家；墨西哥 13%的价值增值来自于美国；德国 14%的价值增值来自于与其临近的欧洲国家。可见地理上的临近是价值链发展的优势条件。但情况也不都尽然，如德国就是很多欧洲以外国家（如南非、中国、土耳其、韩国等）的强大供应商；美国也是除俄罗斯以外几乎所有国家的重要供应商。这些国家的作用已经远远超越了区域边界，可以看作是"总部经济"，具有协调区域生产的功能。反之，那些使用中间品增值远远小于其出售中间品增值的地区或国家，可以被看作是"加工制造中心"。

2. 全球价值链长度

垂直专业化可以使企业从外国进口零部件，加工生产后再出口给第三国的进口商，全球化的分割生产一面让企业实现资源在全球范围内优化配置，一面拉开了企业与最终消费者之间的"距离"。价值链到底有多长，包含多少个生产阶段，在价值链中所处的位置等一系列人们关心的问题，可以由全球价值链长度指数来回答。如果在最终行业中，产品只有单一的生产阶段，我们就为其赋值为 1；如果从相同行业及其他行业引入中间投入品，则该值就会随之增加。以此类推，这些部门生产长度的加权平均数称为全球价值链长度。

根据法利（Fally，2011）[①]提出的生产阶段数量指数，使用 ICIO 模型，可以按照如下公式计算全球价值链长度指数：

$$LGVC_{ik} = \mu(I - A)^{-1} \tag{3.2}$$

其中，$LGVC_{ik}$ 代表第 i 国产业 k 的全球价值链长度指数，μ 是一个单位向量，I 代表一个单位矩阵，A 代表里昂惕夫逆阵。在 ICIO 矩阵中，包含了给定国家某行业的所有投入品的价值，并对国内投入和国外投入进行区分，因此可以将指数分解为国内生产阶段和国外生产阶段。

同理，我们还可利用类似的方法计算最终需求的距离，其中 D_{ik} 代表距离最终需求的长度，G 代表高斯逆矩阵。

$$D_{ik} = \mu(I - G)^{-1} \tag{3.3}$$

图 3.8 显示了世界主要经济体全球价值链的长度，从图 3.8 中可以看出全球价值链长度指数较高的几个国家如中国、新加坡、韩国、捷克等国（该指数均超过世界平均指数 1.8），它们的全球价值链参与程度也都较高。而从其构成来看，一些较小的开放经济体，其国外生产阶段在总长度所占比重要比一些大国的高，而大国的全球价值链长度主要在国内生产阶段，如中国国内生产阶段长度为 2.3，国外生产阶段长度仅有 0.2。

图 3.9 显示了全球价值链长度指数在各行业的不均衡分布。如图 3.9 所示，运输设备、电子光学设备等制造业等适合于模块化生产的行业，生产的分割化程度都较高，服务业的全球价值链长度指数略低于全行业平均水平，但建筑业、运输仓储等行业的全球价值链长度指数相对较高。

---

① Fally T. On the Fragmentation of Production in the US[D]. University of Colorado-Boulder, 2011.7.

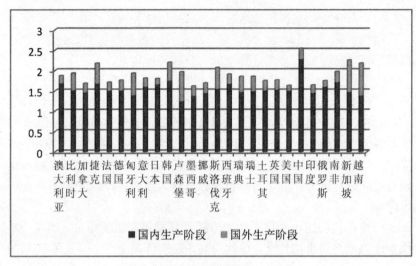

图 3.8 世界主要经济体全球价值链长度指数 (2009)

资料来源：根据 OECD-Stats STAN 数据库数据整理 (2013 年 5 月更新)。

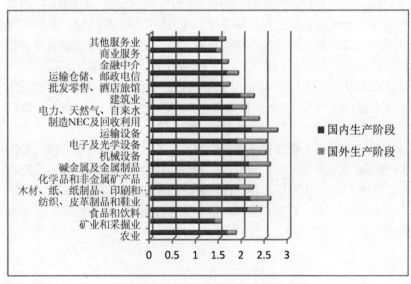

图 3.9 主要行业全球价值链长度指数 (2009)

资料来源：根据 OECD-Stats STAN 数据库数据整理 (2013 年 5 月更新)。

　　图 3.10 显示了世界主要经济体与最终需求的距离，该指数可以较为准确地表明该国在全球价值链上所处的位置。安特拉斯（Antras，2012）认为这是一个较好的测度上游指数的方法[①]。其实，一国在价值链上下游的位置是由其专业化分工的情况来决定的，如大多数位于价值链上游的国家或者是资源丰富的国家，主要为其他国家提供原材料生产；或者是具有技术等无形资产的优势，而主要集中在研发设计阶段的生产。大多数位于价值链下游的国家则主要集中在装配或客户服务等活动。如图 3.10 所示，与 1995 年相比，大多数国家距离最终需求指数都上涨了，这说明这些国家在向上游移动，这可能与外包活动的增加有关。总体来看，绝大多数向上游移动的国家，其整个价值链的长度都有所增加，这是因为外包活动的增加，更多的中间品生产，使得它们离最终需求的距离有所增加。而像美国、墨西哥等国其距离最终需求更近了，这可能与它们更多从事专业化的商品客户服务有关。

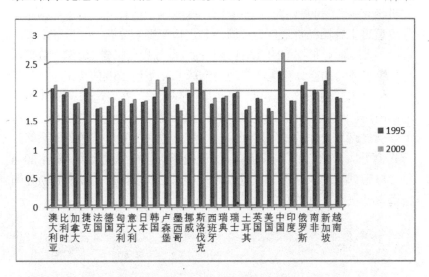

图 3.10　世界主要经济体最终需求距离指数（2009）

资料来源：根据 OECD-Stats STAN 数据库数据整理（2013 年 5 月更新）。

---

① Antras P., Chor D., Fally T., et al. Measuring the Upstreamness of Production and Trade Flows[J]. NBER Working Paper No. 17819, 2012.

3.2.3 全球价值链中的 FDI 发展趋势

FDI 是全球价值链的重要组成部分，全球价值链中大部分的贸易份额是由跨国公司在其生产网络内完成的，因此跨国公司是全球价值链的活动主体，掌控着全球价值链的发展命脉。

如图 3.11 和图 3.12 显示了全球价值链参与度与 FDI 之间的正相关关系，即无论是发达国家还是发展中国家，随着 FDI 流动的日益增长，各国的全球价值链参与程度也越来越高。显然，跨国公司的海外分支机构是影响东道国进口中间产品和参与全球价值链的重要因素。根据 OECD-AMNE 数据库统计数据显示，在大多数的 OECD 国家中，由外国分支机构提供的就业占全国就业的比重超过了 20%，而像卢森堡、斯洛伐克、瑞典等国这个比重都在 50% 以上，这其中大部分就业是在制造业[①]。在中国 85%的加工出口和 28%的普通出口都与外国分支机构有关[②]。可见，跨国公司通过 FDI 在全球设立的分支机构对全球价值链上各国的价值创造、就业、出口等影响显著。

与此同时，根据 UNCTAD 最新的《世界投资报告 2015》[③]数据显示，跨国公司的全球化生产活动在全球 FDI 下滑 16%的情况下，仍呈现出持续增长的态势，盈利水平也属中高水平。在发达国家 FDI 下滑的同时，亚洲发展中经济体 FDI 增长 9%，随着亚投行的建立以及"海上丝绸之路"合作的不断展开，各经济体之间的互联互通更加频繁，形式也更加多样，除了跨境并购、绿地投资等股权方式以外，截至 2014 年，以管理合约、租赁等非股权形式对东亚、东南亚基础设施的外国投资累计已经达到 500 亿美元。

---

① 参考 OECD-AMNE 数据库数据计算，http://stats.oecd.org/#，2010 年。
② 参考 OECD-AMNE 数据库数据计算，http://stats.oecd.org/#，2011 年。
③ UNCTAD.World Investment Report 2015: Reforming in International Investment Governance [R]. New York and Geneva, 2015: 153.

● 1990—2010 年　——拟合均势线

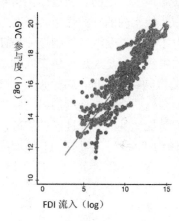 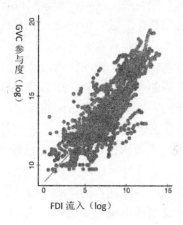

图 3.11　发达国家 GVC 参与度　　图 3.12　发展中国家 GVC 参与度
　　　　　与 FDI 流入　　　　　　　　　　　与 FDI 流入

资料来源: OECD, WTO, WORLD BANK GROUP. Global Value Chains: Challenges, Opportunities and Implications for Policy [R]. G20 Trade Ministers Meeting, Sydney, Australia. 2014-07-19:23. http://www.oecd-ilibrary.org/science-and-technology/interconnected-economies_9789264189560-en.

3.2.4　全球价值链中的非股权安排

东道国既可以通过非股权安排所形成的伙伴关系嵌入全球价值链, 也可以通过股权投资所形成的国外分支机构融入价值链。其中非股权安排以其灵活多变的形式近几年来发展迅速, 据 UNCTAD 数据显示, 2010 年国际生产的非股权安排产生了超过 2 万亿美元的销售收入, 且绝大部分发生在发展中国家, 并为它们提供了将近 1500 万个至 1700 万个直接的就业机会[①]。

1. 服务外包和合同制造

所谓服务外包是指跨国企业将其全球价值链中的支持流程等服务外部化, 如 IT、商务等以合同的形式外包给东道国的企业来完成而形成的一种相对紧密而长期的契约关系。合同制造与服务外包类似, 不

① UNCTAD. World Investment Report 2011: Non-Equity Modes of International Production and Development [R]. New York and Geneva. 2011: 9.

同的是跨国企业将生产甚至部分的产品开发任务以合同的形式交由东道国企业完成。这两种非股权形式是使用最为广泛的，创造的销售收入占到整个非股权销售收入的 60% 左右。但不同的行业使用合同制造和服务外包也有着显著区别，玩具、电子产品以及汽车等制造业是使用合同制造最广泛的行业，超过 50% 的销售成本是通过外包合同制造来完成的（详见图 3.13）。以电子行业的合同制造为例，该行业的大部分合同制造商集中在东南亚地区，而如今这些合同制造商通过与领导型跨国公司之间的技术许可、设备采购等加速其向其他地区的扩散，并成长为跨国公司。服务外包最早是作为"在岸"活动在 IT 领域应用，之后迅速地向离岸市场发展，而且业务也不仅仅局限于 IT 领域，而是向商务流程和知识流程如市场调研、技术研发等领域覆盖，成为全球价值链中应用最为广泛的非股权形式之一。

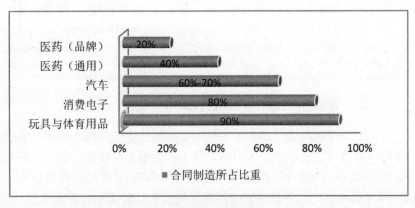

图 3.13　选定行业合同制造在销售成本中所占比重情况

资料来源：UNCTAD. World Investment Report 2011: Non-Equity Modes of International Production and Development [R]. New York and Geneva. 2011: 164.

2. 特许经营

所谓特许经营是指东道国企业通过获得特许的方式得以按照特许权人建立的系统模式进行经营而建立的契约关系。契约双方分别称为"特许人"和"加盟商"。特许经营在零售业、酒店业、餐饮业以及教育、商业服务等服务领域应用极为广泛，所创造的销售额占整个非股权销售额的 17%左右。大多数特许经营商（特许人）均来自发达国家，如麦当劳、肯德基、假日酒店等，而其加盟商则主要分布在全球各地，以发展中国家为主。当然，企业对其具体的经营模式及其区位的选择受到诸如行业特征、市场规模、市场风险、品牌目标客户特征等多方面因素的影响。以连锁酒店经营模式的选择为例，特许经营方式就占到了一半以上（详见表 3.2）。

表 3.2　全球前 12 位连锁酒店的地理分布及经营模式

	管理合约	所有/许可	特许经营	其他
欧洲、中东、非洲	15.82%	27.31%	56.76%	0.09%
美洲	6.43%	4.63%	88.34%	0.19%
亚太地区	36.07%	9.04%	54.52	0.46%

资料来源：Simona G., Sarianna M., Lundan. The Use of Non-equity Modalities and Host-country Impact: Some Evidence from the International Hotel Industry and Areas of Further Research[J]. Transnational Corporations, 2015,21(3):19.

3. 许可经营

所谓许可经营是指跨国企业为许可东道国企业使用知识产权（包括商标、专利、专有技术等）获取特许权使用费而建立的契约关系。作为一种传统的贸易方式其广泛分布在各行各业，且以平均每年 10%的速度稳定增长。该模式有时单独使用，有时则与其他非股权模式或股权模式一起使用，可以深入全球价值链的每一个环节。据 UNCTAD 估计，2010 年跨国许可经营创造了 3400 亿至 3600 亿美元的销售收入。根据 IMF 国际收支平衡表数据显示，全球特许权使用费支出中，仍以发达国家为主，占到 75%左右，但发展中国家的许可经营活动也出现了迅速增长势头。

4. 其他形式

除了上述非股权形式以外，管理合约、订单农业等也是非股权的主要形式。所谓管理合约是指跨国企业通过合约将某项资产的经营权交由东道国企业执行而形成的契约关系。如前所述，在酒店、基础设施建设等行业中，管理合约也是一种重要的非股权形式。据 UNCTAD 的数据显示，世界十大酒店集团的海外管理合约销售收入达到 160 亿美元，创造了 233000 个就业岗位[①]。

订单农业则是指国际采购商通过合同形式与东道国农民之间达成有关养殖、种植条件的协议关系。订单农业这种非股权方式在食品、饮料、超市零售等领域应用广泛。如在赞比亚，棉花和辣椒的种植几乎 100%是在订单农业的方式下进行的。

据 UNCTAD《世界投资报告 2015》称，跨国公司通过形式多样、制度灵活的非股权模式或其混合模式参与全球价值链活动的情况显著增长。如使用管理合约及其混合形式应用在自来水、交通设施领域的比重已经占到两个行业的 46%和 31%[②]。当然，具体到每一种非股权模式，其区位决定的因素各有不同，且会随着行业的不同而有所改变，表 3.3 列出了各非股权模式和股权模式的区位决定要素。从表 3.3 中可以看出 FDI 与非股权选择的决定因素存在着较为明显的差异，而正是这种差异为跨国企业的国际化生产模式的选择提供了依据；同时通过对这些差异因素施加的影响，也为我们的政策导向提供了发挥作用的空间。

表 3.3　股权（FDI）与非股权模式的区位决定因素

模式	主要区位决定因素											
	经济因素					商业环境因素			政策因素			
	较低的劳动力等要素成本及可获得性	土地等资源的可获得性	表现欠佳的当地资本	市场容量与增长率	获得战略性资产的能力	知识技术升级的便利性	有效率的本地合作企业	基础设施等商业便利性	市场准入及经营法规的完善	较强的知识产权保护	开放的贸易政策	投资促进激励措施
FDI	o	o		o	o	o		o	o	o		o
合同制造	o					o	o			o	o	
服务外包	o					o	o			o	o	
许可经营	o			o		o				o	o	

① 世界十大酒店集团是指：洲际酒店集团、万豪国际酒店、温德姆酒店集团、希尔顿酒店公司、雅高、选择国际酒店、喜达屋酒店、最佳西方酒店、卡尔森全球酒店集团、凯悦酒店。
② UNCTAD.World Investment Report 2015: Reforming in International Investment Governance [R]. New York and Geneva, 2015: 53.

续表

| 主要区位决定因素 | | | | | | | | | | | |
| 经济因素 | | | | | 商业环境因素 | | | 政策因素 | | | |
较低的劳动力等要素成本及可获得性	土地等资源的可获得性	表现欠佳的当地资本	市场容量与增长率	获得战略性资产的能力	知识技术升级的便利性	有效率的本地合作企业	基础设施等商业便利性	市场准入及经营法规的完善	较强的知识产权保护	开放的贸易政策	投资促进措施
特许经营			o			o	o	o			
管理合约		o						o			
订单农业	o		o					o		o	

资料来源：作者绘制①。

3.3　中国制造企业全球价值链嵌入与产业升级

　　中国的改革开放进程，也就是我国企业不断融入全球价值链的过程。我国的企业经历了从加工出口、中外合资、在岸外包、对外直接投资、离岸非股权安排等一系列的国际化投资生产方式，极大地提高了其嵌入全球价值链的程度。有研究显示，在过去二十年内，全球价值链创造的收入翻了一番，而在中国，与全球价值链相关的收入增长了六倍②。据商务部 2014 年 12 月发布的《全球价值链与我国贸易增加值核算报告》数据显示，1995 年由国外最终需求拉动的我国国内增加值为 1387 亿美元，而到了 2011 年这个数字增长了 10.16 倍，达到15474 亿美元。这个数据也说明中国参与全球价值链的深度和广度均在大幅度增加。

---

　　① UNCTAD. World Investment Report 2011: Non-Equity Modes of International Production and Development [R]. New York and Geneva, 2011: 176-177.
　　② OECD, WTO, WORLD BANK GROUP. Global Value Chains: Challenges, Opportunities and Implications for Policy [R]. G20 Trade Ministers Meeting, Sydney, Australia. 2014-07-19: 23. http:// www. oecd-ilibrary.org/science-and-technology/interconnected-economies_9789264189560-en.

3.3.1　中国企业的全球价值链之路

据 OECD 数据显示,中国全球价值链参与指数 1995 年为 25.8%,
到 2009 年该指数几乎翻了一番,达到了 46%。而仔细分析该数据,
发现在这十几年间前向 GVC 参与指数几乎没有什么变化,一直稳定
在 12%～14%左右;而后向 GVC 参与指数则大幅上升,从 11.9%最高
上升至 36.4%。也就是说,中国全球价值链参与指数的上升基本上都
是由后向 GVC 参与指数上升所拉动的。这说明我国出口中包含了更
多的进口中间品,这也进一步表明我国企业的离岸国际化生产
(Offshore)活动越来越多。图 3.14 描述了我国全球价值链参与指数与
我国的对外直接投资之间的同向变化关系,说明我国企业参与全球价
值链的过程与我国这些年的"走出去"战略密不可分。

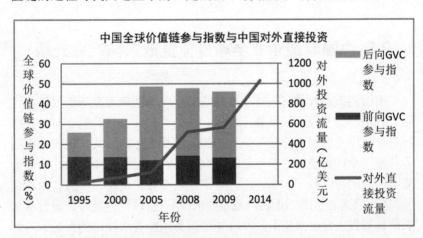

图 3.14　中国全球价值链参与指数与中国对外直接投资

资料来源:根据 OECD-Stats STAN 及 UNCTAD 数据库数据整理。

据联合国贸发会议(UNCTAD)最新统计数据显示,2014 年全球
FDI 流入 1.23 万亿美元,其中 55%流入到了发展中国家,尤其是中国
实际使用外资 1196 亿美元,首次替代美国成为全球最大 FDI 目的国,
同时中国的非金融类对外直接投资(OFDI)也已达到 1029 亿美元,

位居世界第三①。根据商务部统计数据显示，截至 2014 年，我国已在全球 180 多个国家或地区设立了 3 万多家对外直接投资企业，累计投资存量（非金融类）达到 6463 亿美元。越来越多的中国企业开始向发达国家进行直接投资和并购，并且将生产基地转向贸易条件更优惠、成本更低廉的地区，如柬埔寨、缅甸和非洲等。

图 3.15 描述了我国各行业 GVC 参与度与出口的国外增值率之间的关系。从数据可以看出，不同行业的 GVC 参与度存在明显差异，制造业参与全球价值链的程度明显高于服务业，同时产品的特性也起着决定性作用，适合模块化生产的产品 GVC 参与度都较高，特别是像电子行业等高技术行业，零部件的标准化程度很高，产品在全球分割化生产的趋势最为明显。此外，在一些基础行业的外国增加值相对较高，且主要为后向 GVC 参与，如化工、电子等行业，这主要是由于使用进口能源材料的结果。

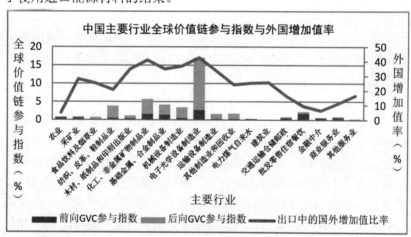

图 3.15　中国各行业全球价值链参与指数与外国增加值率（2009）

资料来源：根据 OECD-Stats STAN 数据库数据计算整理（2013 年 5 月更新）。

综上所述，在过去的 20 年间，中国企业无论是参与全球价值链的

① UNCTAD.World Investment Report 2015: Reforming in International Investment Governance [R]. New York and Geneva, 2015.

程度，还是从全球价值链获取的收益都有大幅度增加，但全球价值链在不同行业间分布并不均衡，制造业明显高于服务业，且与发达国家相比，我国仍处于全球价值链微笑曲线的中低部，上升空间巨大。

3.3.2 中国制造企业全球价值链发展现状分析

越来越多的跨国公司将其价值链中的大部分生产、加工、装配活动转移至发展中国家，特别是新兴经济体。这一方面是其出于对廉价劳动力和低成本的追逐，另一方面的原因可能是由于对市场规模和市场增长的偏好。中国由于其丰富的劳动力资源和广阔的市场发展前景，已经成为世界最主要的 FDI 流入目的地，同时也是世界最大的出口国。

1. 中国制造业进出口与贸易增加值

随着制造业全球化生产程度的日益提高，越来越多的新兴经济体加入制造业的全球价值链中来，且地位日益重要。中国的全球价值链之路就始于制造业，从早期的代工生产到现如今的对外直接投资，中国制造业已经在世界占有重要一席。而在国内，制造业也是我国国际化程度最高的产业，中国 75%以上的出口和 55%以上的进口都来自于制造业，制造业的贸易总额占到我国进出口总额的 2/3[①]。

如图 3.16 所示，我国制造业出口大于进口，除 2009 年因金融危机造成进出口下降以外，一直呈现良好的增长态势，且金融危机之后，我国制造业国内增加值对出口的贡献率（45%左右）明显高于国外增加值对出口的贡献，说明危机之后我国更加注重对国内市场的培育。然而，这并不影响中国制造业对世界市场的重要性。如图 3.17 所示，世界上 60%的制造产品来自中国，制造大国的地位无人撼动。中国是出口大国，中国制造业出口占世界制造业出口的比重逐年上升，2011年该比重为 13.9%，2013 年该比重为 17.3%[②]。中国制造业显示性比较优势指数也逐年上升，显示出中国在制造业上具有较强的比较优势。

---

① 根据 WTO 贸易统计数据库数据计算（2010—2013 年）。
② 2013 年中国制造业出口占世界制造业出口比重 17.3%，该数据根据 WTO 一般贸易数据库数据计算。

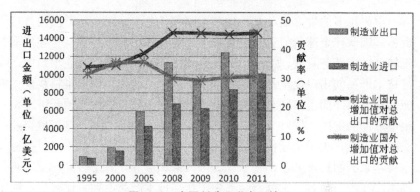

图 3.16 中国制造业进出口情况

备注：本图中制造业按照 OECD 划分标准，包括以下行业（下同）：食品、饮料及烟草业；纺织、纺织制品、皮革和鞋类制品业；木材及其制品业；纸及其制品和印刷出版业；煤炭炼油和核燃料；化工原料及其制品业；橡胶和塑料制品业；其他非金属矿物制品业；基础金属制品和合金制品业；机械设备制造业；电子和光学设备制造业；运输设备制造业；其他制造和回收业等十三个行业。

资料来源：根据 OECD-Stats TiVA 数据库数据计算并整理（2015 年 6 月更新）。

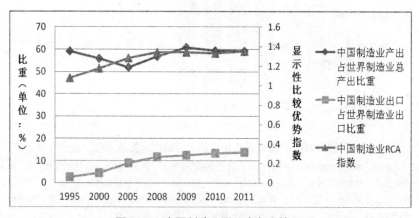

图 3.17 中国制造业国际竞争力情况

备注 1：RCA 指数全称为显示性比较优势指数，是国际上常用的衡量一国某行业在世界市场的竞争力指标，当 RCA>1 时，说明该行业具有国际贸易的比较优势，反之，则说明缺乏比较优势。一般认为当 RCA < 0.8 时，表示该行业竞争力弱；当 0.8≤RCA≤1.25 时，表示该行业具有中度的国际竞争力；当 1.25≤RCA≤2.5 时，表示该行业具有较强的国际竞争力；当 RCA > 2.5 时，表示该行业国际竞争力极强。

备注 2：本图数据全部来源于 OECD-WTO 贸易增加值数据库，与 WTO 一般贸易数据库数据有所差异。由于二者对制造业定义的出入以及贸易总值与增加值的出入，导致本图计算的制造业RCA 指数与采用 WTO 一般贸易数据库数据计算的值(偏高)存在差异，但这并不影响分析结果。

资料来源：根据 OECD-Stats TiVA 数据库数据计算并整理（2015 年 6 月更新）。

越来越多的生产活动基于生产工序和任务单元在全球范围内进行拆分，因此在全球价值链分工背景下，传统的比较优势也从行业层面延伸至生产任务阶段。如图 3.18 所示，近些年来，我国制造业出口中，低技术产品的出口比重越来越低，中技术产品的出口份额维持稳定，但高技术产品的出口则有大幅上升，这似乎验证了中国既擅长劳动密集型产品的生产，同时又专注于高技术产品的生产活动。这里值得注意的一点是，由于全球价值链的盛行，单纯的出口数字似乎可以掩盖事物本来的面目，如零部件来源、国内增加值等。一个较高比重的高技术产品出口是否一定就意味着中国在高技术产品上拥有比较优势呢？让我们一层层揭开巨大的出口总额背后的面纱。

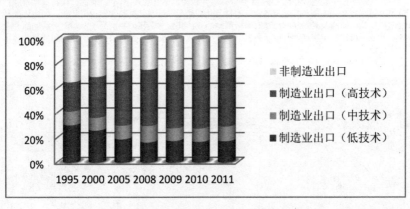

图 3.18　中国制造业出口情况（按技术类型划分）

备注：本图中数据依据 OECD 标准将制造业分为低技术行业、中技术行业和高技术行业。其中，低技术行业包括食品、饮料及烟草业，纺织、纺织制品、皮革和鞋类制品业，木材及其制品业，纸及其制品和印刷出版业，以及其他制造和回收业等 5 个行业；中技术行业包括煤炭炼油和核燃料，橡胶和塑料制品业，其他非金属矿物制品业，基础金属制品和合金制品业等 4 个行业；高技术行业包括化工原料及其制品业，机械设备制造业，电子和光学设备制造业，运输设备制造业等 4 个行业。

资料来源：根据 OECD-Stats TiVA 数据库数据计算并整理（2015 年 6 月更新）。

图 3.19 显示了制造业中间品贸易的比重。我国制造业中间品贸易的比重与我国中间品贸易的比重大体相似，一直稳定在 60%～70% 较高的区间，其中中间品出口的比重略大于进口。然而详细分析 OECD

贸易增加值数据库数据发现，在制造业部门，中国与东南亚国家的联系日趋紧密，中国将大部分的低成本、低技术的中间品出口到东南亚地区（大概占到中国制造业中间品出口的 1/3），故将低技术产品的加工出口转移至劳动力成本优势更为明显的一些东南亚国家，转而通过从发达国家进口部分高技术含量的中间产品加工装配并出口，也就是说，中国的加工装配活动跟以前相比具有更强的技术性和复杂度（如空客 A320 飞机的组装等）。虽然单纯的出口额掩盖了中间品贸易的真相，虽然"中国制造"未必真的是中国制造，但高技术产品出口份额的迅速增加仍旧表明了中国向全球价值链高端攀升的事实。当然，情况不止这些，大量的 FDI 流入与流出对于中国制造业参与全球价值链生产也起到了至关重要的作用。

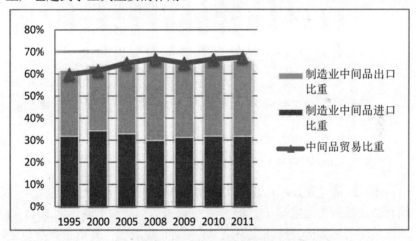

图 3.19　中国制造业中间品贸易情况

资料来源：根据 OECD-Stats TiVA 数据库数据计算并整理（2015 年 6 月更新）。

2. 中国制造业 FDI 流入与承接离岸服务外包

据《世界投资报告 2015》显示，在全球 FDI 下滑的同时，中国吸引 FDI 逆势增长，达到 1196 亿美元，成为世界第一大 FDI 流入目的地。

如图 3.20 所示，在 2008 年以前，一半以上的 FDI 流入制造业，制造业是我国吸引外资的主要产业。但在金融危机之后，流入制造业的 FDI 份额逐渐下降，2014 年制造业 FDI 流入 399 亿美元，但制造业 FDI 存量仍旧巨大。大量的外资企业在中国的活动对中国强劲的出口表现和全球价值链升级也起到了重要的作用。

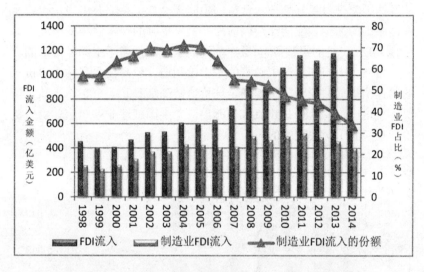

图 3.20　中国制造业实际利用外资情况（1998—2014 年）

资料来源：根据中经网宏观数据库数据整理计算。

图 3.21 清楚地显示出我国实际利用外资中用于加工装配的无论从绝对值还是所占比重都在 2005 年达到峰值以后逐级下降，到 2013 年加工装配实际利用外资比重不足 1%。有证据表明，外资企业参与全球价值链活动并不只限于加工贸易，非加工贸易出口的份额也有大幅度上升[①]。外资企业越来越多地参与到本地采购等与中国产业互动的活动中来。这也被认为是中国制造业竞争力提升的原因之一。

---

① Pilat D., Yamano N., Yashiro N. Moving up the Value Chain: China's Experience and Future Prospects [A]. OECD China in Focus: Lessons and Challenges[C]. OECD, Paris. 2012. http: //www.oecd.org/China.

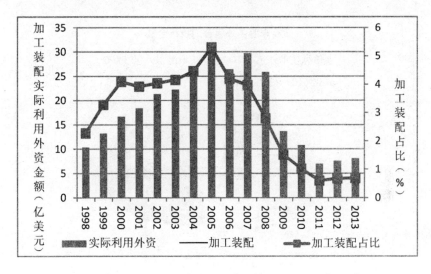

图 3.21 中国实际利用外资中加工装配情况（1998—2013 年）

资料来源：根据中经网宏观数据库数据整理计算。

除了通过股权方式（FDI）以外，在中国各种形式的非股权（如承接离岸外包）安排也在加深着中国企业融入全球价值链的程度。我国经济进入新常态发展以来，企业承接离岸外包活动也呈现出新的特征。图 3.22 和图 3.23 分别描绘了 2014 年我国企业承接离岸外包的形式和来源国情况。如图 3.22 所示，在承接离岸服务外包的形式上以信息技术外包（ITO）为主，特别是以知识和研发为主要特征的离岸知识流程外包业务（KPO）增长迅速。而离岸业务仍旧主要来源于美国、欧盟、中国香港和日本，值得注意的是，随着"一带一路"战略的实施，我国承接沿线国家（如东南亚）的离岸服务外包业务增势迅猛，占我国承接离岸外包业务的 18%，同比增长 58.3%。

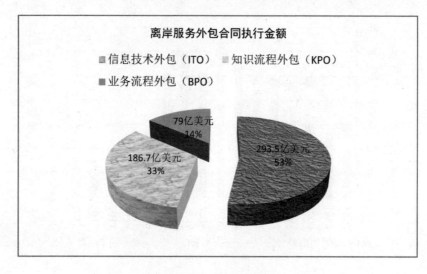

图 3.22 中国承接离岸服务外包情况（2014 年）

资料来源：根据中国服务外包网行业数据整理计算（http://chinasourcing.mofcom.gov.cn）。

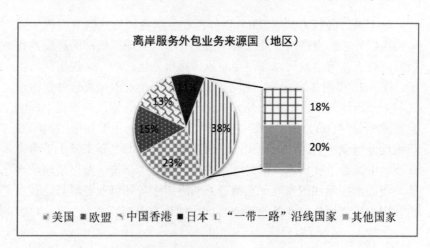

图 3.23 中国承接离岸服务外包来源国（地区）情况（2014 年）

资料来源：根据中国服务外包网行业数据整理计算（http://chinasourcing.mofcom.gov.cn）。

3. 中国制造业 FDI 流出与转型升级

自中国的"走出去"战略实施以来，越来越多的企业通过对外直接投资及其他非股权形式向海外拓展市场，有的企业甚至发展为全球知名品牌制造商，如联想、华为、海尔等，它们由原本的全球价值链上的附属厂商转型升级为领导型厂商，享有着越来越大的全球价值链控制权。表 3.4 列出了 2013 年度中国企业国际 10 强的海外经营业绩情况，其中制造业企业占据半壁江山，且像联想集团、华为集团、海尔集团一半以上的收入均来自海外。图 3.24 则显示了我国制造业 FDI 流出（OFDI）的情况。近几年来我国制造业对外直接投资的份额与 2005 年以前相比，虽然有所下降，但绝对额一直在增加，且一直以来是我国对外直接投资的主要行业之一（排在 4～6 位左右）。

表 3.4　中国企业国际化指数排行榜 10 强（2013 年度）

排名	企业名称	所属行业	2012 年海外收入（百万元人民币）	海外收入占比
1	联想集团有限公司	高科技行业	12167819	66%
2	华为集团	通信	14660000	66%
3	中石化	能源与电力行业	88963675	36%
4	复星科技	综合	70403	1%
5	腾讯控股有限公司	媒体和娱乐业	—	—
6	万科集团	房地产业	9685991	48%
7	中海油	能源与电力行业	22613150	91%
8	中国工商银行	金融业	23144	0.043%
9	海尔集团	消费品及服务业	4632655	58%
10	万向集团	汽车零部件	1448544	12%

资料来源：李桂芳. 中国企业对外直接投资分析报告 2014[M]. 北京：中国人民大学出版社，2014：102。

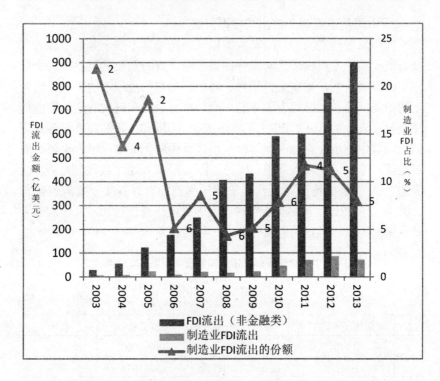

图 3.24 中国制造业对外直接投资情况（2003—2013 年）

备注：图中 FDI 流出额是指非金融类对外直接投资金额；制造业 FDI 流出的份额是指当年制造业对外直接投资金额占非金融类对外直接投资总额的比重，旁边标注的数字代表当年制造业对外投资额在所有行业对外投资额中的排名。

资料来源：根据中经网宏观数据库数据及中国商务部统计数据整理计算。

一份来自中国贸促会的《2013 年度中国企业对外投资情况及意向调查报告》显示，大约有 60%参与调查的企业在国内主营业务为制造业，但只有 33%的企业海外投资于制造业，这说明企业对外投资时并不只局限于国内的主营业务，而是选择多元化经营。此外，该调查还对企业未来采取的国际化形式进行了意向调查。结果显示，与 2012 年相比，企业对国际特许经营、许可经营以及合同制造等国际化非股权形式的重要程度认知有所提高。这也可能成为未来几年中国企业海外投资的主要形式之一（详见图 3.25）。

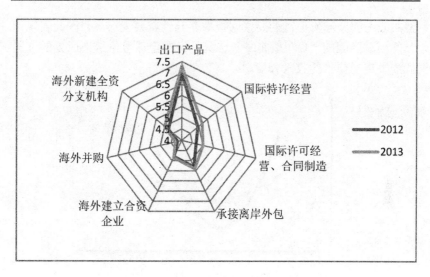

图 3.25　各种经营模式对企业未来国际化的重要性（1—10 评分）

资料来源：中国国际贸易促进委员会. 2013 年度中国企业对外投资情况及意向问卷调查报告 [R]. 2014. http://www.ccpit.org/。

4. 中国制造业在全球价值链所处位置及利益分配

按照格里芬等（Gereffi et al.，2005）的观点，全球价值链可以分为生产驱动和消费驱动两种类型。生产驱动型主要发生在高技术部门，如半导体、电子、汽车等，这种类型的 GVC 主要控制在领导型企业或上游供应商手中，如产品的设计、研发等部门。消费驱动型主要是围绕大型零售商展开的，其领导型企业主要专注于价值链的末端如营销、销售等[①]。可见全球价值链的两端不仅附加值高，而且还控制着整条价值链，著名的"微笑曲线"将这种情况刻画得异常清晰。如图 3.26 所示，无论全球价值链还是国内价值链，都是两端即研发、设计和营销服务附加值高，而中间的加工装配附加值最低。但全球价值链与国内价值链有着显著的不同：国内价值链由于生产要素的流动相对自由和便利，因此要素回报率趋同，从而表现为一条相对平缓的"U"

---

① Gereffi G., Humphrey J., Sturgeon T. The Governance of Global Value Chain [J]. Review of Internal Political Economy, 2005, 12 (1): 78-104.

型曲线；而全球价值链的要素回报率差异性就要大得多，因此表现为一条相对陡峭的"U"型曲线，这就是说在全球价值链上所处的位置直接决定了要素的收入分配。

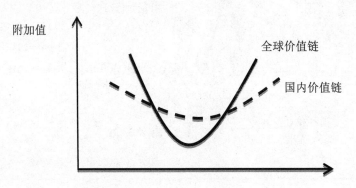

图 3.26　国内价值链与全球价值链区别

资料来源：李桂芳. 中国企业对外直接投资分析报告 2014[M]. 北京：中国人民大学出版社，2014：150。

图 3.27 显示了中国制造业全球价值链参与指数。制造业的全球价值链参与的程度显著大于非制造业（制造业 GVC 参与指数 39.3 大于非制造业 GVC 参与指数 6.7，2009 年）。其中，制造业后向 GVC 显著大于前向 GVC，且从 1995 年开始，制造业后向 GVC 显著增长，前向 GVC 几乎一直保持不变。这说明制造业主要是通过从其他国家进口中间品，加工装配再出口的方式参与全球价值链。图 3.28 显示了中国各制造行业全球价值链的长度（生产阶段）和上游指数，从中可以看出制造部门各行业的 GVC 长度平均在 2.5～3.5 之间，明显高于非制造业；同时这些制造行业的上游指数均大于 2，说明距离最终需求较远，特别是纸制品、化工非金属制品、金属制品行业上游指数接近 3.5，说明在这些行业我国处于价值链上游，主要从事一些基础的原料加工出口，因此附加值也相对较低。

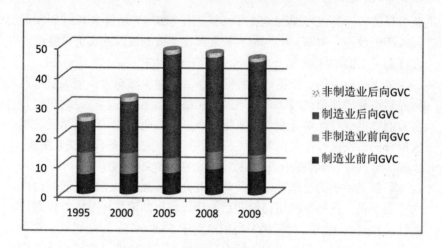

图 3.27　中国制造业全球价值链参与程度

资料来源：根据 OECD-Stats TiVA 数据库数据计算并整理（2015 年 6 月更新）。

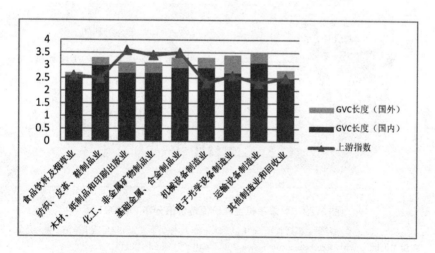

图 3.28　中国各制造行业全球价值链长度与上游指数（2009 年）

资料来源：根据 OECD-Stats STAN 数据库数据计算整理（2013 年 5 月更新）。

　　综上可知，我国高技术制造业主要处于全球价值链的中部，而中技术制造业则主要处于全球价值链的上游，这可能是我国高技术制造业增加值较低的根本原因。王岚、李宏艳（2015）运用 ICIO（国家间投入产出数据）和 WIOTs（世界投入产出）数据进行的实证检验结果也证实了上面的结论[①]。

中国制造业的产出接近世界的 60%，然而中国制造业增加值只占世界制造业增加值的 20%[②]，产出和收益如此不对等。下面的一则真实案例数据或许能够让我们印象更为深刻。众所周知，美国苹果公司大部分的研发设计在美国本土完成，而零部件生产任务分散在东南亚、欧洲等地进行，组装在中国，然后出口销往世界各地。图 3.29 和图 3.30 描述了苹果手机的全球价值链及其利益分配情况。由中国组装并出口的苹果手机，在高额的出口额背后，我国承担的组装环节收益仅占价值链总收益的 1.8%，而苹果公司则拿走了 58.5%。图 3.30 展示了苹果手机的价值增值过程，类似的情况在其他电子制造业、机械设备制造业也同样出现。

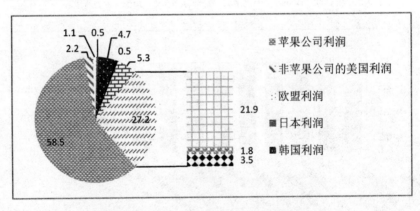

图 3.29　苹果手机全球价值链价值分布（2009）

资料来源：作者绘制。根据 Kraemer K. L., Dedrick J. 你在苹果全球价值链中扮演了哪一角色 [EB/OL]. http://www.forbeschina.com/review/201111/0013701.shtml，2011。

① 王岚，李宏艳. 中国制造业融入全球价值链路径研究——嵌入位置和增值能力的视角[J]. 中国工业经济，2015（2）：76—88.
② 根据 OECD 数据计算，2011 年，中国制造业增加值占世界制造业增加值的 20.3%，但与此同时，中国当年的制造业总产出接近世界的 60%。

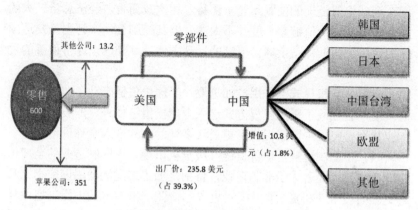

图 3.30　苹果手机全球价值链示意图

资料来源：作者根据图 3.29 绘制。

3.4　本章小结

　　本章从全球价值链入手，详细分析了全球价值链对一国贸易、投资、就业以及经济增长的影响。在此基础上，以数据图表的形式详细勾勒了全球价值链在世界各国发展的不均衡性，并从投资、贸易、国际竞争力、全球价值链专业化分工及利益分配等角度全面深入地分析了我国制造业全球价值链参与的情况以及价值链低端锁定的现实和升级的机遇。主要观点如下：

　　（1）全球价值链改变了经济全球化的进程和格局。全球价值链改变了贸易分工的方式，为跨国公司的海外投资提供了更多可能方式的选择；它改变了就业的结构、方向及质量，加快了一国经济增长的速度；它甚至改变了经济政策原有的范围和指向。尽管关于全球价值链是否形成一种新的经济发展范式的争论还在继续，但无疑它为世界经济的发展提供了一种更高效率、更低成本的发展路径。

　　（2）中间品贸易与贸易增加值的重要性凸显。全球价值链的发展使得各国的中间品贸易发展迅速，贸易增加值数据有助于深入了解一国在全球价值链上的位置和竞争优势。相比较而言，经济总量较大的经济体的全球价值链参与度并不太高，但其跨国公司（特别是发达国家的跨国公司）却是全球价值链的活动主体，掌控着全球价值链的发展命脉。

（3）非股权模式的作用愈加重要。全球价值链带动了非股权模式的发展，企业除了采用股权方式进入全球价值链以外，非股权为很多国家特别是发展中国家提供了更灵活多变的方式嵌入全球价值链。

（4）中国制造业全球价值链升级契机出现。中国制造业的全球价值链参与程度显著大于非制造业，特别是加工装配活动跟以前相比具有更强的技术性和复杂性。但占世界制造业产出60%的中国制造业只获得全球价值链20%的增加值，价值链低端锁定的事实仍然存在。要素禀赋的地理转移、出口加工区的功能升级、中产阶级的产品升级以及"走出去"等战略契机或许是帮助中国实现制造业产业升级的利器。

第 4 章　跨国公司全球价值链嵌入的动态均衡与利益分配

随着全球价值链的形成和生产分割的愈演愈烈，越来越多的跨国企业将其生产活动随价值链进行分割，而且从功能分割细化到了生产工序（阶段）的分割。对于跨国企业而言，其国际化生产决策可能已经不仅仅是"make or buy"的选择那么简单了，也不再是解决什么业务功能外部化或内部化的问题了，而是要回答哪个生产阶段在什么条件下适合非股权生产，哪个生产阶段在什么条件下适合股权生产，哪个生产阶段适合两者并用。本章将以跨国制造企业作为研究主体，以最终制造厂商的视角，对其全球价值链的国际生产决策进行模型化分析，从而为我国制造企业的国际化生产战略提供决策的理论依据。

4.1 跨国公司生产的内部化优势与外部化成长

在全球价值链分工的背景下，生产活动被"分解"为越来越小的生产工序；而企业组织形式则呈现出"分解"与"一体化"交融的局面。一方面，是企业通过不断外部化的非股权方式将企业组织的部分功能分解；另一方面，则是企业通过一体化的股权方式将原本独立的外部职能重新纳入企业内部分工。生产活动的"分解"展现的是生产的最优经济规模实现过程；而组织的"分解"和"一体化"则展现的是外部交易成本与内部管理成本的均衡过程，其本质是企业对于所有权在价值链上的最优配置。

4.1.1 跨国公司生产的内部化优势

有些跨国公司为什么会选择将其海外生产机构保留在企业内部，而不是通过设立某种契约关系来完成其海外的生产任务？这其实是关于企业边界的问题，如在前文综述中所述，当传统的完全契约假设被打破时，企业就一定会面临这样的选择。显然，过高的交易成本是企业放弃通过外部强大的市场机制完成生产，而甘愿将生产活动内部化的重要原因。而过高的交易成本主要是由于不完全契约引起的交易低效率（如合同摩擦）等问题带来的，主要包括租金损失和合同中止损失两个方面。

一方面，当企业采用许可生产的方式完成其海外生产任务时，被许可方将向母国企业付费（许可权使用费，也是经济租金的一种表现形式）。然而由于契约的不完全性，双方没有办法在事前将合同的所有条件完备列明，此时由于信息不完全而导致的道德风险、逆向选择问题都可能会出现，而且技术外溢、免费搭车等不经济现象都会造成租金的损耗。另一方面，当企业采用外包方式完成其海外生产任务时，一般企业会为此付出专用性资产投资。同样由于契约的缺陷或不完全性，使得合同产生极高的中止变更成本，因为所有的专用性资产投资将以沉没成本的形式大幅度提高策略转换的成本（即使没有专用性资产投资，高昂的搜寻成本也同样会大幅度提高交易成本），这被认为是"事后无效率"的主要来源。

至此，企业为回避高昂的交易成本，从而选择内部化生产方式的结论似乎仍旧不能完全立住脚跟。因为企业内部一体化的过程中，企业内部组织之间同样也会存在"内部关系摩擦成本"（我们称为"管理成本"），其与外部化的交易成本差异并不悬殊。那么，除了成本上的考虑以外，企业选择内部化生产是否还有别的考虑？GHM 产权理论认为，企业内部化的优势来自其对资产享有的所有权，这种所有权可以帮助企业对抗不完全合同所带来的风险。也就是说，当最初的合同遭遇不可预见的事件时，资产所有权人自然会保留对剩余权的控制，他们可以决定这些资产的用途，以使整体损失最小或收益最大。

4.1.2 跨国公司生产的外部化成长

相反，有些跨国公司则将大部分的生产活动外部化，从设计到研发，从生产到售后服务，通过各种非股权安排串联起的契约关系几乎无处不在。甚至有的企业成为"虚拟"式的制造企业，它们仅仅拥有众多的产品设计，但自己几乎什么也不生产。为什么企业可以将其几乎全部的生产制造活动交由其他企业完成？信息、通信、交通等技术的大跃进使得交通成本、交易成本大幅下降，这是企业外部化成长的原因之一。投资、贸易便利化使得各种关税及非关税壁垒大幅削减，贸易成本大幅下降也是企业各种非股权安排增加的原因。最为重要的是基于不同生产工序、不同增值环节的专业化分工及其地理集聚的规模经济，使得异质性企业之间的生产成本的差异性越来越大。这种基于全球价值链的价值创造体系引发了大规模的企业边界重构和流程再造[1]。

跨国公司的外部化生产并不意味着采购原材料和标准中间产品，它意味着寻找一个长期合作伙伴，建立双边的紧密联系，说服合作伙伴承担专业化资产投资以生产符合企业特定需求的产品。当然，这种关系有时是靠显性契约约束的，但更多的时候是通过隐性契约约束来维系的。因此企业的这种非股权的外部化国际生产方式成为跨国公司管理控制全球价值链的新型组织模式。

关于跨国公司国际化生产模式的选择，国内外学者已经进行了大量研究。从科斯（Coase，1937）[2]关于企业的边界论述，到格罗斯曼（Grossman）和哈特（Hart，1986）[3]两企业标准模型；从科南（Konan，2000）[4]的中间品企业内贸易的南北多国活动模型再到格罗斯曼（Grossman），赫尔普曼（Helpman，2003）[5]的关于 FDI 与国际外包之

① 王恺伦,李婧. 全球经济一体化中的国际生产组织研究[M]. 杭州:浙江大学出版社,2010: 69.

② Coase R. H. The Nature of the Firm[J].Economica, 1937, 4 (16): 386-405.

③ Grossman S. J., Hart O D. The Costs and Benefits of Ownership: A Theory of Vertical and Lateral Integration [J]. Journal of Political Economy, 1986, 94 (4): 691-719.

④ Konan D. E. The Vertical Multinational Enterprise and International Trade [J]. Review of International Economics, 2000, 8 (1): 113-125.

⑤ Grossman G. M., Helpman E. Outsourcing Versus FDI in Industry Equilibrium [J]. Journal of the European Economic Association, 2003 (1): 317-327.

间的选择模型；从安特拉斯（Antras，2007）[1]跨国公司国际化生产的模型到陈永民（Yongminchen）和马库森（Markuson，2012）[2]的基于知识资本的 FDI 和外包选择模型，大量的外文文献分别从企业异质性视角、不完全契约视角、产权理论视角对"make or buy"的选择问题进行了模型研究。

我国学者对于跨国公司的国际化生产模式选择也进行了较为深入的研究。如胡国恒（2006）[3]，刘庆林，廉凯（2007）[4]，易振华（2010）[5]，庞春（2010）[6]等人分别利用改进的 CD 生产函数，超边际的一般均衡分析方法等对 FDI 与外包模式的比较及一体化生产向外包生产演化进行了理论推演。

区别于上述文献，本章将在不完全契约 GHM 模型的理论框架下，基于全球价值链的视角，重点考虑跨国公司在进行国际化生产过程中，与产业链上下游企业之间的议价能力及股权决定，探求影响跨国公司生产组织决策的多重因素及其最优组织模式选择。具体研究思路如下：第一，采用 CES 生产函数替代传统的 CD 函数，打破中间产品之间和其他投入品的单位替代弹性假设，改为等替代弹性假设，使模型更具经济学理论意义；第二，秉承新产权学派理论思路，将有限理性导致的认知不完全在置入前提假设的同时，通过收益分配和议价阶段将这种不完全性内生于模型中；第三，全面引入全球价值链概念，将生产阶段置入生产函数中，使其成为连续的积分函数；第四，通过文献研究发现，中间厂商对最终厂商的依赖性是决定企业国际生产模式选择的重要因素，本模型通过引入投入品的替代弹性来反映最终厂商与中

① Antras P., Helpman E. Contractual Frictions and Global Sourcing[J].NBER Working Paper No. 12747, 2007.
② Yongmin Chen, Horstmann I. J., Markusen J. R. Physical Capital, Knowledge Capital, and the Choice between FDI and Outsourcing[J]. Canadian Journal of Economics, 2012, 45 (1): 1-15.
③ 胡国恒. 国际生产的微观组织与利益博弈机制[D]. 西北大学，2006：97.
④ 刘庆林，廉凯. FDI 与外包：基于企业国际化模式选择的对比分析[J].经济学家，2007（2）：110—115.
⑤ 易振华. 垂直专业化生产所有权选择动因探析——基于产权理论视角的研究及其在中国的实证分析[J]. 世界经济研究，2010（5）：58—62.
⑥ 庞春. 一体化、外包与经济演进：超边际——新兴古典一般均衡分析[J]. 经济研究，2010（3）：114—128.

间厂商之间的依赖性；第五，厂商选择股权或非股权形式的区别主要表现在对合作企业控制力的不同，这也是非股权模型与外包模型的最大不同，故本模型以议价能力作为企业国际化生产决策的主要依据。

4.2 基本模型

本章考察最终生产厂商分别与全球价值链上下游企业之间的博弈决策过程。在 GHM 模型和安特拉斯（Antras，2013）①产权模型的基础上，通过设立 CES（固定替代弹性）生产函数和消费函数，按照最终生产厂商在全球价值链上获取收益最大化的原则，扩展并构建厂商在不完全契约环境下的最优组织选择均衡模型。模型主要基于以下假设：①最终产品遵循全球价值链的顺序生产；②最终厂商同时与价值链上每一个零部件供应商进行谈判议价，决定其在生产的每一阶段所选择的组织模式；③每个谈判并不受到与其他上下游供应商之间谈判结果的影响；④基于有限理性的不完全认知，最终厂商与零部件供应商之间的契约中，除了剩余权的分配和一次总付价格以外，其他交易条件均不能事前写入契约。

4.2.1 生产者行为

考虑最终产品 y 的全球价值链顺序生产过程，即最终产品的生产需顺序经过 i 个生产阶段，$i \in [0, 1]$，其中 i 值越大表明越接近最终产品生产阶段。在整个生产的过程中，有两种类型的厂商，一种是厂商 H，其既提供总部服务 h，又是最终产品生产者；另一种是提供中间品的零部件生产厂商 M_i。本书考察厂商 H 对其中间品生产的组织模式选择问题。

假设生产的不同阶段都由不同的供应商来承担，每个供应商为了生产的零部件能够符合价值链上其他厂商的生产要求而必须进行关联

---

① Antras P., Chor D. Organizing the Global Value Chain[J]. NBER Working Paper No. 18163, 2013.

专属性投资。所有的零部件按照 CES（固定替代弹性）生产函数由最终厂商组合在一起。最终厂商面临等弹性需求曲线。由于事前签订一个内容完备的合同是不可能的，因此假设最终厂商与零部件厂商之间的契约是基于有限理性的不完全契约，最终厂商需要逐个与特定阶段的供应商商议剩余权的分配和专属性投资等。

最终产品 y 的 CES 生产函数为：

$$y = \theta\left(\frac{h}{\gamma}\right)^{\gamma}\left(\int_0^1\left(\frac{m(i)}{1-\gamma}\right)^{\rho}\mathrm{d}i\right)^{\frac{1-\gamma}{\rho}} \tag{4.1}$$

其中，θ 为最终厂商 H 的生产率，h 为最终厂商 H 提供的总部服务，γ 代表总部密集度①，$m(i)$ 表示在生产的第 i 阶段与之相适应的中间品投入（如果投入品与该生产阶段不匹配，则定义 $m(i)=0$）。$\rho \in$（0，1）为中间投入品之间的替代弹性指数（投入品之间的替代弹性为 $\frac{1}{1-\rho}$，ρ 越大，说明投入品间的替代性越大，最终产品厂商调整中间品投入的能力就强，其议价能力就强；ρ 越小，替代性就越小，说明最终厂商必须依赖中间商 M 才能生产最终产品，此时中间商 M 的议价能力就会提高）。

为了研究的方便，对于生产的 t 阶段，对上式（4.1）求一阶导数：

$$y'(t) = \frac{1-\gamma}{\rho}\theta^{\frac{\rho}{1-\gamma}}\left(\frac{h}{\gamma}\right)^{\frac{\gamma\rho}{1-\gamma}}\left(\frac{m(t)}{1-\gamma}\right)^{\rho}y(t)^{\frac{1-\gamma-\rho}{1-\gamma}} \tag{4.2}$$

其中，y（t）$= \theta\left(\frac{h}{\gamma}\right)^{\gamma}\left(\int_0^t\left(\frac{m(i)}{1-\gamma}\right)^{\rho}\mathrm{d}i\right)^{\frac{1-\gamma}{\rho}}$。 $\tag{4.3}$

令 $Z = \frac{(1-\gamma)^{1-\rho}}{\rho}\theta^{\frac{\rho}{1-\gamma}}\left(\frac{h}{\gamma}\right)^{\frac{\gamma\rho}{1-\gamma}}$，从式（4.2）很明显可以将 t 阶段产出的增加看成是一个 CD 函数，$y'(t) = Zm(t)^{\rho}y(t)^{\frac{1-\gamma-\rho}{1-\gamma}}$，其中中间商

---

① 这里沿用 Antras（2003）的假设，产品的生产既需要最终产品生产者 H 提供的总部服务 h，也需要中间供应商 M 的零部件投入 $m(i)$。其中，厂商 H 会在供应商进行专属性投资之前以 Ch 的边际成本提供总部服务 h，如研发、管理投入等。总部服务产品的生产一般来说比零部件的生产需要投入更多的物质资本，因此总部密集度 γ 通常可用资本密集度来表示。

的投入以及最终产品都可以看作是一种投入。

4.2.2 消费者行为

假设消费具有 CES 效用函数：

$$U = \sum_\omega \varphi_\omega \log \left(\int_{\omega \in \Omega} y(\omega)^\alpha d\omega \right)^{\frac{1}{\alpha}} \quad \alpha \in (0, 1) \tag{4.4}$$

$$s.t. \varphi_\omega E = \sum_\omega p_\omega y_\omega$$

其中 $\sum_\omega \varphi_\omega = 1$，$\omega$ 代表最终产品类别，Ω 是一系列商品类别的集合，φ_ω 是消费者购买 ω 商品的支出占总收入 E 的比重，y_ω 为最终产品 ω 的消费量，其价格为 p_ω，α 为产品之间的替代弹性。在预算约束下求消费者的最大效用，得到需求函数为 $y = AP^{-1/1-\alpha}$，其中 $A = \varphi E/\tilde{p}$，表示消费者购买最终产品的实际支出。此时，联系式(4.1)可知，销售最终产品的收益函数为：

$$R = A^{1-\alpha} \theta^\alpha \left(\frac{h}{\gamma} \right)^{\alpha\gamma} \left(\int_0^1 \left(\frac{m(i)}{1-\gamma} \right)^\rho di \right)^{\frac{\alpha(1-\gamma)}{\rho}} \tag{4.5}$$

4.2.3 合同环境：不完全契约

每一生产阶段，需要 H 厂商与 M 之间签订契约，按照 GHM 理论，厂商 H 与 M 之间的契约中，只有剩余权的分配和双方之间的一次总付价格是可契约的，至于双方之间的其他交易条件等情况并不能事前订入合同。因为即使双方在契约中写明供应商提供的中间投入品和服务必须符合生产的需要等条款，在实践中也会出现难于证实的难题。一方面是厂商不愿意与供应商只签订关于中间品数量的契约，而不管是否符合要求，因为这会放任供应商以次充好却仍旧取得报酬；另一方面有人提出可以签订关于收益分配的契约以激励供应商投资，但一旦出现零投资现象，连锁反应将使得整条价值链的契约都变得毫无意义。因此，本书假设在最初阶段契约只明确供应商是采用一体化股权模式还是保持相对独立的非股权模式；在双方投资并完成中间品生产后，双方再商议具体的报酬分配等事项。依据贡献进行收益分配的原则，生产的 t 阶段获取的收益为：

$$R(t) = A^{1-\alpha}\theta^{\alpha}\left(\frac{h}{\gamma}\right)^{\alpha\gamma}(1-\gamma)^{-\alpha(1-\gamma)}\left(\int_0^t m\,(\text{i})^{\,\rho}\,d\text{i}\right)^{\frac{\alpha(1-\gamma)}{\rho}} \quad (4.6)$$

根据莱布尼兹的积分规则，可以计算出供应商在 t 阶段的边际收益为：

$$R'(t) = \frac{\alpha(1-\gamma)}{\rho}(A^{1-\alpha}\theta^{\alpha})^{\frac{\rho}{\alpha(1-\gamma)}}(1-\gamma)^{-\rho}\left(\frac{h}{\gamma}\right)^{\frac{\gamma\rho}{1-\gamma}}R(t)^{\frac{\alpha(1-\gamma)-\rho}{\alpha(1-\gamma)}}m(t)^{\rho}$$

$$(4.7)$$

4.2.4 议价能力

无论是选择股权（一体化）模式，还是非股权模式，都会存在不完全契约带来的扭曲，即厂商需要逐一与供应商进行谈判，就收益的分配等交易条件进行议价。表 4.1 列出了厂商与供应商进行谈判议价的主要事项。

表 4.1　厂商与供应商在生产的任一阶段的谈判议价行为

谈判期间	谈判议价主要内容	结果
$T=0$	厂商 H 与每一生产阶段的供应商 M 签订选择生产组织模式的契约	1. 采用 FDI 方式进行股权投资，进行一体化生产 2. 或者采用非股权模式，供应商相对独立于厂商
$T=1$	厂商与供应商进行专属性投资[①]	厂商 H 在与供应商 M 订立契约后，以 C_h 的边际成本提供总部服务（如研发、管理等投入）h，供应商 M 则根据中间品的预期收益价值选择合适的投资水平 $m(t)$。
$T=2$	中间品生产完成，厂商与供应商协议收益的分配，厂商向供应商支付收益：包括股权与非股权两种情形	1. 股权情形：厂商 H 拥有中间品的剩余控制权，一旦谈判失败，厂商 H 可以选择解雇 M，但由于缺少 M 的相关服务指导，厂商获得的收益也会损失 $1-\delta$ 的比例。 2. 非股权情形：供应商 M 拥有中间品的剩余控制权。一旦谈判失败，厂商 H 和供应商 M 的外部选择权均为 0。
$T=3$	t 阶段生产完成，进入下一阶段，生产顺次完成直至最终产品产生	最终产品厂商 H 获取总收益 R

资料来源：作者整理所得。

---

① 因为假设供应商是为厂商提供定制性产品，因此需要厂商与供应商都进行专属性投资。Antras（2003，2012）认为一般来说，厂商与供应商投资的主要区别在于厂商的固定资产、R&D 和熟练工人方面的投资密集度比供应商的要高。

令厂商 H 与供应商 M 的议价能力分别为 β 和 $1-\beta$，即在每一生产阶段厂商 H 和 M 也将按照如此的比例进行增量收益 $R'(t)$ 的分配。按照 G-H（1986）理论，在不完全契约的环境中，对剩余权的控制力来自于对供应商的所有权，随着厂商在供应商中持有的所有权比例的提高，其议价能力也在逐步提高。因此，厂商 H 获得收益 $\beta_t R'(t)$，供应商 M 获得剩余的 $(1-\beta_t)R'(t)$。其中 β_k 代表厂商或供应商的议价能力（$t \in \{N, E\}$）①，具体表示为：

$$\beta_t = \begin{cases} \beta_N & \text{非股权模式} \\ \beta_E & \text{股权模式} \end{cases} \tag{4.8}$$

4.3 一般均衡：股权与非股权的组织模式决定

4.3.1 供应商的最优投资水平的确定

考虑生产的第 t 阶段，在选定投资组织模式的条件下，厂商与供应商依据各自的议价能力 β_t 来分配这一阶段的增量收益 $R'(t)$，显然供应商在这一阶段的最优投资水平由其利润最大化的结果决定，如下：

$$\max_{m(t)} \pi_M(t) = (1-\beta_t)\frac{\alpha(1-\gamma)}{\rho}(A^{1-\alpha}\theta^\alpha)^{\frac{\rho}{\alpha(1-\gamma)}}(1-\gamma)^{-\rho}\left(\frac{h}{\gamma}\right)^{\frac{\gamma\rho}{1-\gamma}}$$

$$R(t)^{\frac{\alpha(1-\gamma)-\rho}{\alpha(1-\gamma)}}m(t)^\rho - cm(t) \tag{4.9}$$

解出

$$m(t) = \left[(1-\beta_t)\frac{\alpha(1-\gamma)(A^{1-\alpha}\theta^\alpha)^{\frac{\rho}{\alpha(1-\gamma)}}(1-\gamma)^{-\rho}\left(\frac{h}{\gamma}\right)^{\frac{\gamma\rho}{1-\gamma}}}{c}\right]^{\frac{1}{1-\rho}}R(t)^{\frac{\alpha(1-\gamma)-\rho}{\alpha(1-\gamma)(1-\rho)}}$$

$$\tag{4.10}$$

由式（4.10）可以看出，供应商的投资水平随需求消费水平 A、

---

① 关于 β_E 和 β_N 的具体取值，本书采用 Shapley 值的方法加以确定，参见后文。

厂商 H 的生产率 θ、供应商的议价分配份额 $1-\beta_t$ 的增加而增加。也就是说，在其他条件不变的前提下，消费水平的提高以及最终产品厂商的生产效率的提高，都会对供应商的投资产生引致效应，使之投资水平也随之上升；而相对于股权模式来说，非股权模式下的 β_t 更低，因此供应商的投资水平则会由于收益分配比例的上升而增加。更进一步的分析发现，当 $\alpha(1-\gamma)>\rho$ 时，供应商的投资水平随该阶段收益 $R(t)$ 的增加而增加，这种现象的出现可以解释为产业链上下游之间的投资具有互补关系，即当上游供应商的投资增加会增加供应商 M 的投资回报率。反之，当 $\alpha(1-\gamma)<\rho$ 时，供应商的投资水平随该阶段收益 $R(t)$ 的增加而减少，也就是说，当 ρ 很大时，或者 α 很小时，此时最终厂商具有很强大的市场控制能力[①]，上游投资的增加会大幅减少下游供应商所承担的投资，此时投资具有替代关系。

4.3.2 最终产品生产厂商的组织结构决策

厂商也是通过搜寻其利润最大化的需要决定其每一阶段所采用的组织结构。在全球化生产的条件下，厂商是通过整条价值链获取利润的，故其利润函数如下：$\pi_H = \int_0^1 \beta(i)R'(i)\mathrm{d}i$。为求解此函数，需要进行以下计算：

第一步，将式（4.10）代回式（4.7），求解出 $R'(t)$

$$R'(t) = \frac{\alpha(1-\gamma)}{\rho} A^{\frac{\rho(1-\alpha)}{\alpha(1-\gamma)(1-\rho)}} \left[\frac{(1-\beta_t)\alpha\theta^{\frac{1}{1-\gamma}}\left(\frac{h}{\gamma}\right)^{\frac{\gamma}{1-\gamma}}}{C} \right]^{\frac{\rho}{1-\rho}} R(t)^{\frac{\alpha(1-\gamma)-\rho}{\alpha(1-\gamma)(1-\rho)}} \quad (4.11)$$

第二步，式（4.11）是一个包含 $R(t)$ 的微分方程，利用初始条件 $R(0)=0$ 可以求解出 $R(t)$

[①] 如前文所述，一方面，ρ 很大，说明投入品的替代性很大，此时最终厂商具有很大的选择余地和议价能力，因此市场的控制力就会很强；另一方面，α 很小，会使厂商的边际收益随产业链下降的很快，因此这也会减少下游供应商的投资热情，使投资呈现出替代关系。

$$R(t) = A^{\frac{1-\alpha}{1-\alpha(1-\gamma)}} \left[\frac{1-\alpha(1-\gamma)}{1-\rho}\right]^{\frac{\alpha(1-\gamma)(1-\rho)}{\rho[1-\alpha(1-\gamma)]}} \left(\frac{\alpha\theta^{\frac{1}{1-\gamma}}\left(\frac{h}{\gamma}\right)^{\frac{\gamma}{1-\gamma}}}{C}\right)^{\frac{\alpha(1-\gamma)}{1-\alpha(1-\gamma)}}$$

$$\left[\int_0^t (1-\beta_i)^{\frac{\rho}{1-\rho}} di\right]^{\frac{\alpha(1-\gamma)(1-\rho)}{\rho[1-\alpha(1-\gamma)]}} \tag{4.12}$$

第三步，将式（4.11）和式（4.12）代入利润函数 π_H，得到：

$$\pi_H = A^{\frac{1-\alpha}{1-\alpha(1-\gamma)}} \frac{\alpha(1-\gamma)}{\rho} \left[\frac{1-\alpha(1-\gamma)}{1-\rho}\right]^{\frac{\alpha(1-\gamma)-\rho}{\rho[1-\alpha(1-\gamma)]}}$$

$$\left(\frac{\alpha(1-\gamma)\theta^{\frac{1}{1-\gamma}}\left(\frac{h}{\gamma}\right)^{\frac{\gamma}{1-\gamma}}}{C}\right)^{\frac{\alpha(1-\gamma)}{1-\alpha(1-\gamma)}} \int_0^1 \beta_i (1-\beta_i)^{\frac{\rho}{1-\rho}} \left[\int_0^i (1-\beta_k)^{\frac{\rho}{1-\rho}} dk\right]^{\frac{\alpha(1-\gamma)-\rho}{\rho[1-\alpha(1-\gamma)]}} di$$

$$\tag{4.13}$$

因此，厂商在每一阶段选择的最优组织决策都是使其利润最大化的结果：

$$\max_{\{\beta_i\}_{i\in[0,1]}} \pi_H$$

$$\text{s.t.} \quad \pi_M(t) > 0$$
$$\beta_i \in \{\beta_N, \beta_E\} \tag{4.14}$$

利用欧拉—拉格朗日条件，可以求出在第 t 阶段厂商的最优组织选择，记为

$$\beta_t^* = 1 - \rho t^{\frac{\rho - \alpha(1-\gamma)}{\rho}}{}^{①} \tag{4.15}$$

由此，均衡时最终厂商与中间供应商的最优议价分成比例受到生产阶段、投入品替代弹性、最终产品替代弹性以及总部服务密集度等多重因素的影响。

———————
① 限于篇幅，具体求解过程参见附录 4.1。

4.3.3 主要结论

结论1 最终产品生产厂商 H 与中间供应商 M 之间的最优议价分成比例 β 与生产价值链上所处的生产阶段有关。当 $\rho > \alpha(1-\gamma)$ 时，β 与价值链的生产阶段 i 呈现反向关系；反之，当 $\rho < \alpha(1-\gamma)$ 时，β 与价值链的生产阶段 i 呈现正向关系。

更进一步，可以根据式（4.15）做出描绘议价分成比例 β 与价值链不同生产阶段 i 之间关系的图形[①]，如图 4.1 所示。

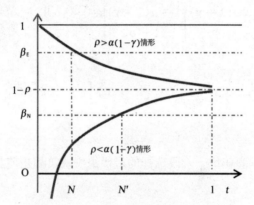

图 4.1 生产阶段 i 的最优剩余分配情况

注：β_N 和 β_E 的取值范围都在（0，1）之间，图中只是描绘了 $\beta_N<1-\rho$，$\beta_E>1-\rho$ 的情形。
资料来源：根据（4.15）式绘制。

可见，最终厂商获取剩余的份额是随着价值链递增还是递减取决于 ρ、α 和 γ 三个变量的相对比较。如前文所述，当 $\rho > \alpha(1-\gamma)$ 时，即 ρ 较大，或者 α 很小，γ 较大，此时最终厂商具有很强大的市场控制能力，大量的价值链上游投资会减少下游供应商投资的动机，投资具有替代关系。因此，厂商此时对价值链上游供应商如果采用非股权方式生产的话，显然代价会很高，而相反对上游如果采用股权方式的话，则可以获取高比例的剩余分配。在此种情况下，越接近价值链的

① 由式（4.15）可知，当 $\rho > \alpha(1-\gamma)$ 时，$\beta^*(0)=1$，$\beta^*(1)=1-\rho$；当 $\rho < \alpha(1-\gamma)$ 时，$\lim_{i\to 0}\beta^*(i)=-\infty$，$\beta^*(1)=1-\rho$。

起始阶段,厂商越可以获取高比例的剩余分配;越接近价值链的末端,获取收益的比例就越低,即 β 与价值链的生产阶段 i 呈现反向关系(如图 4.1 所示)。反之,当 $\rho < \alpha(1-\gamma)$ 时,上下游之间的投资具有互补关系,而此时由于投入品的替代弹性较小,总部服务投入密集度较低,使得最终厂商由于缺乏对市场的控制能力而需要依赖供应商。因此厂商此时如果对上游供应商采用股权方式生产的话,也会由于代价过高而放弃,从而采用非股权方式。在此种情况下,在价值链的上游厂商分配剩余的比例较低,越接近价值链末端,分配剩余的比例越高,即 β 与价值链的生产阶段 i 呈现正向关系 (如图 4.1 所示)。

结论 2 在投资具有替代关系 ($\rho > \alpha (1-\gamma)$) 时,厂商倾向于对上游供应商采取股权模式,特别当 $\beta_E < 1-\rho$ 时,厂商对整个价值链上的供应商都采取股权模式;反之,在投资具有互补关系($\rho < \alpha (1-\gamma)$) 时,厂商倾向于对上游供应商采取非股权模式,特别的当 $\beta_N > 1 - \rho$ 时,厂商对整个价值链上的供应商都采取非股权模式。

如图 4.1 所示,厂商的最优组织模式选择与 β_N 和 β_E 的取值有关。无论哪种情形下,如果 $\beta_E < 1-\rho$ 时,其生产的最后阶段一定采用股权模式;如果 $\beta_N > 1-\rho$ 时,其生产的最后阶段一定采用非股权模式。而如果出现 $\beta_N < 1-\rho < \beta_E$ 时,也就是图 4.1 中所示的情形,此时股权和非股权模式共存,厂商对 N 点 (N' 点)之后的生产阶段采用哪种组织模式,还取决于其他变量的限制。

如前文所述,厂商与供应商之间的议价分成比例 β 不仅仅由厂商所持有的所有权决定,还取决于供应商对厂商的战略资产以及生产经营网络的依赖程度,因此厂商最终的组织选择决策还依赖于 β_N 和 β_E 的确定。关于在股权和非股权模式下的议价分成比例,在本书中采用 Shapley 值法求解[①]。首先假设厂商是议价博弈中一个基础的参与者,若在不包括厂商的集合中,供应商的边际贡献应该等于零;若在包括厂商和 n 个供应商的集合中,供应商 i 的边际贡献 $m(i,n) = \dfrac{\partial R(n)}{\partial n}$,由式 (4.5)、式 (4.6),可以得出:

---

① Acemoglu (2007),Antras (2012)等人都曾采用此方法求解。

$$m(i, n) =$$

$$\frac{\alpha(1-\gamma)}{\rho} A^{1-\alpha} \theta^{\alpha} \left(\frac{h}{\gamma}\right)^{\alpha\gamma} (1-\gamma)^{-\alpha(1-\gamma)} m(-i)^{\alpha(1-\gamma)} \left(\frac{m(i)}{m(-i)}\right)^{\rho} n^{\frac{\alpha(1-\gamma)-\rho}{\rho}}$$

$$(4.16)$$

其中，$m(-i)$ 代表除了 i 以外的所有供应商的投资。供应商 i 的 Shapley 值是包含 i 在内的边际贡献的平均值。因此特定供应商 i 在非股权模式下获取的报酬为：

$$S_N = \int_0^1 n\, m(i, n)\, \mathrm{d}n$$

$$= \frac{\alpha(1-\gamma)}{\alpha(1-\gamma)+\rho} A^{1-\alpha} \theta^{\alpha} \left(\frac{h}{\gamma}\right)^{\alpha\gamma} (1-\gamma)^{-\alpha(1-\gamma)} m(-i)^{\alpha(1-\gamma)} \left(\frac{m(i)}{m(-i)}\right)^{\rho}$$

$$= \frac{\alpha(1-\gamma)}{\alpha(1-\gamma)+\rho} R(m) \tag{4.17}$$

考虑另一种极端的情况就是厂商 F 控制所有的供应商股权的情形，此时由于存在供应商违约的损失 δ，因此供应商在股权模式下获取的报酬为：

$$S_E = S_E \frac{\alpha(1-\gamma)(1-\delta)}{\alpha(1-\gamma)+\rho} A^{1-\alpha} \theta^{\alpha} \left(\frac{h}{\gamma}\right)^{\alpha\gamma} (1-\gamma)^{-\alpha(1-\gamma)} m(-i)^{\alpha(1-\gamma)} \left(\frac{m(i)}{m(-i)}\right)^{\rho}$$

$$= \frac{\alpha(1-\gamma)(1-\delta)}{\alpha(1-\gamma)+\rho} R(m) \tag{4.18}$$

由此，可以确定 β_N 和 β_E 的取值[①]：

$$\beta_t = \begin{cases} \beta_N = \dfrac{\rho}{\alpha(1-\gamma)+\rho} & \text{非股权模式} \\[2mm] \beta_E = \dfrac{\alpha(1-\gamma)\delta+\rho}{\alpha(1-\gamma)+\rho} & \text{股权模式} \end{cases} \tag{4.19}$$

其中 $t \in \{N, E\}$。显然 $\beta_N < \beta_E$。

结论 3 股权和非股权模式共存的阶段。当投入品的替代弹性较高（ρ 值较大）时，最终厂商对下游供应商主要以非股权模式为主进

---

① β_N 和 β_E 分别代表最终厂商在两种模式下议价分成的比例。

行国际化生产；反之，最终厂商则以股权模式为主进行国际化生产。类似地，当总部服务密集度较高（γ 值较大）时，最终厂商对下游供应商采用非股权模式的可能性更大；反之，则对下游供应商采用股权模式的可能性更大。

如前所述，当出现 $\beta_N < 1-\rho < \beta_E$ 时，此时股权和非股权模式共存，厂商对 N 点（N'点）（参见图4.1）之后的生产阶段采用哪种组织模式，还取决于其他变量的限制。当投入品的技术替代程度很高的情形下，厂商对投入品拥有较强的控制力，而供应商则面临很高的关停风险，此时，供应商也倾向于通过签订非股权契约，利用利润最大化的组织模式构成的约束来加强自身的议价能力，因此非股权模式更为流行；反之，当投入品的技术互补程度很高的情形下，特别是 $\rho \to 0$ 时，由式（4.19）可知此时非股权模式下厂商获得的报酬很低，这时总部服务的选择尤其受到扭曲，因此，股权模式会受到青睐，它可以帮助恢复对厂商提供总部服务的激励。类似地，总部服务密集度较高时，投资具有很强的替代性，最终厂商在上游大量的投资减少了对下游投资的重要性，厂商更倾向于对下游供应商采用非股权模式进行控制；反之，当总部服务密集度较低时，投资具有很强的互补性，厂商倾向于对下游供应商采用股权模式，以强化对供应商的控制。具体情况参见图4.2。

图 4.2　N（N'）点之后生产阶段的最优组织选择

注：图中"非股权模式>股权模式"指的是厂商采用非股权模式的可能性大于股权模式。

4.4 国际直接投资的股权决定机制与利益分配

本节和下一节将根据跨国公司国际化生产决策的基本模型，分别从国际直接投资的股权决定机制和非股权安排的博弈机制入手，分析不同生产模式下的利益分配。

4.4.1 最终厂商和供应商的博弈流程

所谓利益分配，其核心问题是价值链上企业在不同谈判结构下的谈判议价过程，而利益分配的多寡，与谈判者的议价能力和博弈机制有关。本书将基于纳什（Nash）议价模型（1950）[①]讨论最终厂商和中间供应商之间在不同谈判结构下的 Nash 议价。根据前文表 4.1，我们将最终厂商与供应商之间的利益博弈流程设定如下（详见表 4.2）。

此处，d_h 和 d_m 分别代表厂商和供应商事前投资的可逆程度（$d_h, d_m \in [0,1]$），由双方事前投资的属性和外部环境因素决定。一般而言，当合同是完全契约时，意味着事前投资完全可逆，此时 $d_h=d_m=1$；当合同为绝对不完全契约时，意味着事前投资完全不可逆，即外部选择权为零，此时 $d_h=d_m=0$；而当 $0<d_h, d_m<1$ 时，此时为不完全契约的中间状态，即事前投资部分可逆。

表 4.2 最终厂商与供应商的利益博弈流程

博弈期间	谈判内容	博弈规则
T=0	厂商 H 与供应商 M 签约，选定生产方式（即确定谈判结构）	不完全契约规则：事前只能在合同中明确股权比例或盈余分成比例，不能确定中间品的交易价格与数量
T=1	厂商与供应商分别进行专属性投资，并生产中间品 h 和 m（i）	厂商 H 与供应商 M 分别以 C_h 和 C_m 的边际成本提供总部服务 h 和中间品 m（i）

[①] Nash J. F. The Bargaining Problem[J]. Econometrica, 1950, 18 (2): 155-162.

博弈期间	谈判内容	博弈规则
T=2	中间品生产完成，厂商与供应商协议收益的分配	谈判规则：假设厂商的议价能力为 β，供应商的议价能力为 $1-\beta$；d_h 和 d_m 分别代表厂商和供应商事前投资的可逆程度($d_h, d_m \in [0,1]$)；厂商和供应商的事后外部选择权分别为 $O_h = d_h h C_h$，$O_m = d_m h C_m$
T=3	最终产品生产完毕，双方进行收益分配	最终厂商和供应商分别获得收益 R_h 和 R_m

资料来源：作者整理所得。

4.4.2 最终厂商和供应商的纳什议价

假设最终厂商 H 现与第 t 阶段供应商 M_t 关于双方的利益分配进行议价，本书运用逆向归纳法求解最终厂商 H 与供应商 M_t 之间的子博弈纳什（Nash）均衡。如前文式（4.6）所示，生产第 t 阶段的收益盈余为：

$$R'(t) = \frac{\alpha(1-\gamma)}{\rho}(A^{1-\alpha}\theta^{\alpha})^{\frac{\rho}{\alpha(1-\gamma)}}(1-\gamma)^{-\rho}\left(\frac{h}{\gamma}\right)^{\frac{\gamma\rho}{1-\gamma}}R(t)^{\frac{\alpha(1-\gamma)-\rho}{\alpha(1-\gamma)}}m(t)^{\rho}$$

$$(4.20)$$

也就是说，双方将对 R'(t)这部分收益盈余的分配进行议价。式中，a 为产品之间的替代弹性；ρ 为中间投入品之间的替代弹性指数；γ 代表总部密集度；A 表示消费者购买最终产品的实际支出；θ 为最终厂商 H 的生产率；h 为最终厂商 H 提供的总部服务；$m(t)$ 表示供应商 M_t 在生产 t 阶段的中间品投入；$R(t)$ 为生产第 t 阶段获取的总收益，具体如式（4.12）所示。

最终厂商与供应商之间的谈判议价可能会出现两种结果：一种是谈判成功，双方各分得收益 R_h 和 R_m，$R_h + R_m = R'(t)$；另一种就是谈判失败，双方只能各自拥有对自己专用资产投资形成的剩余控制权，即事后外部选择权 O_h 和 O_m，当然一般认为 $R_h \geq O_h$，$R_m \geq O_m$。

因为最终厂商与供应商之间会按照双方的议价能力进行收益分配，

因此其收益分成比例为 $\beta:1-\beta$。则双方收益盈余最大化的广义 Nash 积为：

$$S = (R_h - O_h)^\beta (R_m - O_m)^{(1-\beta)} \tag{4.21}$$

由一阶条件可知，双方收益分配如下：

$$R_h = \beta[R'(t) - O_h - O_m] + O_h \tag{4.22}$$
$$R_m = (1 - \beta)[R'(t) - O_h - O_m] + O_m \tag{4.23}$$

由此可知，合同各方的收益是各自的盈余分成与事后外部选择权之和。

4.4.3 国际直接投资的股权决定机制

本书参照林（Lin）和萨吉（Saggi，2004）[1]的分成比例博弈规则，假设最终厂商与供应商之间的股权决定可能有三种：最终厂商单方决定、供应商单方决定和双方共同决定。下面依次考虑三种博弈规则下的均衡股权决定，为使研究简化，假设合同处于绝对不完全契约状态，即外部选择权为零（$O_h=O_m=d_h=d_m=0$）。

1. 最终厂商单方决定股权比例

由前文式（4.11）—式（4.13）可知，当 $d_h=d_m=0$ 时，最终厂商的预期利润为：

$$\pi_h = A^{\frac{1-\alpha}{1-\alpha(1-\gamma)}} \frac{\alpha(1-\gamma)}{\rho} \left[\frac{1-\alpha(1-\gamma)}{1-\rho}\right]^{\frac{\alpha(1-\gamma)-\rho}{\rho[1-\alpha(1-\gamma)]}}$$

$$\left(\frac{\alpha(1-\gamma)\theta^{\frac{1}{1-\gamma}}(\frac{h}{\gamma})^{\frac{\gamma}{1-\gamma}}}{c}\right)^{\frac{\alpha(1-\gamma)}{1-\alpha(1-\gamma)}} \int_0^1 \beta_i(1-\beta_i)^{\frac{\rho}{1-\rho}} \left[\int_0^i (1-\beta_k)^{\frac{\rho}{1-\rho}}dk\right]^{\frac{\alpha(1-\gamma)-\rho}{\rho[1-\alpha(1-\gamma)]}} di \tag{4.24}$$

根据利润最大化 $\max\pi_h$ 条件可以求解出最终厂商单方决定的均衡股权比例为：

$$\beta_h^* = 1 - \rho t^{\frac{\rho-\alpha(1-\gamma)}{\rho}} \tag{4.25}$$

① Lin P, Saggi K. Ownership Structure and Technological Upgrading in International Joint Ventures[J]. Review of Development Economics, 2004, 8 (2): 279-294.

前文一般均衡即是采用此种博弈规则计算的，结果相同。由此可知，针对某一特定生产阶段（$t \neq 0$）时，在其他条件不变的前提下，最终产品的替代弹性越小，总部服务密集度越高，说明最终厂商控制市场的能力就越强，厂商的收益分成的比例就越高，即均衡的股权比例较高；反之亦然。而对于中间投入品的替代弹性的分析则较复杂，当 $\rho > \alpha(1-\gamma)$ 时，即投资具有替代关系时，中间投入品替代弹性越大，最终厂商均衡时的股权比例越低；当 $\rho < \alpha(1-\gamma)$ 时，即投资具有互补关系时，中间投入品替代弹性越小，最终厂商均衡时的股权比例越低；而当 $\rho = \alpha(1-\gamma)$ 时，最终厂商均衡时的股权比例最高，为 $1-\rho$。

2. 供应商单方决定股权比例

由前文式（4.9）至式（4.10）可知，供应商的预期利润为：

$$\pi_m - \left\{ A^{\frac{1-\alpha}{\alpha(1-\gamma)(1-\rho)}} \left[\frac{1-\alpha(1-\gamma)}{1-\rho} \right]^{\frac{1}{\mu}} \left[\frac{\alpha\theta^{\frac{1}{1-\gamma}}\left(\frac{h}{\gamma}\right)^{\frac{\gamma}{1-\gamma}}}{C} \right]^{\frac{1}{1-\rho}} \right\}^{\frac{\alpha(1-\gamma)-\rho}{1-\alpha(1-\gamma)}} \frac{C \cdot (1-\rho)}{\rho} \left(\frac{R}{C} \right)^{\frac{1}{1-\rho}}$$

$$\left[\int_0^t (1-\beta_i)^{\frac{\rho}{1-\rho}} di \right]^{\frac{\alpha(1-\gamma)-\rho}{\rho[1-\alpha(1-\gamma)]}} \tag{4.26}$$

其中，$B = (1-\beta_t)\alpha(1-\gamma)(A^{1-\alpha}\theta^\alpha)^{\frac{\rho}{\alpha(1-\gamma)}}(1-\gamma)^{-\rho}\left(\frac{h}{\gamma}\right)^{\frac{\gamma\rho}{1-\gamma}}$ (4.27)

根据利润最大化 $\max\pi_m$ 条件可以求解出供应商单方决定的均衡股权比例为 $\beta_m^* = 1 - \rho t^{\frac{\rho-\alpha(1-\gamma)}{\rho}}$ 与最终厂商单方决定的股权比例一致。这是因为在绝对不完全契约下，最终厂商按照全球价值链利润最大化的原则进行股权安排将会使得每一个供应商也同时实现各自预期利润。

3. 最终厂商与供应商共同决定股权比例

由最终厂商和供应商共同决定股权比例 $\pi = \pi_h + \pi_m$，结果与上面相同，不再赘述。

4.4.4 国际直接投资的利益分配

相比较非股权的利益分配来说，股权（FDI）投资的利益分配比较简单，双方只需按照均衡的股权比例进行利益分配即可。即如果双方谈判成功，则最终厂商和供应商获得分配盈余分别为（当外部选择权为零时）：

$$R_h = \beta[R'(t) - O_h - O_m] + O_h$$

$$= \left[1 - \rho t^{\frac{\rho - \alpha(1-\gamma)}{\rho}}\right] \frac{\alpha(1-\gamma)}{\rho} A^{\frac{\rho(1-\alpha)}{\alpha(1-\gamma)(1-\rho)}} \left[\frac{(1-\beta_t)\alpha\theta^{\frac{1}{1-\gamma}}\left(\frac{h}{\gamma}\right)^{\frac{\gamma}{1-\gamma}}}{C}\right]^{\frac{\rho}{1-\rho}} R(t)^{\frac{\alpha(1-\gamma)-\rho}{\alpha(1-\gamma)(1-\rho)}}$$

$$(4.28)$$

$$R_m = (1-\beta)[R'(t) - O_h - O_m] + O_m$$

$$= \rho t^{\frac{\rho - \alpha(1-\gamma)}{\rho}} \frac{\alpha(1-\gamma)}{\rho} A^{\frac{\rho(1-\alpha)}{\alpha(1-\gamma)(1-\rho)}} \left[\frac{(1-\beta_t)\alpha\theta^{\frac{1}{1-\gamma}}\left(\frac{h}{\gamma}\right)^{\frac{\gamma}{1-\gamma}}}{C}\right]^{\frac{\rho}{1-\rho}} R(t)^{\frac{\alpha(1-\gamma)-\rho}{\alpha(1-\gamma)(1-\rho)}} \quad (4.29)$$

其中，

$$R(t) = A^{\frac{1-\alpha}{1-\alpha(1-\gamma)}} \left[\frac{1-\alpha(1-\gamma)}{1-\rho}\right]^{\frac{\alpha(1-\gamma)(1-\rho)}{\rho[1-\alpha(1-\gamma)]}} \left(\frac{\alpha\theta^{\frac{1}{1-\gamma}}\left(\frac{h}{\gamma}\right)^{\frac{\gamma}{1-\gamma}}}{C}\right)^{\frac{\alpha(1-\gamma)}{1-\alpha(1-\gamma)}}$$

$$\left[\int_0^t (1-\beta_i)^{\frac{\rho}{1-\rho}} di\right]^{\frac{\alpha(1-\gamma)(1-\rho)}{\rho[1-\alpha(1-\gamma)]}}$$

$$(4.30)$$

如果双方谈判失败，则各方的收益就只剩下对自己专用资产投资形成的剩余控制权，即事后外部选择权 O_h 和 O_m，因为本例中假设外部选择权为 0，因此谈判失败各方盈余收益分配都是零。

4.5 非股权安排的博弈机制与利益分配

4.5.1 全球价值链企业的关系类型及其博弈机制

股权投资时，跨国公司通过股权的强制力对全球价值链企业进行管理和控制；非股权安排下，跨国公司对全球价值链上企业并不拥有股权，但却仍旧拥有一定的控制力，这种控制力来源于显性和隐性契约关系背后的某种利益联系及信赖关系。按照格里芬等（Gereffia et al., 2005）①对于全球价值链治理结构的划分，价值链上企业之间的关系类型可以划分为以下五种，具体参见表 4.3。

表 4.3　全球价值链企业关系类型及博弈机制

类型	关系特征	经济学特征	博弈机制②	典型代表
市场关系	交易市场成熟；产品规格简单；信息复杂度低	资产非专用性；转换成本低；投资完全可逆	$d_h=d_m=1$；价格接受者；无利益分配问题	现货交易：如石油、金属、矿产品等
模块化价值链	零部件标准化；生产过程模块化；信息复杂度高；信息交换方便	资产有限专用性；转换成本较低；投资部分可逆；谈判地位对称	$d_h=d_m<1$；$\beta=1/2$	外包：如汽车、电子产品
关系型价值链	产品规格非标准化；隐性知识交换复杂；相互依赖关系；隐性关系作用（声望、社会、空间接近性等）	资产高度专用性；转换成本高；投资不可逆	扳机策略博弈；$d_h=d_m=0$；$\beta=1/2$	许可，合同制造等
依附型价值链	产品规格复杂度高；供应商能力低；供应商依附关系锁定	转换成本巨大；供应商投资锁定	$d_h=1$；$d_m=0$	加工装配等
垂直一体化	产品规格复杂度高；技术信息复杂度高；信息交换困难	生产无法外部化；投资不可逆	$d_h=d_m=0$	FDI

资料来源：作者绘制。

如表 4.3 所示，价值链中企业如果是靠市场关系运作维系的，其大致等同于完全契约，合作者之间按照市场机制进行利益调节，无须进行利益分配博弈。尽管是由市场进行调节，双方之间的市场交易关系也不一定是短期的，可以形成长期的重复交易。模块化生产中，由于双方谈判地位对称，因此收益分成比例为 1/2，但由于双方专用性资产投资的边际成本不同，因此收益也会不同。关系型价值链中，合作双方主要依靠隐形契约关系维系，一旦一方出现背叛，将引发扳机博弈，即存在严格的惩罚机制，因此双方容易维持稳定的长期的合作关系。双方谈判地位也是对等的，因此属于对称型绝对不完全契约。

① Gereffi G, Humphrey J, Sturgeon T. The Govemance of Global Value Chain [J]. Review of Internal Political Economy, 2005, 12 (1): 78-104.
② 胡国恒. 国际生产的微观组织与利益博弈机制[D]. 西安：西北大学，2006：97.

依附型价值链中,存在领导型企业,其他企业完全依附于领导型企业,并形成依附关系锁定。双方谈判关系不对称。垂直一体化即上一节中的国际直接投资,利益分配如前文所述。因此,除市场关系无需进行利益分配以外,接下来将就模块化、关系型和依附型价值链中最终厂商与供应商之间的利益分配进行分析。

4.5.2 不同关系类型的非股权安排的利益分配

1. 模块化价值链的利益分配

在模块化价值链关系中,最终厂商与供应商基于对称性纳什议价决定利益分配,在某一特定生产阶段 t,总收益盈余为:

$$R'(t) = \frac{\alpha(1-\gamma)}{\rho} A^{\frac{\rho(1-\alpha)}{\alpha(1-\gamma)(1-\rho)}} \left[\frac{(1-\beta_t)\alpha\theta^{\frac{1}{1-\gamma}}\left(\frac{h}{\gamma}\right)^{\frac{\gamma}{1-\gamma}}}{C} \right]^{\frac{\rho}{1-\rho}} R(t)^{\frac{\alpha(1-\gamma)-\rho}{\alpha(1-\gamma)(1-\rho)}} \tag{4.31}$$

当 $d_h = d_m = d < 1$,$\beta = 1/2$ 时,各方利益分配如下:

$$R_h = \beta[R'(t) - d_h h C_h - d_m m C_m] + d_h h C_h =$$

$$\left\{ \frac{\alpha(1-\gamma)}{2\rho} A^{\frac{\rho(1-\alpha)}{\alpha(1-\gamma)(1-\rho)}} \left[\frac{\alpha\theta^{\frac{1}{1-\gamma}}\left(\frac{h}{\gamma}\right)^{\frac{\gamma}{1-\gamma}}}{2C_m} \right]^{\frac{\rho}{1-\rho}} - \right.$$

$$\left. \frac{d}{2} \left[\frac{\alpha(1-\gamma)(A^{1-\alpha}\theta^\alpha)^{\frac{\rho}{\alpha(1-\gamma)}}(1-\rho)^{-\rho}\left(\frac{h}{\gamma}\right)^{\frac{\gamma\rho}{1-\gamma}}}{2C_m^\rho} \right]^{\frac{1}{1-\rho}} \right\} R(t)^{\frac{\alpha(1-\gamma)-\rho}{\alpha(1-\gamma)(1-\rho)}} + \frac{1}{2}dhC_h \tag{4.32}$$

$$R_m = (1-\beta)[R'(t) - d_h h C_h - d_m m C_m] + d_m m C_m =$$

$$\left\{ \frac{\alpha(1-\gamma)}{2\rho} A^{\frac{\rho(1-\alpha)}{\alpha(1-\gamma)(1-\rho)}} \left[\frac{\alpha\theta^{\frac{1}{1-\gamma}}\left(\frac{h}{\gamma}\right)^{\frac{\gamma}{1-\gamma}}}{2C_m} \right]^{\frac{\rho}{1-\rho}} + \right.$$

$$\left. \frac{d}{2} \left[\frac{\alpha(1-\gamma)(A^{1-\alpha}\theta^\alpha)^{\frac{\rho}{\alpha(1-\gamma)}}(1-\rho)^{-\rho}\left(\frac{h}{\gamma}\right)^{\frac{\gamma\rho}{1-\gamma}}}{2C_m^\rho} \right]^{\frac{1}{1-\rho}} \right\} R(t)^{\frac{\alpha(1-\gamma)-\rho}{\alpha(1-\gamma)(1-\rho)}} - \frac{1}{2}dhc_h \tag{4.33}$$

其中,

$$R(t) = A^{\frac{1-\alpha}{1-\alpha(1-\gamma)}} \left[\frac{1-\alpha(1-\gamma)}{1-\rho}\right]^{\frac{\alpha(1-\gamma)(1-\rho)}{\rho[1-\alpha(1-\gamma)]}} \left(\frac{\alpha\theta^{\frac{1}{1-\gamma}}\left(\frac{h}{\gamma}\right)^{\frac{\gamma}{1-\gamma}}}{C}\right)^{\frac{\alpha(1-\gamma)}{1-\alpha(1-\gamma)}} \left[\int_0^t (1 - \right.$$

$$\left. \beta_i)^{\frac{\rho}{1-\rho}} di\right]^{\frac{\alpha(1-\gamma)(1-\rho)}{\rho[1-\alpha(1-\gamma)]}} \tag{4.34}$$

可见，双方利益分配的多寡主要由双方事前的投资成本决定。

2. 关系型价值链的利益分配

在关系型价值链中的最终厂商与供应商，双方谈判地位是对等的，属于对称型绝对不完全契约。因为 $d_h = d_m = 0$，$\beta = 1/2$，因此在某一特定生产阶段 t，双方利益分配如下：

$$R_h = R_m = \frac{1}{2}R'(t) =$$

$$\frac{\alpha(1-\gamma)}{2\rho} A^{\frac{\rho(1-\alpha)}{\alpha(1-\gamma)(1-\rho)}} \left[\frac{(1-\beta_t)\alpha\theta^{\frac{1}{1-\gamma}}\left(\frac{h}{\gamma}\right)^{\frac{\gamma}{1-\gamma}}}{C}\right]^{\frac{\rho}{1-\rho}} R(t)^{\frac{\alpha(1-\gamma)-\rho}{\alpha(1-\gamma)(1-\rho)}} \tag{4.35}$$

其中，

$$R(t) = A^{\frac{1-\alpha}{1-\alpha(1-\gamma)}} \left[\frac{1-\alpha(1-\gamma)}{1-\rho}\right]^{\frac{\alpha(1-\gamma)(1-\rho)}{\rho[1-\alpha(1-\gamma)]}} \left(\frac{\alpha\theta^{\frac{1}{1-\gamma}}\left(\frac{h}{\gamma}\right)^{\frac{\gamma}{1-\gamma}}}{C}\right)^{\frac{\alpha(1-\gamma)}{1-\alpha(1-\gamma)}} \left[\int_0^t (1 - \right.$$

$$\left. \beta_i)^{\frac{\rho}{1-\rho}} di\right]^{\frac{\alpha(1-\gamma)(1-\rho)}{\rho[1-\alpha(1-\gamma)]}} \tag{4.36}$$

可见，在关系型价值链中双方实力对等，在对称性纳什议价下双方将平分收益盈余。

3. 依附型价值链的利益分配

在依附型价值链中，供应商完全依赖于最终厂商，最终厂商投资完全可逆，但供应商投资完全不可逆，因此将会出现依附锁定现象。双方的利益分配将由最终厂商单方面决定。因为 $d_h = 1$，$d_m = 0$；因此最终厂商预期利润为：

$$\pi_h = \beta_t R'(t) + (1-\beta_t)hc_h \tag{4.37}$$

根据利润最大化 $\max\pi_h$ 条件可以求解出最终厂商单方决定的利益

分配比例为：

$$\beta_t^* = 1 - \rho t^{\frac{\rho-1}{1+\rho}} \tag{4.38}$$

可见，在依附型价值链中利益分配主要由中间品替代弹性和生产阶段决定。对式（4.38）两端同时取对数可知，β_t^* 与 ρ 和 t 同方向变动，即在其他条件不变的前提下，生产阶段越接近末端，最终厂商的利益分配占比越高；替代弹性越高，说明最终厂商控制力量越强，因而其利益分配的比例也越高。根据式（4.22）和式（4.23）可知，最终厂商和供应商的利益分配分别为：

$$R_h = \beta[R'(t) - O_h - O_m] + O_h =$$

$$\left[1 - \rho t^{\frac{\rho-1}{1+\rho}}\right] \frac{\alpha(1-\gamma)}{\rho} A^{\frac{\rho(1-\alpha)}{\alpha(1-\gamma)(1-\rho)}} \left[\frac{(1-\beta_t)\alpha\theta^{\frac{1}{1-\gamma}}\left(\frac{h}{\gamma}\right)^{\frac{\gamma}{1-\gamma}}}{c_m}\right]^{\frac{\rho}{1-\rho}} R(t)^{\frac{\alpha(1-\gamma)-\rho}{\alpha(1-\gamma)(1-\rho)}} +$$

$$\rho t^{\frac{\rho-1}{1+\rho}} h c_h \tag{4.39}$$

$$R_m = (1-\beta)[R'(t) - O_h - O_m] + O_m =$$

$$\rho t^{\frac{\rho-1}{1+\rho}} \frac{\alpha(1-\gamma)}{\rho} A^{\frac{\rho(1-\alpha)}{\alpha(1-\gamma)(1-\rho)}} \left[\frac{(1-\beta_t)\alpha\theta^{\frac{1}{1-\gamma}}\left(\frac{h}{\gamma}\right)^{\frac{\gamma}{1-\gamma}}}{c_m}\right]^{\frac{\rho}{1-\rho}} R(t)^{\frac{\alpha(1-\gamma)-\rho}{\alpha(1-\gamma)(1-\rho)}} - \rho t^{\frac{\rho-1}{1+\rho}} h c_h \tag{4.40}$$

其中，

$$R(t) = A^{\frac{1-\alpha}{1-\alpha(1-\gamma)}} \left[\frac{1-\alpha(1-\gamma)}{1-\rho}\right]^{\frac{\alpha(1-\gamma)(1-\rho)}{\rho[1-\alpha(1-\gamma)]}} \left(\frac{\alpha\theta^{\frac{1}{1-\gamma}}\left(\frac{h}{\gamma}\right)^{\frac{\gamma}{1-\gamma}}}{C}\right)^{\frac{\alpha(1-\gamma)}{1-\alpha(1-\gamma)}} \left[\int_0^t (1-\beta_i)^{\frac{\rho}{1-\rho}} \mathrm{d}i\right]^{\frac{\alpha(1-\gamma)(1-\rho)}{\rho[1-\alpha(1-\gamma)]}} \tag{4.41}$$

综上，不同的博弈机制下最终厂商和供应商之间的利益分配会存在很大不同，因此对每一个均衡利益分配比例的认知必须是在特定博弈机制下进行解释的。如第 4.2 节和第 4.3 节的基本模型，是在绝对不完全契约的博弈机制下进行分析的，结论可以用于在此博弈机制下的股权或非股权模式选择分析;而第 4.4 节和第 4.5 节将其扩展至多种博弈机制,分析了各种价值链关系类型不同博弈机制下的利益分配。

4.6 本章小结

本章基于不完全契约理论,从全球价值链的角度,对跨国公司的国际生产模式的选择进行研究,得出如下结论:

(1)非股权与外包是两个意义相近但存在区别的概念,非股权模式更加强调的是企业通过契约或非契约手段对独立企业施加实质性影响的协调控制力。因此在本章的生产决策模型中重点考虑了描述投入品替代弹性的指数 ρ、产品替代弹性系数 α,其中 ρ 的取值越大,α 的取值越小时,表明最终厂商对产业价值链拥有较强的非股权控制力。反之,表明最终厂商在不取得股权的情况下,很难协调各供应商并控制最终市场。

(2)最终厂商与供应商之间对剩余收益分配的比例除了受博弈规则的影响外,还取决于双方议价能力的高低,但议价能力的高低并不只如 GH 理论所示的来自于厂商所持有的所有权,还取决于最终厂商对供应商的非股权性协调控制力。

(3)最终厂商对产品市场以及供应商拥有的控制力越强,总部服务的密集度越高($\rho > \alpha(1-\gamma)$)时,大量的价值链上游投资会减少下游供应商投资的动机,此时投资具有替代关系。反之($\rho < \alpha(1-\gamma)$),上下游之间的投资具有互补关系。

(4)考虑了全价值链因素的跨国生产组织决策不同于以往的某一生产阶段的组织决策,生产所处的不同阶段直接会影响具体的决策结果。当投资具有替代关系时,厂商倾向于对上游供应商采取股权模式;当投资具有互补关系时,厂商则倾向于对上游供应商采取非股权模式。

(5)中间投入品的技术互补程度越高,股权方式越会受到青睐;相反,中间投入品的技术替代程度越高,非股权模式则越流行。类似地,当总部服务密集度较高时,最终厂商对下游供应商采用非股权模式的可能性越大;反之,则对下游供应商采用股权模式的可能性越大。

　　本章在不完全契约理论的基础上,初步构建了跨国公司全价值链的生产组织决策模型及其分析框架,还有以下问题有待深入研究:①关于全球价值链中议价的序列性问题,本书假设了生产的序列性,但如果最终厂商与供应商之间的议价也是序列发生的,会对现有结论产生何种影响;②关于不完全契约更深层面的考虑,如最终厂商与供应商之间的议价是否会受到其他供应商议价结果的影响等;③关于我国企业国际化生产组织模式选择的实证检验问题,限于数据的可得性,实证检验一直是本领域研究的难点之一,在接下来的研究中笔者拟采用企业微观数据进行尝试和验证。

第5章 我国企业全球价值链生产的股权与非股权选择的影响因素分析

　　企业通过国际化生产融入全球价值链的进程中，一直关注两个关键性的战略决策，一个是区位的确定，即企业的中间产品是从国内获取（not-offshore）还是从国外获取（offshore）；另一个则是生产组织模式的选择，即企业的中间产品是选择从外部获取（outsourcing）还是从内部获取（insourcing）。跨国企业根据自身要素条件和外部环境的不同，选择不同的区位政策和所有权政策，以实现其收益的最大化。企业的选择主要有四种可能：国内自己生产，国内外包，FDI，国际外包。事实上，跨国企业的外包（outsourcing）和离岸（offshoring）活动趋势越来越明显。本章以我国跨国企业作为研究对象，通过调查问卷进行实证研究，重点关注其在进行国际化生产过程中，对于生产组织模式的选择，分析各种内部因素、外部因素在其进行模式选择时的不同影响，暂不对其区位的确定进行研究。

5.1 问卷设计与样本统计

5.1.1 影响因素的选取与问卷设计

1. 相关文献研究结论

　　企业国际化生产的股权与非股权选择问题，归根结底是企业内部化与外部化生产组织模式之间的选择问题。而关于影响企业在两者之间选择的因素，众多学者分别从理论和实证的层面进行了较为深入的研究，下面对经典文献研究结论总结如下（详见表 5.1）。涉及相关文献参见脚注。[①]

表 5.1 跨国公司国际化生产组织模式选择影响因素（经典文献研究结论汇总）

影响因素	Helpman (1984)	Helpman, Krugman (1985)	Grossman, Hart (1986)	Kogut, Zander (1993)	Konan (2000)	Grossman, Helpman (2002)		Grossman, Helpman (2003)	Antras (2003)		Grossman, Helpman (2005)
	垂直一体化	垂直一体化	垂直一体化	垂直一体化	垂直一体化	垂直一体化	外包	外包	垂直一体化	外包	外包
生产率								+			
生产率差异度											
要素价格							−		−		
知识/资本密集度									+		
劳动密集度										+	

① Helpman E. A Simple Theory of Trade with Multinational Corporations[J].Journal of Political Economy, 1984, 92 (3): 451-471.

Helpman E, Krugman P R. Market Structure and Foreign Trade [M]. Cambridge, MA: MIT Press, 1985.

Grossman S J, Hart O D. The Costs and Benefits of Ownership: A Theory of Vertical and Lateral Integration [J]. Journal of Political Economy, 1986, 94 (4): 691-719

Kogut B, Zander U. Knowledge of the Firm and the Evolutionary Theory of the Multinational Corporation[J]. Journal of International Business Studies, 1993, 24 (4): 625-645.

Konan D E. The Vertical Multinational Enterprise and International Trade [J]. Review of International Economics, 2000, 8 (1): 113-125.

Grossman G M, Helpman E. Integration Versus Outsourcing in Industry Equilibrium [J].The Quarterly Journal of Economics, 2002, 117 (1): 85-120.

Grossman G M, Helpman E. Outsourcing Versus FDI in Industry Equilibrium [J]. Journal of the European Economic Association, 2003 (1): 317-327.

Antràs P. Firms, Contracts, and Trade Structure[J]. Quarterly Journal of Economics, 2003, 118 (4): 1375-1418.

Grossman G M, Helpman E. Outsourcing in a Global Economy[J].Review of Economic Studies, 2005, 72 (1): 135-159.

Feenstra R C, Spencer B. Contractual Versus Outsourcing: The Role of Proximity[D]. University of British Columbia, 2005.

Helpman E. Trade, FDI, and the Organization of Firms[J]. Journal of Economic Literature, 2006, 44 (3): 589-630.

Antràs P, Helpman E. Contractual Frictions and Global Sourcing[J].NBER Working Paper No. 12747, 2007.

Chen Yongmin, Horstmann I J, Markusen J R. Physical Capital, Knowledge Capital, and the Choice between FDI and Outsourcing[J]. Canadian Journal of Economics, 2012, 45 (1): 1-15.

Antràs P. Grossman-Hart (1986). Goes Global: Incomplete Contracts, Property Rights, and the International Organization of Production[J]. NBER Working Paper No. 17470, 2012.

Alfaro L, Antràs P, Chor D, et al. Internalizing Global Value Chains: A Firm-Level Analysis[EB/OL]. http://scholar.harvard.edu/antras/publications/internalizing-Global-Value-Chains- Firm -Level-Analysis: April 2015.

续表

影响因素	Helpman (1984) 垂直一体化	Helpman, Krugman (1985) 垂直一体化	Grossman, Hart (1986) 垂直一体化	Kogut, Zander (1993) 垂直一体化	Konan (2000) 垂直一体化	Grossman, Helpman (2002) 垂直一体化	Grossman, Helpman (2002) 外包	Grossman, Helpman (2003) 外包	Antras (2003) 垂直一体化	Antras (2003) 外包	Grossman, Helpman (2005) 外包
总部服务密集度											
零部件密集度											
知识产权保护度											
实物密集度											
要素禀赋差异度		+									
规模报酬		+									
企业规模								+			
市场厚度											+
交易成本			+		−		−				
不完全契约成本							−				
固定成本					−						
管理成本						−					
贸易壁垒	+				+						
基础设施完善度					+						
合同环境完善度								+			+
生产阶段											
技术复杂度				+							
生产率	+	+ −			+	−					
生产率差异度			+								
要素价格											
知识/资本密集度							+				
劳动密集度											
总部服务密集度			+	+	+	−			+		
零部件密集度				+						+	
知识产权保护度								+			
实物密集度								+			
要素禀赋差异度											
规模报酬											
企业规模											
市场厚度											
交易成本											

续表

影响因素	Helpman (1984) 垂直一体化	Helpman, Krugman (1985) 垂直一体化	Grossman, Hart (1986) 垂直一体化	Kogut, Zander (1993) 垂直一体化	Konan (2000) 垂直一体化	Grossman, Helpman (2002) 垂直一体化	Grossman, Helpman (2002) 外包	Grossman, Helpman (2003) 外包	Antras (2003) 垂直一体化	Antras (2003) 外包	Grossman, Helpman (2005) 外包
不完全契约成本											
固定成本											
管理成本											
贸易壁垒											
基础设施完善度											
合同环境完善度						+					
生产阶段										+	−
技术复杂度											

注：表中"+"表示该因素与对应国际化生产模式之间呈正相关关系；"−"表示该因素与对应国际化生产模式之间呈负相关关系；"+−"表示在某些条件下呈正相关，某些条件下呈负相关关系。本表中仅列出各文献中重要的、关系相对明确的影响因素，对于文献中影响结果复杂的因素未详细列明。

资料来源：作者绘制。

2. 问卷设计

综上所述，对于影响企业国际化生产组织模式选择的因素可以概括为企业的内部优势和外部环境，具体包括生产率、技术能力、劳动力成本、要素禀赋、公司规模、合同风险、市场竞争程度、全球价值链等。但由于宏观统计数据的缺乏，进行实证分析较为困难，因此以往的研究基于理论层面的较为丰富，而在实证研究方面主要采用的是行业数据进行的经验检验。但是由于企业对国际化生产模式的选择本身是企业微观层面的决策行为，却采用行业数据进行检验，解释力问题一直在学界有所争论。鉴于此，本书拟采用企业问卷调查的方式，以获取第一手的企业微观数据，进行相应的实证检验。

在综合文献研究的基础上，作者及其团队走访了天津经济技术开发区管委会、逸仙科学工业园管委会、西青微电子工业园、四川省经济信息委员会等机构，并与十多家企业负责人进行了深度访谈。在充分调研和反复研讨修改的基础上，作者设计了关于企业国际化生产的调查问卷（详见附录 5.1）。调查问卷共分为四个部分：企业的总体状况、企业在中国境内参与国际化生产的情况、企业海外投资生产的情况和企业国际化经营情况等。因为企业国际化生产模式的决策因素大部分都是定性因素，量化数据难以取得，因此问卷的第二和第三部分，按照五点尺度设计了包括本国和东道国企业因素、市场因素、制度因素在内的共计 28 个因素指标，每个因素指标都按照五点尺度被划分为非常高、较高、一般、较低、非常低五种程度。在影响因素指标的选取上，既包含了经典文献中出现的诸如生产率、劳动力成本、贸易壁垒、基础设施、知识产权保护等因素，又根据作者的调研以及非股权生产模式的特性添加了诸如技术依赖度、东道国企业合作能力与效率等相关影响因素。

5.1.2　样本统计

此次调查数据的采集是由作者及其研究团队于 2014 年 2 月至 4 月在天津、四川、山东、河北四个省（直辖市）范围内展开的，问卷发放对象为参与国际化生产的我国企业（包括外商在华投资企业），答卷人为企业主要负责人或熟悉企业国际化生产的部门负责人。此次调查共计发放问卷 200 份，回收有效问卷 142 份，有效率为 71%。有效样本的基本统计信息如下（见表 5.2）。

表 5.2　被调查企业基本统计信息[①]

项目	统计结果		
行业	制造业	99 个	69.7%
	非制造业	43 个	30.3%
企业性质	民营企业	52 个	36.6%
	国有企业	29 个	20.4%
	外商投资企业	61 个	43%

---

① 虽然本书研究对象为制造企业，但由于样本数量所限，本章实证检验样本范围为所有被调查有效样本即 142 个。鉴于本次调查中制造业企业占比达到 69.7%，因此有理由认为检验结果仍旧具有一定代表性。

项目	统计结果		
	50 人以下	16 个	11.3%
	50～299 人	31 个	21.8%
企业规模	300～999 人	63 个	30.3%
	1000～1999 人	18 个	12.7%
	2000 人以上	14 个	9.9%

资料来源：作者绘制。

5.1.3 研究思路

本章的目的是要筛选出我国企业在进行国际化生产组织模式选择时的影响因素，并对该因素的具体影响方向做出判断。因此，接下来将从两个方面展开论证：一是站在我国企业在中国境内参与国际化生产的视角，从本国企业因素、市场因素和制度因素三个层面，分析决定我国企业以非股权模式还是作为一体化组织的一部分参与国际化生产的因素及其作用方向；二是站在我国企业海外投资生产的视角，从东道国企业因素、市场因素和制度因素三个层面，分析我国企业海外投资生产模式选择的影响因素及其作用方向。

因为调查问卷中所有的影响因素均为定性因素，传统的多元回归模型难以完成这样的量化分析，因此本章引入数理化理论模型对这些定性因素进行量化分析。而为了体现研究的层次性和递进性，对于我国企业在岸参与国际化生产的影响因素的实证检验将采用数量化理论II类模型，对每一因素进行量化分析，甄选出所有显著影响因素，并对其作用方向进行分析。在此基础上，本书将重点对我国企业海外生产模式的选择进行研究，首先运用数量化理论III类模型对影响我国企业国际化生产模式选择的影响因素进行聚类分析，并对聚类后的重要影响因子再运用二元离散选择模型对其显著性和影响作用进行分析。最后综合上述两个方面的研究结论并对之进行比较。

5.2 我国企业在岸参与全球价值链生产的影响因素分析

5.2.1 研究假说

根据文献和调研，针对我国企业的国际化生产模式选择提出以下假说。

1. 企业因素

企业对于要素成本较低、技术水平较高、管理风险较低的区域进行股权一体化生产的可能性较大；而更倾向于在生产效率较高、生产规模较高的区域选择非股权生产方式。

2. 市场因素

企业倾向于选择自然禀赋丰富、市场规模较大、贸易壁垒较高以及市场风险较低的区域进行股权投资；随着贸易壁垒的降低，市场竞争程度的加剧，非股权生产的趋势会越来越明显。

3. 制度因素

政府的政策支持是吸引企业进行股权一体化生产的重要影响因素；而相关合同法律环境的不断完善则会大幅增加非股权生产的可能性。

5.2.2 计量模型的选择

在进行国际化生产模式选择的影响因素判断时，很难用一个具体的量化数字去衡量各种有利因素和不确定性风险。但是通过建立数量化计量模型，能够比较直观地看到各种不同的外部因素对于国际化生产模式的选择会带来的影响。

数量化理论（Quantification Theory）作为多元分析的一个分支，是由日本学者林知己夫提出的，按照研究问题目的的不同，可以分为四类，本书采用的是数量化理论 II 类模型，它是一种专门用来分析自变量和因变量都为定性变量的方法。与传统的解决定性变量的赋值型计量模型（如多元选择模型）相比，该模型较好地解决了选项赋值的等间隔问题。传统的方法是对各定性选项进行等间隔赋值（如 1 代表较低，2 代表一般，3 代表较高），但实际上不同的选项之间并非等间隔，而且被调查人也不可能对每一个选项进行等间隔考虑。数量化理论模型对每一个不同选项都分别进行量化处理（选择为 1，不选择为 0），因此不存在选项等间隔问题。具体模型如下[①]：

假设有 g 个观测组，从第 t 个组中取出 n_t 个已知样本（$t=1, 2, \cdots,$ g），共有 $n = \sum_{t=1}^{g} n_t$ 个样本。对这些样本考察 m 个项目（自变量），其中第 j 个项目（自变量）包含 r_j 个类目（不同取值）（$j=1, 2, \cdots,$ m），共有 $p = \sum_{j=1}^{m} r_j$ 个类目。定义 $\delta_i^t (j, k)$ 表示第 t 组（$t=1, 2, \cdots,$ g）中的第 i 个（$i=1, 2, \cdots, n$）样本在第 j 个（$j=1, 2, \cdots, m$）项目的第 k 个类目（$k=1, 2, \cdots, r_j$）上的反应，它取值为 1 或 0（反应时为 1，否则为 0）。因此，我们可以构建定性因变量和定性自变量之间的线性判别公式为：

$$y_i^t = \sum_{j=1}^{m} \sum_{k=1}^{r_j} \delta_i^t (j, k) b_{jk} \tag{5.1}$$

其中，y_i^t 为因变量，$\delta_i^t (j, k)$ 为自变量，b_{jk} 为判别系数，j 表示项目（$j=1, 2, \cdots, m$），k 表示类目（$k=1, 2, \cdots, r_j$），t 表示组别（$t=1, 2, \cdots, g$），i 表示样本（$i=1, 2, \cdots, n$）。类似于多元选择分析，根据 Fisher 准则，所求的判别系数 b_{jk} 应使相关比（用 η^2 表示）取极大值，η^2 越接近 1 说明模型拟合得越好；同时计算出被数量化后的因变量和自变量间的偏相关系数，作为检验自变量重要程度的指标。

5.2.3 计量结果与分析[②]

我国企业在岸参与国际化生产通常指在境内以承接外包、特许加盟或承接合同制造等非股权方式参与国际化生产或者是作为外国公司

---

① 内田治. 数量化理論とテキストマイニング[M]，東京：日科連出版社，2010：57-62.
② 所有数据分析结果均是在 Windows XP 日文操作系统环境下，将日文软件"Excel 统计 2010"嵌套安装在中文 Excel 2003 中运行得出的。

的附属机构（中外合资或外商独资企业）参与其一体化生产。为此，构建以企业是否非股权方式承接国际化生产为因变量，企业因素、市场因素、制度因素（具体因素详见表 5.3）为自变量的我国企业在岸参与国际化生产的影响因素模型。模型相关比为 0.37，参考数量化理论既存研究结果，模型相关比在 0.3 以上，说明模型具有解释力。

表 5.3　我国企业在岸参与国际化生产的影响因素

	因素	非常低	比较低	一般	比较高	非常高
企业因素	技术水平　　（-0.3681）	-0.2907	0.6738	0.0802	0.1184	-1.3066
	管理风险　　（-0.2927）	-1.3885	0.5775	0.0436	-0.1427	-0.5526
	劳动力成本　（-0.2722）	-0.0907	0.3689	0.0272	-0.7519	-0.5201
	生产规模　　（-0.2286）	2.2703	-0.6020	0.0911	0.0855	0.1628
市场因素	市场规模　　（-0.3297）	1.2707	-0.2252	0.3424	-0.3606	-0.4032
	市场竞争程度（-0.2130）	-0.1422	0.4974	-0.2836	-0.0182	-0.3708
	交易成本　　（-0.1947）	0.0023	0.4435	-0.136	0.0004	-0.7056
	贸易壁垒　　（-0.1947）	-0.0599	-0.4701	0.2478	0.1590	-0.2360
	市场风险　　（-0.1832）	-0.0830	-0.0709	-0.1605	0.0254	0.7581
制度因素	知识产权保护（-0.2613）	-0.8684	0.4320	-0.1170	0.2617	-0.7012
	政治风险　　（-0.2477）	0.2359	-0.3761	0.2897	0.3292	-0.6983
	政策支持力度（-0.2074）	0.4803	0.5341	-0.0384	-0.2945	-0.0291
	相关比	0.3703	承接外包	0.8180	商品出口	-0.4495

资料来源：作者绘制。

1. 企业因素

企业因素方面，在自变量中技术水平的偏相关系数为 0.37，说明技术水平对于企业能否以非股权方式承接国际化生产起到十分显著的作用。进一步分析技术水平的内分项得分可以看出，说明技术水平非常低或非常高企业一般不会采用非股权方式，而在其他技术水平下则非常有利于企业非股权生产。劳动力成本偏相关系数为 0.29，说明劳动力成本也是企业能否参与国际化生产的关键因素。具体来看，随着劳动力成本由较低到高，得分趋势由正转负，可见劳动力成本低的企业相对容易以非股权方式承接国际化生产，劳动力成本极低时也无法承接国际化生产，这可能与缺少熟练劳动力，无法满足国际化生产需要有关。结合我国劳动力成本较低的实际，说明劳动力成本是我国企业以非股权方式承接国际化生产的重要影响因素。此外，生产规模能否达到规模经济，也是影响生产模式选择的重要因素。生产规模偏相关系数为 0.23，从内分项得分可以看出，随企业生产规模的扩大，企业非股权生产的可能性越来越大，而生产规模较低时，企业一体化生产的可能性较大。

2. 市场因素

市场因素方面，市场规模的影响最为突出，偏相关系数为 0.33。由内分项得分可以看出，随着市场规模逐步扩大，得分趋势越来越小，且由正转负，说明当市场形成一定规模以后，企业由非股权转向股权一体化生产。这是因为当本国市场规模没有足够大时，容易导致企业生产商品供过于求，所以，当本国市场规模较小时选择非股权生产可以规避企业的市场规模小的风险，而我国较大的市场规模一直是吸引 FDI 的一个主要原因。交易成本对企业国际化生产组织决策影响的偏相关系数为 0.19，由内分项得分可以看出，当交易成本较低时，企业会考虑非股权方式较多，而随着本国市场交易成本的逐渐增加，外部化的生产会转为内部化的企业一体化生产。贸易壁垒偏相关系数为 0.19，得分由负转正再转负，说明很高的贸易壁垒是企业进行一体化生产的一个主要原因；而随着贸易壁垒的下降，企业作为非股权生产就会增加。但是当贸易壁垒较低时，无论是哪种国际化生产方式都会增加，企业可能由于经济全球化带来的企业经营风险不确定的增大而选择一体化的生产。市场风险的影响相对较小，偏相关系数为 0.18，内分项得分由负转正。表明当本国市场风险较高时，企业会选择非股权方式来规避风险。

3. 制度因素

从制度因素来看，相对于政治风险和政策支持，知识产权保护对于企业的生产组织决策产生重要影响。完善的知识产权保护体系，使得企业对自己的研究成果享有专有权利，有利于保障企业的合法权益，能为企业经营带来直接利益。知识产权保护的偏相关系数为 0.26，知识产权保护非常低的时候企业非股权生产的可能性较大，随着产权保护水平增高，企业一体化生产会明显增加。政治风险因素偏相关系数为 0.25，政治风险比较低时，企业会选择股权或非股权生产方式，但是随着政治风险增高，外国企业会减少在中国的投资建厂，因此中国企业非股权生产的倾向会增加。政策支持力度的偏相关系数为 0.21，观察内分项得分由正转负，说明随着政策支持力度的增强，企业由非股权生产转为股权一体化生产的趋势非常明显，可见我国的外资政策还是发挥着较强的作用。但需要注意的是在企业进行国际化生产组织方式选择时，实际上是多种政策因素的相互作用与均衡，而不能只考虑单一政策因素的影响。

5.3　我国企业离岸参与全球价值链生产的影响因素分析

企业在国内承接国际化生产时，往往由于过多地依赖国外企业而形成全球价值链低端锁定的局面。为此，越来越多的中国企业开始走出国门，主动参与全球价值链竞争，通过对外直接投资或离岸外包等非股权方式在全球价值链上拥有越来越多的话语权甚至掌控整条价值链。为此本节将构建我国企业离岸参与国际化生产的影响因素模型，尝试应用微观企业问卷调查数据，联合运用数量化理论Ⅲ类模型和二元离散选择 Logit 模型，在对影响我国企业离岸生产的各个因素进行聚类分析的基础上，再对关键要素进行多元回归分析。这样的研究方法，既可以使选取的关键因素更加客观和聚焦，又可以使企业微观决策行为得到科学的度量，并大幅度地提高了模型的拟合程度。同时，本研究将主要应用于自然科学的数量化理论Ⅲ类模型应用在社会科学研究中也是一次有意义的尝试。

5.3.1　数量化理论 Ⅲ 类模型基本原理

由于影响企业离岸生产投资决策的可能因素很多，涉及的方面也较多，故本书首先应用数量化理论 III 类模型进行主成分分析，在明确关键要素的基础上再对各主成分采用二元选择 Logit 模型进行非线性回归分析，以确定各因素对我国企业海外投资生产决策的不同影响。

数量化理论 III 类模型也被称为定性的主成分分析，基本的思想是：基于主成分相同的前提，考察变量之间的相似性，抽出它背后的潜在因子。但是，其与一般的主成分分析最大区别是，主成分分析是基于变量之间的相关系数来计算的，而数量化理论 III 类模型是基于变量与样本之间的相关系数来计算的。因此，在对于定性的调查问卷分析中，数量化理论 III 类模型可以解决主成分分析不能解决的定性变量聚类分析问题。[①]

数量化理论 III 类模型中的变量称为类目，根据样本的反应进行归类，以使作为变量的类目与样本的相关最大为原则来决定各类目和样本的位置。未确定类目的各个坐标为 x_i，样本各个坐标用 y_i 来表示，那么两者的相关系数就是：

$$r = \frac{\dfrac{1}{N} \sum_i^m \sum_j^p z_{ij}(x_i - \bar{x})(y_i - \bar{y})}{\sqrt{\dfrac{1}{N} \sum_i^m f_i(x_i - \bar{x})^2 \cdot \dfrac{1}{N} \sum_j^p g_j(y_i - \bar{y})^2}} \tag{5.2}$$

$$z_{ij} = \begin{cases} 1 & \text{（样本对类目产生反应时）} \\ 0 & \text{（其他）} \end{cases} \tag{5.3}$$

$$f_i = \sum_j^p z_{ij}, \ g_i = \sum_i^m z_{ij}, \ N = \sum_i^m \sum_j^p z_{ij} \text{（总反应数）} \tag{5.4}$$

其中，$\bar{x}$ 为 x_i 的平均值，$\bar{y}$ 为 y_i 的平均值。

各类目与样本的位置坐标求解方法如下：

类目的坐标 x 与样本的坐标 y 在平均为 0，分散为 1 作为前提条

---

① 数量化理论是由日本学者林知己夫提出的，作为多元分析的一个分支，其最大的特点是解决了定量变量和定性变量之间的转化。数量化理论可分为四种，分别称为数量化理论 I、II、III、IV，本书应用的是数量化理论 III 类模型，文中计算方法参考了内田治的《数量化理論とテキストマイニング》一书。

件下，使用拉格朗日乘数法，使 x 和 y 的相关系数 r 最大化，据以决定坐标系数：

$$F = \frac{1}{N} \sum_i \sum_j Z_{ij} x_i y_i - \frac{\lambda}{2} \left(\frac{1}{N} \sum_i f_i x_i^2 - 1 \right) - \frac{\mu}{2} \left(\frac{1}{N} \sum_j g_j y_j^2 - 1 \right) \qquad (5.5)$$

其中 λ，μ 为拉格朗日乘数。

为了使 F 最大化，对 x 和 y 进行偏微分，求出类目的坐标 x，样本的坐标 y 以及相关系数 r 最大时的坐标值。

$$\begin{cases} N\dfrac{\partial F}{\partial x_i} = \sum_j Z_{ij} y_j - \lambda f_i x_i = 0 \\[3mm] N\dfrac{\partial F}{\partial y_i} = \sum_i Z_{ij} x_i - \mu g_j y_j = 0 \end{cases} \qquad (5.6)$$

即 $\begin{cases} \dfrac{1}{N} \sum_i \sum_j Z_{ij} x_i y_j - \lambda \dfrac{1}{N} \sum_i f_i x_i^2 = 0 \\[3mm] \dfrac{1}{N} \sum_i \sum_j Z_{ij} x_i y_j - \mu \dfrac{1}{N} \sum_j g_j y_j^2 = 0 \end{cases} \qquad (5.7)$

令 $\dfrac{1}{N} \sum_i \sum_j Z_{ij} x_i y_j = r$，$\dfrac{1}{N} \sum_i f_i x_i^2 = 1$，$\dfrac{1}{N} \sum_j g_j y_j^2 = 1 \qquad (5.8)$

通过上述公式得 $\lambda^2 = \mu^2 = r^2$，也就是说得到的两个特征值的平方与相关系数的平方相等[①]。

5.3.2　基于数量化理论Ⅲ类模型的变量选取及分析结果

采用数量化理论 Ⅲ 类模型对影响我国企业离岸生产投资决策的主要因素如劳动力成本、技术水平、合作能力与效率、技术依赖度、东道国市场增长潜力、东道国市场风险、东道国贸易壁垒、东道国知识产权保护、东道国政策支持力度等 15 个因素进行聚类分析，其中 6

---

① 内田治. 数量化理論とテキストマイニング[M]. 東京：日科技連出版社，2010：57-62.

个因素因不显著而被去掉，重新对剩余 9 个因素进行聚类分析。因素程度高则类目为 1，低则类目为 0，总类目数为 18 个。聚类结果如表 5.4 所示。

表 5.4　我国企业离岸国际化生产的影响因素

项　　目	第一轴：收益性	第二轴：风险性	第三轴：便利性
东道国技术依赖度	0.9476	1.8434	0.6168
东道国贸易壁垒	−0.0534	−0.2926	−1.5497
东道国政策支持	−0.5307	−0.8767	1.4820
劳动力成本	1.7557	0.0178	−0.4302
东道国市场增长潜力	−1.0231	0.8794	−0.4326
东道国知识产权保护	−0.6472	−1.3028	1.1585
东道国合作能力与效率	1.0417	−1.1241	−0.1786
东道国市场风险	0.0065	1.3721	0.9866
技术水平	−1.6612	−0.0726	−1.0775
特征值	0.4283	0.4085	0.3553
贡献率	21.25%	20.26%	17.63%
累计贡献率	21.25%	41.51%	59.14%
相关系数	0.6545	0.6391	0.5961

如表 5.4 所示，通过计量模型处理得出结果，第一轴对应的贡献率为 21.25%，偏相关系数为 0.655，第二轴对应的贡献率为 20.26%，偏相关系数为 0.639，第三轴对应的贡献率为 17.63%，偏相关系数为 0.596，贡献率的总和接近 60%，并且偏相关系数都高于 0.5，说明模型具有较好的解释意义。同时得出各轴的组成因素如下。

第一轴主要表现为劳动力成本、技术水平、东道国合作能力与效率等因素的聚合。具体表现为本国劳动力成本和东道国合作能力与效率为正值，本国技术水平为负值，显然这些因素直接影响的是企业的收益。一般来说，企业会因为自身劳动力成本和技术水平的限制，出于成本效益的考虑而选择进行离岸生产，而合作能力与效率较高的东道国会是企业选择离岸生产投资的目的地。由此可见，这一轴主要代表了企业进行离岸生产投资决策时，为达到利润最大化的目的，主要考虑的成本—收益因素，因此将第一轴命名为收益性。收益性是企业进行离岸生产投资决策的重要因素，企业在全球范围内配置生产资源的过程也就是企业追求更高生产效率、更低成本、更高收益的过程。

　　在第二轴中，东道国技术依赖度、市场风险等因素起到了决定性的作用。其中，东道国技术依赖度和东道国市场风险为正值，东道国知识产权保护和东道国合作能力与效率为负值。对东道国技术依赖度越高，东道国的市场风险越高、知识产权保护度和合作能力越低，投资国面临的风险就会越大。因此技术依赖度、市场风险等因素刻画了企业离岸生产的风险特征，故将第二轴命名为风险性。风险性也是企业进行离岸生产投资决策时重要的考虑因素。从经济学的角度来看，收益和风险往往是相辅相成的，因此我国企业走出去时，必须在对海外市场的制度、政策以及技术等因素做好市场调研，在获取较为充分的信息基础上，做出收益最大化抑或风险最小化的选择。

　　如表 5.4 所示，东道国贸易壁垒、知识产权保护以及东道国政策支持等因素在第三轴中占有相当大的比重。其中东道国政策支持和东道国知识产权保护为正值，东道国贸易壁垒为负值。显然，这是在便于企业进行离岸生产的投资环境和贸易环境，由于上述因素都有便利性的特征，因此将第三轴命名为便利性。便利性是当前企业在进行贸易、投资、离岸生产过程中考虑的重要因素，直接影响到企业的决策。一个国家如果设置了贸易壁垒，会导致投资国成本增加，而知识产权得不到保护，很容易让企业技术外溢，很难在东道国保持技术独立性和领先地位。东道国的政策支持也对企业选择离岸生产投资目的地起到了至关重要的作用。据 OECD 研究报告的估算，按照"巴厘一揽子协定"，贸易便利化措施每年至少为全球创造超过 1 万亿美元的收益，同时帮助发展中国家出口增长 10% 左右[①]。

　　综上，收益性、风险性、便利性三个经过聚类以后形成的主成分，在企业离岸生产投资决策中都应给予重点考虑，然而这三个主成分又

---

　　① 马汉青. WTO 18 年来达成首份全球性贸易协议贸易便利化每年创造万亿美元收益[N]. 羊城晚报，2013-12-09，第 15 版。

是如何决定我国企业向海外投资生产的策略选择呢？是采用 OFDI 进行离岸一体化生产还是采用非股权方式进行契约生产？与收益性、风险性和便利性指标的相互关系是怎样的？因此，接下来将上述聚类形成的主成分（收益性、风险性、便利性）作为解释变量，将企业选择 OFDI 抑或非股权契约生产作为被解释变量，通过二元选择 Logit 模型验证聚类后主成分的重要性及其发挥的具体作用。

5.3.3　二元选择 Logit 模型分析

1. 研究假说

结合文献综述与数量化理论Ⅲ类模型的聚类结果，本节对我国企业离岸国际化生产策略选择提出以下假说。假说 1：东道国投资风险性越大，企业通过契约生产的非股权方式控制海外生产的可能性越大。假说 2：东道国投资便利性越强，企业越倾向于选择 OFDI 方式进行离岸一体化生产。假说 3：东道国投资收益率越高，企业越倾向于选择 OFDI 股权方式对海外生产实施控制。

2. 二元选择 Logit 模型

由于本节研究的被解释变量为虚拟变量（即因变量描述的是特征、选择或者种类等不能定量化的东西），且只有两个选择（OFDI、非股权），可用 0 或 1 表示，这样的模型被称为离散选择模型（二元选择模型）。其中包括 Probit、Logit 和 Extreme value 模型，它们的区别在于假定随机误差项分布函数形式的不同。本书构建了我国企业海外价值链延伸投资策略的二元选择 Logit 模型。这里的被解释变量 Y_i（是否选择 OFDI 股权投资，"是"取 1，"否"取 0）是一个服从两点分布的随机变量，设企业选择 OFDI 股权投资的概率为 p_i，其可能受到收益性、风险性、便利性等指标因素的影响，因此定义线性函数 f_i，为收益性、风险性、便利性等解释变量的线性回归方程。假设 $P(Y_i=1)=p_i$ 的概率分布服从 Logistic 概率分布函数：

$$p_i = \frac{exp\left(f_i\right)}{1+exp\left(f_i\right)} \tag{5.9}$$

其中，f_i 是解释变量的线性函数，代表第 i 个厂商选择 OFDI 股权投资的特征偏好，f_i取大的正值，则 p_i 的取值接近于 1；反之，f_i取大的负值，则 p_i 的取值接近于 0。使用最大似然法对 Logit 模型进行估计，可以求出未知回归系数。[①]

3. 模型结果估计及分析

本节使用数量化理论Ⅲ类模型进行聚类后得到的三个轴，即三个主成分作为预测单元，也就是解释变量。第一轴为劳动力成本、技术水平、东道国合作能力与效率等因素的聚类，我们概括为收益性（Profit），用 X_P 表示；第二轴为东道国技术依赖度、市场风险等因素的聚类，我们称之为风险性（risk），用 X_R 表示；第三轴为东道国贸易壁垒、东道国知识产权保护、东道国政策支持力度等因素的聚类，可以概括地称为便利性（Convenience），用 X_C 表示，将数量化理论Ⅲ类模型的聚类的三个主成分的特征值作为解释变量。建立二元选择 Logit 模型如下（注：Y^*为隐变量，$\phi(\cdot)$表示的是 Logistic 累积概率密度函数）：

$$Y^*=f_i=C+\alpha_1 X_P+\alpha_2 X_R+\alpha_3 X_C+\varepsilon \tag{5.10}$$

$$p_i = \varphi(f_i) = \varphi(Y^*) \tag{5.11}$$

用 Eviews 6.0 进行多元回归分析，得到 Logit 模型估计结果如表 5.5 所示。

LR 统计量=152.5331，麦克法登似然比指数 McFadden R^2=0.79，表明模型整体上显著并且拟合较好。据此写出模型的最终估计结果：

$$Y^* = -0.216581 +0.189531 X_P - 0.636839 X_R+8.188419 X_C \tag{5.12}$$

Z 统计 （-0.883760）（0.757563）（-2.884251）（2.174707）

LR 统计量=152.5331　　McFadden R-squared=0.79

模型的解释变量 X_R，X_C 参数估计值的 Z 统计量比较大，P 值均小于 0.05，即在 95%的置信区间通过显著性检验，从而表明风险性和便利性指标对于企业选择 OFDI 股权投资还是非股权安排有显著的影响。然而 X_P 参数估计值在统计上不显著，表明收益性指标对于企业在进行股权投资抑或非股权安排的二元选择中没有显著的影响。

[①] 赵国庆. 应用计量经济学[M]. 北京：中国人民大学出版社，2011：134.

表 5.5　企业离岸国际化生产的 Logit 模型分析结果

variable	coefficient	z-statistic	Prob.
C	−0.216581	−0.883760	0.3768
X_P	0.189531	0.757563	0.4487
X_R	−0.636839	−2.884251	0.0039
X_C	8.188419	2.174707	0.0297
McFadden R-squared		0.790117	
LR statistic		152.5331	
Prob(LR statistic)		0.000000	

　　方程中每个回归系数度量的是对应的解释变量的值变动一个单位（其他解释变量保持不变）所引起隐变量值的变化。由于 $Y^* = \ln\left[\frac{p(Y=1|x,\alpha)}{1-p(Y=1|x,\alpha)}\right]$，故 $e^{Y^*} = \frac{p(Y=1|x,\alpha)}{1-p(Y=1|x,\alpha)}$ 表示厂商选择 OFDI 股权投资与选择非股权的概率之比，因此对各回归系数取反对数可以得到机会比率。如式（5.12）所示，X_R 的回归系数是−0.636839，取反对数得到 0.528962，意味着当其他解释变量保持不变时，风险性的增加使企业选择非股权的可能性是 OFDI 股权投资的 1.89 倍。这说明，企业会出于降低风险的考虑选择非股权投资模式。X_C 的回归系数是 8.188419，取反对数得到 3599.028，这表明当其他解释变量保持不变时，东道国投资便利性的增加会大幅度提高企业选择 OFDI 股权投资的概率。X_P 的系数 0.189531，在统计上概率为 0.4487，是不显著的，这是因为企业不论是选择股权投资还是非股权投资，都是追求收益最大化的，收益性决定了企业是否会进行海外投资，以及选择哪种投资策略，但是二者在追求收益性上没有属性差别。因此收益性指标并不适合作为企业不同的海外投资模式选择的区分性指标，故检验结果是不显著的。

5.4 主要结论及启示

在以全球价值链为特征的全新分工体系下，我国企业开始广泛地通过各种在岸或离岸活动来参与全球价值链，进而重新构造自己的全球生产网络。本章首先利用数量化理论 II 类模型，对我国企业在岸参与国际化生产模式选择的影响要因进行了实证，并对以下三个假说进行了验证。企业因素方面，对于企业倾向于选择技术水平较高、管理风险较低的区域进行一体化生产，向生产规模较高的区域进行非股权生产的假说，在模型中得到了验证。对于企业倾向于生产效率较高的区域进行非股权生产和在劳动力成本较低的区域进行一体化生产的假说，没有获得验证。这可能是由于无论股权还是非股权生产，都会追求较高的生产效率和较低的劳动力成本，这种结果的出现说明生产效率和劳动力成本的高低是企业进行国际化生产的影响要因，企业选择一体化生产还是非股权生产将基于两种方式下对成本和效益的比较。市场因素方面，对于企业倾向于向市场规模较大、贸易壁垒较高以及市场风险较低的区域投资进行一体化生产的假说，在模型中得到了验证。对于随着贸易壁垒的降低，市场竞争程度的加剧，非股权生产的可能性越来越大的假说，没有得到完全验证。其主要原因在于随着2008 年全球经济危机的爆发，带来的以发达国家为首的主要经济体的贸易保护主义抬头，新的贸易保护措施层出不穷的缘故。政策因素方面，对于政府的政策支持是吸引企业进行海外投资生产的重要影响因素的假说，在模型中得到了验证；而相关的契约法律环境的完善则会增加非股权生产的可能性的假说，没有得到完全验证，这可能与不完全契约难于通过外化指标表达有关。

另外，经过对劳动力成本、技术水平、合作能力与效率、技术依赖度、东道国市场增长潜力、东道国市场风险、东道国贸易壁垒、东道国知识产权保护、东道国政策支持力度等因素应用数量化理论 III 类模型进行聚类分析得出，收益性、风险性、便利性是决定企业选择国际化生产模式的关键影响因素。进一步分析发现，东道国投资风险性越大，企业通过契约生产等非股权方式进行国际化生产的可能性越大；而随着投资便利性的增强，企业选择一体化股权投资方式的概率将大幅度上升；收益性指标是企业进行国际化生产的重要影响因素，但并不是区分企业股权投资或非股权安排的显著指标。分析结果基本印证了本书提出的假说。

综上，我国企业在中国境内目前还主要是以非股权方式作为参与全球化生产的主要方式，主要涉及服饰、家电和高科技产品等种类。内资企业在承接国际化生产的情况下，能够从国外的外包商那里获得相应的经营管理和生产技术，从而提高了企业的技术水平，促进了生产率的提高。[①]但由于我国大部分的企业均处于全球价值链低端，因此收益较低。以苹果手机的生产为例，我国承担的组装环节收益仅占总利润的 1.8%。[②]由此可见，如何实现创新驱动的以技术、服务、品牌为核心的企业竞争优势，是实现我国企业由全球价值链低端向高端迈进的关键。同时，还注意到我国企业由于缺乏对整个价值链实现控制和协调的能力，因而对外直接投资还处于探索阶段，且资源寻求型特质明显，投资收益率偏低问题也比较突出。

为了提升我国企业在全球价值链中的地位，获得竞争优势，成为贸易投资一体化的赢家，政府应该站在战略层面，整合各种政策资源，为我国企业的国际化生产和参与全球价值链的能力重塑提供必要的政策引导和制度保障；企业也应站在全球价值链的高度，根据内外部条件，制定企业的国际化生产战略。

第一，企业在其价值链上的不同权利配置，受到价值链上不同组织结构属性的影响，呈现出企业的某种偏好特征。如对于一些低技术、劳动密集型行业的标准化产品，领导型企业可与合作企业之间建立某种市场联系；对于那些低技术、劳动密集型行业的专业设计型产品，

① 王苍峰，王恬. 国际外包承接对我国内资企业生产率的影响[J]，国际商务，2008（6）：73-78.

② 马志刚. 我国制造业处于国际分工地段环节组装苹果手机仅获利 1.8%[N]. 经济日报，2013-09-12.

领导型企业可与合作企业通过特许、外包或技术许可建立某种非股权关系；而对于高技术的专业设计型产品，企业应采用垂直一体化的股权方式掌控价值链的主动权。

第二，企业在海外投资的过程中无疑会遭遇各种风险，非股权相较于股权投资模式更加有利于规避风险。根据厂商的风险偏好不同，厂商可能会对于同一生产状况做出不同的反应。但是为了企业的长期稳定发展，厂商必须正确衡量自身的风险承受力，并且在生产投资前对东道国风险做出全面的分析判断，东道国的技术依赖度、合作能力、市场风险、市场增长潜力等因素为企业对风险的评估提供了合理的指标。

第三，政府在全球价值链中的作用，并不是提供多少补贴或是减免多少税收，也不是按照社会期望的标准对其进行管理。政府真正要做的是培育一种有利于生产、投资、贸易、交流的亲商环境，让企业能够充分享受来自他们自身以及合作伙伴的各种收益。

第6章 全球价值链分工下我国制造企业国际生产决策的经验分析

企业国际化生产模式的演化过程，从本质上体现了企业边界的变迁。以半导体业为例，在最初半导体芯片都是在美国境内由垂直一体化的企业如 IBM、德州电器等完成的，企业的边界包括设计、制造、装配、测试等几乎全部生产流程；从 20 世纪 60 年代开始，企业开始将一些微芯片的组装离岸至亚洲的全资子公司完成，然后再运回美国进行测试；随后，部分的组装及测试任务开始外包给亚洲一些独立的供应商完成；到了 20 世纪 70 年代，更多的上游芯片制造由亚洲的独立供应商完成；20 世纪 90 年代以来，除了芯片制造以外，连设计、研发等生产阶段也搬到了国外进行，尽管大部分是以全资子公司的形式。

虽然关于企业的垂直一体化与非垂直一体化趋势在很多的文献中都进行了理论和实证的研究，但是在全球价值链分工的背景下，制造企业面对的更为重要的问题是价值链的哪一个生产阶段要如何选择具体的生产模式，是股权生产、非股权生产还是二者都要？正如前文所述，全球价值链上不同的生产阶段、投入品替代弹性、产品替代弹性、要素禀赋密集度等都是决定制造企业以何种方式获得中间产品的关键。显然，在这方面的研究还相对较少，特别是实证研究方面，因为产品（包括中间产品）在国界层面的流入流出通过海关贸易数据可以详细获得，但一旦产品离开一国，进入企业层面，随后的生产阶段和流程数据便无从知晓。因此，本领域中传统研究常用的行业数据几乎很难解释和检验企业在全球价值链中不同生产阶段所做的生产决策，故本章将尝试使用企业微观数据对此进行检验，以更清晰地呈现企业不同生产阶段及其制造流程的国际化。

6.1 数据来源与说明

为保证企业微观数据来源的权威性和可靠性，以及样本的广泛性，本章数据来源于世界银行 2012 年关于中国企业的一次大型问卷调查①，数据搜集于 2011 年 12 月至 2013 年 2 月之间，总样本达到 2848 个，本书选取了其中的制造企业样本共 1727 个，包括 1692 家私营制造企业和 35 家国有制造企业，共涉及 11 个行业（行业编码 ISIC3.1 版，15-37），来自中国境内 25 个省市。所有数据均截至 2011 财年。具体样本结构如表 6.1 所示。

表 6.1　样本的区域分布情况

编号	区域分布	样本数	样本比重
1	北京	46	2.66%
2	成都	58	3.36%
3	大连	61	3.53%
4	东莞	70	4.05%
5	佛山	87	5.04%
6	广州	58	3.36%
7	杭州	28	1.62%
8	合肥	75	4.34%
9	济南	63	3.65%
10	洛阳	76	4.40%
11	南京	54	3.13%
12	南通	83	4.81%
13	宁波	91	5.27%

① 感谢世界银行 International Finance Corporation 对于 The Enterprises Surveys 数据的授权使用。https://www.enterprisesurveys.org/portal/.

续表

编号	区域分布	样本数	样本比重
14	青岛	69	4.00%
15	上海	14	0.81%
16	沈阳	67	3.88%
17	深圳	80	4.63%
18	石家庄	86	4.98%
19	苏州	88	5.10%
20	唐山	87	5.04%
21	温州	95	5.50%
22	武汉	57	3.30%
23	无锡	89	5.15%
24	烟台	75	4.34%
25	郑州	70	4.05%
总计		1727	100%

资料来源：作者根据世界银行 Enterprises Surveys Data 数据整理。

　　世界银行的问卷分为制造业和服务业两种，被调查企业按照其属性选用不同种类的问卷。本章所有企业样本均为制造企业，因此使用制造业企业问卷。该问卷包括基本统计信息、企业概况、基础设施和服务、销售和供应、竞争程度、土地和许可、技术创新、犯罪、财务、企业政府关系、劳动力、运营环境和绩效十三个模块的信息。由于问卷中缺少企业对外直接投资的相关数据和信息，因此本章的实证检验均以东道国企业为研究视角，即以我国作为中间产品生产国的独特视角，分析检验我国企业参与全球价值链的股权配置及全球价值链生产组织模式的选择决策。

表 6.2　样本的行业分布及规模情况

行业编码 （ISIC3.1 版）	行业名称	样本数	企业规模		
			大型	中型	小型
15	食品及饮料的制造	149	55	57	37
17	纺织品的制造	156	57	67	32
18	服装的制造	126	49	55	22
24	化学品及化学制品的制造	145	48	60	37
25	橡胶和塑料制品的制造	149	44	64	41
26	其他非金属矿物制品的制造	156	56	61	39
27	基本金属的制造	89	28	36	25
28	金属制品的制造	177	71	62	44
29	机械和设备的制造	155	38	68	49
31～32	电子设备及装置的制造	166	58	63	45
34～35	运输设备的制造	140	55	61	24
38	其他制造业	119	18	56	45
总计		1727	577	710	440

注：此表中采用世界银行企业问卷调查时关于企业规模的界定标准，即小型（5～19 人）、中型（20～99 人）、大型（99 人以上）。

资料来源：作者根据世界银行 Enterprises Surveys Data 数据整理。

6.2　我国企业全球价值链最优股权配置的实证检验

　　本节主要对我国境内企业参与全球价值链生产的股权配置与企业生产率、技术水平、要素密集度、固定成本、技术依赖度、最终产品替代弹性、生产阶段等因素之间的相关关系进行检验。根据第 4 章理论模型的结果，企业在全球价值链上的最优股权比例 β 与主要决定因素之间的相关关系如表 6.3 所示。

表 6.3 企业全球价值链股权决策与各主要决定因素关系

上下游投资关系	市场控制力	技术依赖度	要素密集度	生产阶段	股权决策
替代关系	产品替代弹性小	技术依赖度（负相关）	东道国企业总部服务密集度（负相关）	上游指数越高	股权比例越高
				上游指数越低	股权比例越低
互补关系	产品替代弹性大	技术依赖度（正相关）	东道国企业总部服务密集度（负相关）	上游指数越高	股权比例越低
				上游指数越低	股权比例越高

资料来源：作者绘制。

由此可见，全球价值链上下游投资之间的替代或互补关系对厂商股权配置的作用方向是不同的。以我国作为东道国的视角，按照表 6.3 所列内容，本节需要对理论模型的以下结论进行检验：第一，当全球价值链上下游投资呈现替代关系时，即当产品替代弹性较小时，企业股权投资比例与东道国技术依赖度呈负相关，与总部服务密集度呈正相关，与所处生产阶段呈负相关（与企业上游指数呈正相关）；第二，当全球价值链上下游投资呈现互补关系时，即当产品替代弹性较大，企业股权投资比例与东道国技术依赖度呈正相关，与总部服务密集度呈正相关，与所处生产阶段呈正相关（与企业上游指数呈负相关）关系。

6.2.1 数据处理与关键变量

1. 数据处理

本次检验的对象为在中国境内所有参与全球价值链生产的制造企业。因此在全部 1727 个制造企业样本中，将所有有出口业务和有进口零部件或技术等无形资产业务的企业求并集，作为参与全球价值链生产的样本企业，共计 817 个。

2. 关键变量

本部分实证检验中主要涉及产品替代弹性、东道国技术依赖度、总部服务密集度、上游指数和股权比例五个关键变量。其中股权比例

（equity）为被解释变量，其余四个为解释变量。股权比例用企业中外资股份所占比例来表示，无外资股份的股权比例为 0。

理论模型中，市场控制能力用产品替代弹性（alfer）来表示，显然，产品替代弹性越大，表明企业的市场控制能力越弱；反之，产品替代弹性越小，企业的市场控制能力越强。由于世界银行的问卷中并不包含关于主营产品的替代弹性的信息，因此本书参照布罗达（Broda）和温斯坦（Weinstein，2006）[①]的方法和结论，对每一条样本信息根据其主营产品的 SITC 四位编码逐条将其产品的替代弹性系数进行了补录。参照阿尔法罗（Alfaro），安特拉斯（Antras）等（2015）[②]对投资替代互补关系的处理方法，本书同样也近似地将产品替代弹性系数较大时（大于等于中位数：产品替代弹性系数 3.41）定义为全球价值链上下游投资具有互补关系的情形；将产品替代弹性系数较小时（小于 3.41）定义为投资具有替代关系的情形。

东道国技术依赖度（tech）在此是一个虚拟变量，用是否接受国外公司的技术许可作为判断依据，如果接受了国外公司的技术许可，则该变量取值为 1，即为东道国企业技术依赖度较高；若没有接受国外公司的技术许可，则该变量取值为 0，意为技术依赖度较低。

要素密集度（hq）在此主要考察我国企业的总部密集度或零部件密集度，参考以往文献，有多种方法测算总部密集度或零部件密集度。如采用人均实物资本来表示总部密集度（Antras，2003）[③]，也有的采用熟练技术密集度（非生产雇员占总雇员比重）来表示总部密集度（Nunn 和 Trefler，2012），还有的采用研发密集度（研发支出占销售收入比重，Nunn 和 Trefler，2012）。纳恩（Nunn）和特勒夫勒尔（Trefler，2012）[④]认为实物资本可以进一步拆分为设备资本和工厂资本，其中

① Broda C, Weinstein D. Globalization and the Grains from Variety[J]. Quarterly Journal of Economics, 2006, 121 (2): 541-585.

②Alfaro L, Antràs P, Chor D, et al. Internalizing Global Value Chains: A Firm-Level Analysis [EB/OL]. http: //scholar.harvard.edu/antras/publications/internalizing-Global-Value-Chains-Firm-Level-Analysis: April 2015.

③ Antràs P. Firms, Contracts, and Trade Structure[J]. Quarterly Journal of Economics, 2003, 118 (4): 1375-1418.

④ Nunn N, Trefler D. Incomplete Contracts and the Boundaries of the Multinational firm[J]. Journal of Economic Behavior & Organization, 2012.

设备资本与总部密集度关系更为近似。本书分别采用设备资本密集度（设备成本占销售收入比重或人均设备资本现值的对数）、研发密集度（研发支出占销售收入的比重）、非生产性劳动密集度（非生产性员工数量占总员工的比重）、熟练劳动密集度（熟练工人数量占总员工的比重）共五个指标表示总部密集度，以便在后面的回归分析中筛选出显著性指标。

生产阶段在此用上游指数来表示（upstream）。法利（Fally，2011）[①]和安特拉斯（Antras，2012）[②]等都曾提出上游指数，用它来表示企业在全球价值链所处的位置，上游指数越大，表示企业越接近全球价值链的起始生产阶段；上游指数越小，表示企业越接近全球价值链的末端，即上游指数与企业所处生产阶段呈负相关。由于样本企业的投入产出数据的不可获得性，因此本书根据样本企业的所属行业，采用OECD 发布的我国各行业的上游指数。

按照表 6.3 的内容，接下来将分别从替代性投资和互补性投资两个方面进行实证检验。

6.2.2 实证检验模型与估计结果分析

1. 替代性投资关系下股权配置的实证检验

首先将 1727 个总样本按照产品替代弹性（alfer）的大小，由高到低排列，产品替代弹性的中位数值为 3.41。因此把本例中的 817 个样本也按照 alfer 值的大小从高到低排序，以 3.41 为临界点，其中产品替代弹性小于 3.41 的样本共计 388 个，其投资关系呈替代性，此时我们需要验证的是企业最优的股权比例是否与上游指数和总部密集度呈正相关，与技术依赖度呈负相关关系。由于影响企业最优股权比例的因素不止这些，为提高整个模型的拟合度，特构造包括企业特性因素变量和虚拟变量在内的多元回归模型，如式（6.1），并通过逐步回归法进行回归拟合，以最终确定显著性影响变量。

---

① Fally T. On the Fragmentation of Production in the US[D]. University of Colorado-Boulder, 2011.7.

② Antràs P, Chor D, Fally T, et al. Measuring the Upstreamness of Production and Trade Flows[J]. NBER Working Paper No. 17819, 2012.

$$equity = \beta_0 + \beta_1 tech + \beta_2 upstream + \beta_I hq + \beta_{II} A + \varepsilon \qquad (6.1)$$

式（6.1）中，被解释变量为企业的外资股权比例 equity，解释变量有 11 个，分别为技术依赖度 tech（虚拟变量：技术依赖度高取值 1、技术依赖度低取值 0），上游指数 upstream，总部密集度 hq 包括 5 个变量（单位设备资本密集度 hq01、人均设备资本 hq02、研发密集度 hq03、非生产性劳动密集度 hq04 和熟练劳动密集度 hq05），企业特征 A 包括 4 个变量（劳动生产率 APL、销售收入增长率 growth、企业规模 11 和固定成本 fixcost）。

本书采用 stata12.0 统计软件对上述变量进行回归，回归结果如表 6.4 所示。本书共采用了三种不同的方法对上述变量进行回归分析：一是采用普通最小二乘法进行回归分析时，得到显著性解释变量 4 个（技术依赖度、上游指数、人均设备资本的对数和非生产性劳动密集度），但模型整体拟合度较低，R^2=0.07；二是采用 tobit 截取回归模型[1]的最大似然估计法进行回归分析时，得到与方法 1 相同的 4 个显著性解释变量，模型整体拟合度有所提高，R^2=0.10；三是采用逆序逐步回归[2]分析，得到显著性解释变量 6 个（技术依赖度、上游指数、人均设备资本的对数、企业规模、固定成本的对数和劳动生产率），模型整体拟合度也有了大幅度的提高，R^2=0.22，参照以往的研究文献，该模型具有较好的解释意义。

表 6.4　替代性投资关系下股权配置的实证检验结果

解释变量 ＼ 被解释变量	equity		
	方程（1）	方程（2）	方程（3）
tech	0.0727967***[0.005]	0.9448045***[0.001]	0.961535**[0.019]
upstream	0.0716171**[0.014]	0.7171124***[0.003]	0.1161312***[0.005]
loghq02	0.0104466*[0.057]	0.1195351*[0.092]	−0.0288601*[0.086]
logl1			−0.0901776**[0.047]

---

① Tobit 截取回归模型属于受限因变量回归模型的一种，在此我们截取了股权比例大于零的样本进行了最大似然估计。

② 所谓逆序逐步回归与逐一剔除最不显著变量的正常逐步回归相反，是指从最显著的变量开始逐步纳入所有显著变量的回归方法。

续表

解释变量＼被解释变量	equity		
	方程（1）	方程（2）	方程（3）
logfixcost			0.0472416*[0.077]
logAPL			0.0674007*[0.097]
hq04	0.2660696*[0.067]	2.094021**[0.031]	
β_0	−0.3472381***[0.004]	−6.18848***[0.000]	−0.4607925*[0.091]
回归模型	普通回归（OLS）	Tobit 回归（ML）	分步回归（OLS）
R^2	0.07	0.10	0.22

注：***，**，*分别表示通过 1%，5%，10%的显著性检验。表中第一列是采用普通线性回归最小二乘法估计的结果；第二列是采用 tobit 截取回归模型的最大似然估计法估计的结果；第三列采用的是分步回归的最小二乘法估计的结果。

资料来源：作者绘制。

因此，根据方程（3）得到如下回归模型：

$$equity = -0.4607925 + 0.961535tech + 0.1161312upstream - 0.0288601$$
$$\log hq02 - 0.0901776\log l1 + 0.0472416\log fix\,cost + 0.0674007\log APL + \varepsilon$$

$$(6.2)$$

由式 6.2 可知，在投资呈替代关系时，我国企业在全球价值链的位置越靠近上游，企业的外资股权比例越高，二者在 1%的显著性水平上呈正相关关系，上游指数每提高 1 个单位，企业的外资股权增加11%。我国企业的总部服务密集度在 10%的显著性水平上与企业的外资股权比例呈负相关关系，即我国企业的人均设备资本越高，企业的外资股权越低。上述关系均与理论模型的预测结果一致。

与理论模型结果唯一不一致的解释变量是东道国企业技术依赖度，根据实证检验结果显示，我国企业的技术依赖度越高，企业的外资股权比例越高，二者呈正相关关系。这一结果的出现可能与本指标的选取有关。因为世界银行的问卷中没有关于企业技术依赖情况的提问，故本书选择用企业是否接受国外技术许可来判断企业的技术依赖度。显然，我国企业接受国外技术许可与企业外资股权的比例呈正相关关系，也就是说我国企业在接受国外股权投资的同时可能附带有技术的转移。

此外，企业规模、固定成本和劳动生产率的变动均对企业的外资股权具有显著性影响。其中，企业规模在 5%的显著性水平上与企业的外资股权比例呈负相关关系；固定成本和劳动生产率则与企业的外资股权比例呈正相关关系。对上述估计结果进行多重共线性检验，证明估计结果有效（具体检验结果参见表 6.5）。

表 6.5　多重共线性的检验[①]

变量	方差膨胀因子	$1-R^2$
tech	1.08	0.925210
upstreams	1.06	0.941871
loghq02	1.49	0.672276
logfixcost	1.66	0.601666
logl1	1.60	0.623285
logAPL	1.22	0.820838
平均方差膨胀因子	1.35	

资料来源：作者绘制。

2. 互补性投资关系下股权配置的实证检验

现将 1727 个总样本中，产品替代弹性大于中位数 3.41 的样本筛选出来，共计 429 个，其投资关系呈互补性，此时我们需要验证的是企业最优的股权比例是否与上游指数和东道国总部密集度呈负相关，与技术依赖度呈正相关关系。模型和估计方法同上，具体回归结果见表 6.6 所示。

如表 6.6 所示，采用 tobit 截取回归模型的最大似然估计法进行回归分析时，得到显著性解释变量 3 个（技术依赖度、上游指数、非生产性劳动密集度），但模型整体拟合度较低，R^2=0.08；采用逆序分步回归分析，得到显著性解释变量 4 个（技术依赖度、上游指数、熟练劳动密集度和劳动生产率），模型整体拟合度也有了提高，R^2=0.11；根据分步回归的结果，剔除不显著变量后进行普通回归，得到方程（3），如式 6.3 所示。

[①] 判断多重共线性的标准是最大的方差膨胀因子大于 10，且平均方差膨胀因子大于 1，显然，本例不存在多种共线性问题。

$$equity = 0.0687774tech - 0.1139673upstream + 0.0772634\log APL + \varepsilon$$

$$(6.3)$$

表 6.6　互补性投资关系下股权配置的实证检验结果

被解释变量 解释变量	equity		
	方程（1）	方程（2）	方程（3）
tech	0.4605346***[0.002]	0.0589933**[0.049]	0.0687774***[0.005]
upstream	−0.8250065***[0.000]	−0.1541813***[0.000]	−0.1139673***[0.000]
loghq05		0.0950939**[0.038]	0.0496233[0.164]
hq04	1.087459*[0.068]		
logAPL		0.081096**[0.017]	0.0772634***[0.000]
β_0	0.9827644*[0.059]	0.1327924[0.464]	
回归模型	Tobit 回归（ML）	分步回归（OLS）	普通回归（OLS）
R^2	0.08	0.11	0.18

注：***，**，*分别表示通过 1%，5%，10%的显著性检验。表中第一列是采用 tobit 截取回归模型的最大似然估计法进行估计的结果；第二列是采用分步回归的最小二乘法进行估计的结果；第三列采用的是普通线性回归最小二乘法进行估计的结果。

资料来源：作者绘制。

当全球价值链上下游投资呈互补关系时，我国企业的上游指数与企业外资股权比例呈负相关关系，即企业越靠近上游，由于投资的互补性关系使得厂商不断降低其股权的比例，二者在 1%的显著性水平上呈负相关关系，上游指数每提高 1 个单位，企业的外资股权减少 11%。我国企业的技术依赖度在 1%的显著性水平上与企业的外资股权比例呈正相关关系，即我国企业的技术依赖度越高，企业的外资股权就越高。此外，劳动生产率也在 1%的显著性水平上与企业的外资股权比例呈正相关关系。上述关系均与理论模型的预测结果一致。但理论模型中关于东道国总部密集度与企业外资股权之间的负相关没有得到证实。

同上，上述结果均通过多重共线性的检验，此处不再赘述。

6.3 主要结论

本章依据第四章理论模型的主要结论，采用世界银行关于中国企业的问卷调查数据，分别通过线性回归模型和非线性回归模型验证了下述结论：

（1）最终厂商在全球价值链上的最优股权配置以及其对股权或非股权生产模式的选择与全球价值链上下游投资之间的替代互补关系密切，当上下游投资之间呈现不同的或替代或互补关系时，决策因素及其作用方向也会随之发生改变。

（2）当产品替代弹性较小，上下游投资呈替代关系时，企业的上游指数与股权生产的概率呈正相关关系，企业的上游指数越大，股权模式生产的可能性越大，股权配置的比例也越高；反之，企业越接近全球价值链的末端，股权生产的可能性越小，股权配置的比例也越低。而对于技术依赖度，并没有如理论模型预期的那样，东道国技术依赖度越高，最终厂商的股权投资越高，这一结果的出现可能与样本中选择国外技术许可作为评价技术依赖度的指标有关。

（3）当产品替代弹性较大，上下游投资呈互补关系时，企业的上游指数与股权生产的概率呈负相关关系，企业的上游指数越大，东道国技术依赖度越低，非股权模式生产的可能性越大，股权配置的比例也越低；反之，企业越接近全球价值链的末端，技术依赖度越高，股权生产的可能性越大，股权配置的比例也越高。这一结论与理论模型预期相符。

（4）关于总部密集度，本章中根据以往文献分别采用设备资本密集度、人均设备资本、研发密集度、非生产性劳动密集度和熟练劳动密集度等五个指标来表示，其中人均设备资本、熟练劳动密集度被验证为显著性指标。当投资呈替代关系时，东道国总部密集度越高，股权生产的可能性越小，股权比例也越低；当投资呈互补关系时，东道国总部密集度越高，股权生产的可能性越大，股权比例也越高。

（5）除上述变量外，描述企业基本性质的指标如劳动生产率、企业规模、固定成本等也是影响企业国际化生产模式选择的显著性指标。

（6）由于受到世界银行问卷内容的限制，有个别指标的选择可能存有误差，特别是由于缺乏企业的投入产出数据，从而无法精确获得每个样本的上游指数和产品替代弹性指数，只能根据 SITC 的四位码行业分类进行估算，这也使得模型的精确性存有一定瑕疵。但无论如何，理论模型的绝大部分预期均得到验证，对企业国际化生产模式选择问题的解释仍旧具有重要意义。

第7章 嵌入全球价值链的我国食品产业集群及案例分析

7.1 嵌入全球价值链的食品产业集群

7.1.1 食品产业集群的内涵

食品产业集群，是指在食品产业链的各个环节各自独立、又相互关联的食品企业相互依存，因适应食品消费需求、进行食品生产经营，在特定的地理区域相互凝聚起来的产业群体。与单维度聚合的产业聚集不同，食品产业集群强调企业间的内部关联和空间地域的优势集中。随着全球价值链发展，产业分工的深化，中国产业与外国产业间的竞争往往集中于产业链的某一环节，以食品产业为例，以强调某一特色地区食品企业发展和产业发展的空间集中性，发挥地缘优势、农业特色、交通优势等组成产生该区域的食品产业竞争聚集体，可以打造突破中国食品产业一直以加工贸易方式进入全球价值链分工的劣势。特定地区的食品产业集群的发展程度与该地区的农业发达程度、基础设施建设、产业政策环境、信息交通顺畅度、资本获得广泛性等因素有关。[①]另外，食品产业中龙头企业的刺激作用也具有一定的区域磁场效应，可以吸引人才、形成优势品牌，带动食品产业集群持续稳定增长。

---

① 李飞星. 全球价值链下的中国南珠产业集群企业网络能力研究[D]. 长沙：中南大学博士论文，2012.

7.1.2 我国食品产业集群发展现状及特点

作为一种空间经济表现，我国食品产业集群，也存在和其他产业集群相似的发展特点：一是从空间角度来看，产业内部企业的地理位置比较集中，附属企业和支持机构呈现地域专业性；二是工业趋同性也普遍存在，无论是食品的生产、物流运输，还是包装销售，在发展过程中也逐渐专业化；三是企业间紧密联合，不断的交流、频繁的合作，银行、食品协会与区域内企业共同参与，这种互动合作也为食品产业集群的可持续发展提供了动力。

在 2013 年以后，我国的经济增长由原来的投资和出口驱动向国内消费驱动过渡。目前，我国经济增速虽然放缓，但是并不意味着经济收缩，从中长期来看，从供给侧改革的要素配置要求来看，食品消费的增长会带动食品产业的发展成为必然（见图 7.1，图 7.2）。

食品行业的发展、食品销售额的大幅度攀升，对食品产业集群升级提出了进一步要求：产业集群内部应形成有效的网络节点，与金融机构、行业协会、中介媒体合作形成有效的协同组织，进一步适应中国持续的城市化进程以及逐步成为消费主力的 80 后、90 后群体对食品品质要求的提升[①]。产业集群内容的创新、能力的聚集及提升，食品加工原料、技术上的突破，创新集群内部企业间的合作模式，使创新由点到面的开展，集群内部形成自主学习、自我创新的氛围，为食品产业集群互动式发展提供基础，为其在全球价值链上发挥作用提供成长背景。除了食品产业集群发展不断上升外，我国还形成了具有一定特色的产业集群类型[②]。

1. 资源环境依托型

资源环境依托型食品产业集群是指利用地方特色和地缘优势，依托当地的资源和产品，处于市场优势集中的产业集群类型：如内蒙古的乳品产业集团的发展离不开它得天独厚的自然条件和处于我国五大牧区的地理优势；黑龙江"九三"集团的发展得益于这里不仅有广袤

[①] 佚名. 2016 年食品产业发展趋势报告[J]. 中国食品工业，2015（10）.
[②] 周会敏. 中国食品产业集群发展潜力研究[D]. 武汉：中国地质大学研究生论文，2015.

的大豆种植基地，也是全国大豆加工的核心地带；赣州属典型的亚热带湿润季风气候，四季分明，雨量充沛，光照充足，具有脐橙种植的气候条件，形成了其他地区无法比拟的脐橙优势产区，赣南脐橙也从单纯的种植业发展成为集种植生产、仓储物流、精深加工于一体的产业集群。

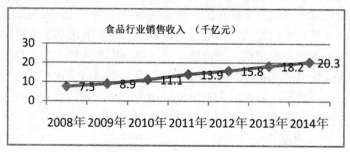

图 7.1　2008—2014 年中国食品行业销售收入情况

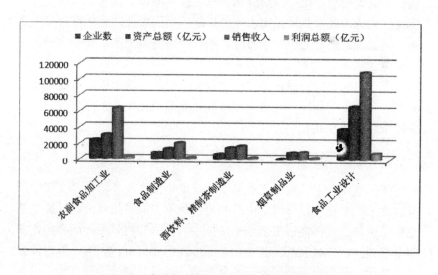

图 7.2　2014 年我国食品产业基本发展态势

2. 中小企业聚集型

此种食品产业集群是指中小型食品企业集中于某个地区，专业进行某类食品的生产活动，能够相互扶持、取长补短。在集群内部形成了专业化的市场平台，为集群和企业的发展提供信息、技术交流、市场渠道，并依靠中心向周边辐射，形成较大的产业聚集效应。河南省漯河市被誉为四大"中国食品名城"之一，在 2015 年，食品工业增加值占漯河市 GDP 比重达到 50%以上，食品产业销售收入超过 1800 亿元。依托双汇集团、北徐集团、众益达等，漯河市大力发展高低温肉制品；依托南街村集团、雪健公司、舞莲面粉、石磨坊面业等，提升粮食加工业的产业层次，做优粮食加工业，提高深加工和特色加工的比重；依托澳的利集团、金星啤酒公司等，快速提升饮料加工能力。漯河市围绕食品产业发展，积极发展相关配套产业，重点发展饲料加工业、种植养殖业、包装及食品机械业和商业连锁、物流服务业。

3. 龙头食品企业带动型

一个或几个龙头食品企业进入成熟期后，自主拉动周边食品企业成长，处处带动小企业发展进步，可以提供原料、技术、信息支持。黑龙江完达山乳业集团是由农业部认定的全国农业产业化重点龙头企业，年加工鲜奶能力 100 余万吨，销售网络遍及全国，其中原料粉远销东南亚和非洲。

完达山乳业的发展带动了周边食品产业集群的形成，目前完达山酒业、完达山制药厂、完达山饮品等企业都依托龙头企业打造的产业集群平台不断发展壮大。

7.1.3 基于全球价值链视角的食品产业集群升级

在传统印象中，食品产业属于劳动密集型产业，特别是发展中国家的食品产业在全球价值链中总的角色是承担大量简单劳动、提供基础食品原料、食品加工工艺处于低技术、低附加值阶段。而事实也并非全然如此，如果食品工业企业已经形成产业集群，利用集群内部分工、合作、创新，并把优势延伸至外部，可以发展成为拥有较强成本优势、资源优势和竞争优势的跨国食品集团，利用全球价值链实现中国食品产业的转型和升级。

从 20 世纪末开始，越来越多的中国大型跨国食品公司为提升其核心竞争力，深入参与世界主要地区的粮油生产和采购平台，为企业最终发展成为推动产业发展的大型国际企业奠定了基础。参与并购的三方均会因建立起有机结合的全球价值链而受益，也通过业务整合产生新的业务，并提升整个产业链的效率，在一定程度上实现了食品产业的全球价值链升级。中国食品产业集群在全球价值链上的竞争力受到包括生产能力、产业链体系建设、农业基础设施、宏观产业政策及产业规制、食品安全等多种因素的影响，表 7.1 列出了我国食品产业集群全球价值链竞争力的关键影响因素。

表 7.1　食品产业集群全球价值链竞争力的关键影响因素

关键影响因素	关键点	影响因素分析
食品产业集群生产能力	1. 食品产业链完整程度 2. 食品产业集群生产布局 3. 集群化程度	食品产业链完整程度主要表现在：食品工业转化增值能力高低、高附加值产品比例高低；食品产业集群生产布局主要影响了产业品质结构是否合理，龙头企业带动程度，对相关企业的带动能力；产业集群化程度主要表现在关键技术与装备水平，自主创新能力，产业链是否完整，食品安全保障水平等
农业等基础设施建设	1. 食品产业集群的自主生产基地 2. 农业科技创新和推广能力建设 3. 农业研发创新系统	食品产业集群是否拥有自主生产基地，灌溉用水、交通等基础设施的优良建设会成为全球价值链区位选择的关键因素；农业科技创新和推广能力建设可以为产业集群的发展提供技术创新和支撑；具有自主研发创新系统更是实现产业集群价值链升级的必要条件
食品产业集群创新能力	1. 内部合作能力 2. 外部研发利用	产业集群内部食品企业之间以及与农业科研院所、大学的农业学科、政府间的研发合作对于食品企业提升生产竞争力至关重要，研发投入以及政府对技术创新政策的支持更是为产业集群内部食品企业实现价值链升级打造良好的条件

关键影响因素	关键点	影响因素分析
宏观产业政策及产业规制	1. 宏观食品产业政策 2. 贸易协定及产业规制	国家在投资、税收、财政转移支付等方面的支持力度不断加大，特别是对农业产业化及与此密切相关的食品工业，政府将给予大力扶持。区域贸易协定以及自贸区的设立，可以大幅度提高食品产业价值链活动的便利性，而贸易保护政策则可能成为全球价值链发展的阻碍
生态低碳经济与食品安全的必然要求	1. 产业生态低碳发展 2. 食品安全影响因素	碳标签制度有望在食品产业率先兴起，在全球价值链发展视角下，已经对食品产业集群的低碳发展提出了相应的要求；食品质量的安全性、可靠性、稳定性是食品产业发展的基本要求

如表 7.1 所示，食品产业集群生产能力、创新能力、农业基础设施、国家创新体系以及政策是决定我国食品企业在全球价值链获得竞争力的关键。技术创新是食品企业实现产品或工艺升级的核心能力。食品安全对于全球价值链的健康发展至关重要，因为一旦出现危害食品安全的事件，那么坍塌的绝不会是一家企业，而是整条价值链，像三鹿乳业集团的事件对于企业甚至整个产业发展的打击都是极大的，因此食品安全的保障对于进入模块化生产价值链的食品企业是必需的。

7.2 全球价值链下的中国粮食集团的全球价值链发展战略

7.2.1 中国粮食集团企业发展概况

中粮集团有限公司（COFCO）成立于 1949 年，从最初的粮油食品贸易公司发展为世界 500 强企业，是中国领先的农产品、食品领域多元化产品和服务供应商，致力于打造从田间到餐桌的全产业链粮油食品企业。中粮从粮油食品贸易、加工起步，产业链条不断延伸至种植养殖、物流储运、食品原料加工、生物能源、品牌食品生产销售以及地产酒店、金融服务等领域，通过日益完善的产业链条，中粮形成了诸多品牌产品与服务组合：福临门食用油、长城葡萄酒、金帝巧克力、香雪面粉、五谷道场方便面、悦活果汁、蒙牛乳制品、亚龙湾度假区、金融保险等[①]。

表 7.2　中粮集团小麦及玉米贸易分析

	小麦贸易	玉米贸易
地位	中粮集团是我国小麦进出口贸易的重要枢纽，代理国家从事小麦进口的历史可以追溯到 1961 年	玉米的进出口贸易，由国家实施严格的进出口计划和配额管理
进出口情况	小麦进口方面实施关税配额管理，其中配额总量的 90%属国营贸易性质，由中粮集团独家经营；自 2000 年小麦部成立以来，累计完成近 1400 万吨的进口任务，实现出口近 800 万吨	中粮是国家规定拥有玉米出口对外签约权的公司之一，拥有 50 余年的国际贸易经验
国内贸易	小麦收购和销售网点覆盖华北、华东、华南、西南等主要国内产区和销区，是我国小麦国内贸易的主流供应商，截至目前，国内贸易客户 197 家	作为我国玉米国内贸易的主要供应商之一，在国内玉米品种流通贸易行业中排名第一，在长三角、珠三角等多个重点销区的销售量市场份额居第一
海外实力	尼德拉、来宝农业公司的整合在南美玉米、小麦掌控能力和种子业务的核心技术方面占据优势。两宗并购将把尼德拉和来宝农业的国际生产采购平台与中粮现有的国内物流运输、加工中心和销售网络结合起来，实现中粮供应链向全球的延伸。并购整合完成之后，中粮将在全球最大的粮食产地南美、黑海等国家及地区和拥有全球最大粮食需求增量的亚洲新兴市场间建立起稳定的粮食走廊	

中粮集团是全球领先的农产品、食品领域多元化产品和服务供应

---

① 中国粮食集团官方网站：http://www.cofco.com/cn/index.html.

商，集农产品贸易、物流、加工和粮油食品生产销售为一体，依托遍及全球的网络和国内仓储物流节点的布局，中粮集团使粮食得以更高效的生产和流通。目前，中粮资产超过 719 亿美元，336 个分公司和机构覆盖 140 多个国家和地区，全球仓储能力 3100 万吨，年经营总量近 1.5 亿吨，年加工能力 8950 万吨，年港口中转能力 5400 万吨。同时还拥有包括种植、采购、仓储、物流和港口在内的全球生产采购平台和贸易网络，并在全球最大的粮食产地南美、黑海等国家及地区和拥有全球最大粮食需求增量的亚洲新兴市场间建立起稳定的粮食走廊。下面以中粮的小麦贸易和玉米贸易为例分析中粮集团的食品贸易实力。

7.2.2 "全球视角"与中粮集团全球价值链发展战略定位

在全球价值链分工背景下，我国龙头食品企业也要积极参与突破价值链低端锁定的困境，通过海外投资延伸其全球价值链的活动，带动食品产业集群的发展。中国粮食集团是通过立足长远发展、树立全球发展视角作为实现其在全球价值链提升的基础。首先，中粮集团立足全球视野满足市场需求，将企业发展与世界的粮食发展水平、食品的供应和需求形势连在一起，重视国际化战略布局，重视创新商业模式，企业一直致力于打造从田间到餐桌的全产业链，把自己定位成一家布局全球、经营主粮产品的国际化粮油企业。2015 年，中粮集团并购世界两大粮食企业——尼德拉和来宝农业，这两家集团企业的主营业务分布在巴西、阿根廷、黑海地区、印度尼西亚等粮油核心产区。2014 年，海外营业收入第一次大于国内营业收入。至 2015 年，中粮集团业务涉及 140 多个国家，在海外有 1 万多名员工。同时，拥有包括种植、采购、仓储、物流和港口在内的全球生产采购平台和贸易网络。中粮集团"走出去"的过程使其价值链得以延伸，把海外产地采购、物流加工和中国连在一起。针对有价值的创造，服务更多的客户和消费者，在全球价值链上有比较强的定价、竞争能力，使其品牌影响力更大。这是中粮品牌走向国际的过程，也是中粮集团实现全球价值链发展战略定位的过程。

7.2.3　中国粮食集团全球价值链升级面临的挑战

首先，高级生产要素聚集挑战。中粮的全球价值链升级战略，采取了大量的企业并购，特别是海外并购，先后收购了尼德拉和来宝等实力雄厚且具有一定品牌效应的海外企业。但是，在并购之后的高级生产要素，特别是海外要素的聚集对中粮集团提出了更高的要求，由于国家、地域、政策背景不同，如果没有合理的管理框架，没有进行鲜明的企业文化融合，就无法对高级生产要素进行整合调整，对集团的长远发展不利。

其次，价值链的资源整合难度大。实行价值链升级，不仅要对国内产业链上的企业资源进行整合，进一步要进行全球信息资源共享，加强国内企业与海外并购公司之间的协作，有利于降低海外成本，提高交流效率，从而提高国际竞争力，达到企业的利润最大化。但是，由于中粮集团并没有对其旗下企业进行统一的管理，包括海外公司，各个公司都是分立的实体，企业文化不同，利益诉求点不同，因而企业之间的联动性差，难以达成协同作用。

再次，纵向产业一体化与价值链环节协同的适应要求。中粮的全产业链管理及价值链升级不能仅仅表现为一种粗放的业务扩张，中粮集团业务范围虽广，但是价值链上各个环节之间的协同效应较小，尤其是在产业链上游，中粮集团并不具备明显优势，不能仅停留在要素集中阶段，特别是对于涉及生活的快速消费品领域[①]。同时，过多、过快的业务并购，也会分散企业的一部分精力和资源，使得传统优势业务渐渐落后，庞大的体态容易阻碍集团发展的灵活性，对市场适应能力下降。

最后，增大自主品牌效应是增强国际市场竞争力的必然。中粮集团基于全产业链生产的布局，应该在境外建立研发中心，营销自己的品牌。以中国粮食集团为代表的中国优势产业也开始到了向外转移的阶段，迫切要求中粮融入全球价值链，健全生产经营网络，帮助当地

---

① 冯长利，兰鹰，周剑. 中粮"全产业链"战略的价值创造路径研究[J]. 管理案例研究与评论，2012，5（2）：135-145.

提升本地工业化水平,这样的产品一定比向当地输入的产品更受欢迎。因此,在全球价值链升级阶段,中粮不能仅扮演食品企业原材料供应商的角色,应当提高消费者对其集团品牌的认知度,试图通过"中粮集团"品牌的美誉度,提升集团旗下品牌形象,实现集团品牌与当地产品品牌的有效叠加,产生良好的回馈效应。

7.2.4 中粮我买网的全球价值链延伸

中粮我买网是由中国粮食集团有限公司于 2009 年投资创办的食品类 B2C 电子商务网站。中粮我买网商品包括:生鲜食品、休闲食品、粮油、冲调品、饼干蛋糕、调味品、方便食品和早餐食品等百种品类。网站的定位是服务于办公室白领和年轻人的食品网络购物网站。目前,我买网已经成为中国最好的食品购物网站之一,并不断开展海外拓展业务,成为品牌传播、渠道拓展、价值链延伸的平台,代表中粮持续创新、保持活力的新形象。根据速途研究院发布的《2015 食品电商研究报告》对中国食品电商行业市场规模及发展前景预测、市场份额数据、电商企业竞争优势以及用户网购食品消费行为做出的数据分析,2015 年上半年我国食品电商由天猫超市、京东、我买网及一号店占主要市场份额,其中我买网的市场份额已经占到了 17%(图 7.3),已经成为我国食品电场第一梯队的成员[①]。我买网也随着进一步的放开市场和迎接来自国外的竞争,在日益国际化的市场格局中不断健康成长,由"买全球,卖全球"的形象登陆纽约时代广场。

首先,我买网的海外直接采购模式是其价值链延伸的基本方式。根据《2015 食品电商研究报告》,18~38 岁的年龄群体构成了食品电商的消费主力群体,拥有强大的购买能力,并且对于海外采买与生鲜食品较为青睐,"新鲜健康"是他们的主要追求目标。我买网的"海外原产地采购——我买网直接配送——消费者消费",使供应链长度缩短,满足了消费者追求新鲜快捷的目标。

---

① 速途研究院. 2015 食品电商研究报告[R]. 北京:速途研究院,2015.

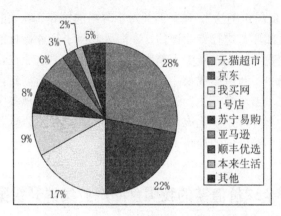

图7.3　2015年我国食品电商市场份额

　　其次，做好价值链深度管理是我买网发展的关键。依托母公司中粮集团，我买网拥有直接深入海外的分支服务机构和海外直采员工，与生产地源头的当地人建立直接业务关系和建立良好的业务沟通对于深化其价值链深度管理具有重要意义。对于食品生产源头的把控、把握海外采购流程的一致性，与当地农户、企业、海运公司建立良好的协作关系等都是我买网价值链深度管理的具体手段。

　　最后，我买网强大冷链配送体系是价值链延伸的保障。生鲜品类在食品网购领域已经进入了增速高达30.34％的快速增长阶段[①]。我买网的产品价值链延伸的成功一定要有强大的冷链配送体系。从完成国际直接采购到我买网是否能真正把新鲜食品迅捷地送到顾客手中，是对其专业性和实力的考验。我买网把2014年所获1亿美元的融资主要用于了冷链建设，在北京、上海、广州三地独立建仓，建立8～12摄氏度的恒温库、0～5摄氏度的低温冷藏库以及-18摄氏度的冷冻库，满足生鲜肉食等食品对储存条件的不同要求，保障食品的运输质量安全。更难得的是我买网还联合中粮营养健康研究院，以高于国家食品质检标准要求自己，建立了一套我买网农产品质量标准。在海外采购

　　① 王法涛，李俊青. 基于全球价值链理论的电子商务产业链模式选择[J]. 中国流通经济，2015（10）：56-63.

时，采用"反向定制法"，在新西兰对于乳牛的饲养、乳品的生产加工到储藏等全部环节进行专业评估，在海外起到了行业标杆的作用。

可以说我买网在发展中不断优化企业价值链，进而在日益国际化的市场格局中不断健康成长。针对食品电商行业不断创新，走"行业一体化"和"市场多元化"的道路；跨地域经营，合理集中与分散资源；集约化整合，系统化流程；规范化制度，确保优势竞争地位，走出了价值链不断延伸的道路。

7.3 基于全球价值链的我国食品产业集群升级案例研究

7.3.1 美国 ADM 公司全球价值链升级启示

美国 Archer Daniels Midland 公司（以下简称 ADM 公司）作为全球四大粮商之一，是经营农产品储运和全球贸易的大型跨国公司，也是世界上最大的大豆、谷物、小麦和可可的加工企业。作为一个全球最大的食品产业化集团之一，ADM 在许多方面值得我们研究和学习。同时，ADM 的全球价值链升级策略给中国粮食食品企业指明了方向。

首先，打造"全产业链"的生产流程升级。对于食品产业化经营的企业来说，打通产业链进行生产流程升级更加重要。因为农业受客观条件主要受天气因素影响比较大，如何才能旱涝保收？打造全产业链可以把这一风险降到最低限度。与此同时，农业还有一些自身的客观规律，它前期投入比较大，投资回报周期长，而且投资回报率不高。所以农业产业化企业，必须要立足现在、放眼未来。打通产业链进行生产流程升级，形成规模经济，成本随着规模的扩大得到稀释，从总体上可以大大地降低运营成本，同时提高整体收益。

其次，信息技术保驾护航，ADM 在终端产品形态上进行产品升级。ADM 公司的价值链升级与其信息技术的应用密不可分。可以说没有当今高速发展的信息技术，ADM 也无法成长为全球性的特大食品产业集团。ADM 通过信息技术团队在与世界领先的电信服务商

AT&T 公司 20 年的战略合作中，使自己成了世界农业综合企业集团的领导者。AT&T 公司不断给集团提供最新的技术支持，信息技术团队将这种技术转化为新的工具服务于顾客及合作者，从中受益者包括数以万计的农场主、顾客和全球的最终消费者。在终端产品形态上，ADM 的终端产品表现为"食品＋饲料＋生物燃料＋工业品＋全球粮食贸易体系＋全球涉农咨询"，更是超出了传统的"粮食范围"。

最后，富有经验的管理技能、灵活的组织结构实现价值链升级。作为全球性的跨国公司，ADM 在全世界范围内经营和发展，整合全世界的资源，运用市场规律在全世界进行资源的优化配置。ADM 在全球进行采购、运输、加工和分销农产品，其扮演的角色就是，把全球的农产品产区和它的销区连接起来。比如，在过去几十年来集团可利用土地面积只增长了 6%，然而产能却增加了 20%，通过贸易和物流把销区和产区连接起来，满足全球不断增长的需求。ADM 大多采用"公关政府、合资并购"的方式进入各国市场，随后低调地进入农产品产业链的各个环节，以对民营企业投资、参股等隐蔽方式取道，由此规避了国家政策监管。

7.3.2 基于价值链视角的黑龙江绿色食品产业集群发展案例分析

价值链在企业的经济活动中是无处不在的，特别是对产业集群而言，在价值链视角下，上下游关联企业间的联系、企业间各单元的联系、产业链上每个环节的影响都会对产业和行业造成一定冲击。绿色食品，是指产自优良生态环境、按照绿色食品标准生产、实行全程质量控制并获得绿色食品标志使用权的安全、优质食用农产品及相关产品[①]，在食品全球价值链分配上有着巨大的发展潜力，已经成为食品产业发展的方向。黑龙江省具有独特的地缘优势，可以满足绿色食品生产对原料产地及其周围的生态环境因素的严格监测，具备发展绿色

---

① 农业部. 绿色食品标志管理办法[J]. 农家参谋·种业大观，2013（7）：4-5.

食品产业的各项要素。黑龙江绿色食品行业的价值链可用图7.4表述。

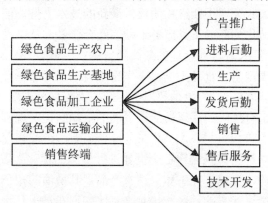

图 7.4 黑龙江绿色食品行业的价值链

黑龙江具有发展绿色食品的独特产业优势：从产地优势上来看，黑龙江地处世界三大黑土带，生态环境优良、化学污染少，发展绿色食品具有一定优势。以主要粮食之一的水稻为例，是典型高纬度北方寒地粳稻作区，水稻品质好，已经形成了无公害、绿色食品水稻生产基地。另外，已经形成了以北大荒垦区为代表的绿色生产基地，截止到 2014 年末，垦区拥有绿色食品产品数突破 300 个，全国绿色食品标准化原料生产基地 60 个，已成为全国最大的绿色食品生产基地。

但是黑龙江绿色食品产业集群也存在多种问题。首先，产品结构处于价值链低端，对于 3A 级绿色食品认证工作重视有限，因此代表高质量高品质与国际标准接轨的3A绿色食品数量所占食品比例较小。其次，出口产品结构中的初级产品出口量大，深加工产品量占比较小，亟须绿色食品价值链升级延伸。最后，绿色产品的生产过度依赖生态环境，随着工业发展和污染问题的严重，环境问题也对其绿色食品产业的发展提出了挑战。

因此，基于价值链视角促进黑龙江绿色食品产业集群发展不能忽视以下两个问题。第一，产品结构升级，在国际市场化前提下，黑龙江绿色食品企业应重视与国际认证标准接轨，产品结构的升级意味着企业整体水平和竞争力的提升，在相当长的一段时间里注重产品结构升级，提高 3A 级绿色食品数量，注重工艺创新，努力发展深加工产品，锁定全球价值链高端地位。第二，黑龙江绿色食品要形成较大的产业集群优势，就必须立足于区域，发挥规模经济和范围经济的优势，整合黑龙江绿色食品要素资源，通过省内企业的垂直专业化分工与合作联盟，首先实现国内价值链的延伸，才能提高食品生产企业在全球价值链的收益。

7.3.3 以三全食品为龙头企业的郑州食品产业集群价值链升级

食品产业是郑州市重点发展的主导产业之一，2014 年郑州市规模以上食品工业（包括农副食品加工业、食品制造业、酒饮料和精制茶制造业、烟草制品业四个行业大类）完成工业增加值 480.4 亿元，增长 3.4%，占全市规模以上工业增加值的 17.2%[①]。以河南农业大省及郑州为中原地区交通枢纽的优势为主，郑州食品产业集群打造了郑州国家经济技术开发区、航空港区、惠济经济开发区、马寨工业园区、中原食品工业园等五大食品工业园区，通过空间布局的优化调整，形成特色明显、优势突出的现代食品工业基地。其中三全食品作为郑州食品产业集群的龙头企业对整个集群的价值链升级起到了带动和拉动作用。

三全公司是中国生产速冻食品最早、规模最大、市场网络最广的企业之一。拥有日产 200 吨的国际标准化大型出口车间，产品已出口到北美、欧洲、澳洲和亚洲的十多个国家和地区。同时，"三全食品"的发展，带动了整个郑州食品产业集群的发展，郑州市也因此成为全国的速冻食品生产基地。还带动了临近地区的农副产品深加工业、运输业和劳动再就业的发展，仅郑州市年产速冻食品 10 万吨，安置了大量农村剩余劳动力和城市下岗工人，解决就业人员 5 万人。

三全食品带动郑州食品产业集群价值链升级体现在以下几个方面。

---

① 段莎. 龙头企业对郑州食品产业集群升级的影响研究——以三全食品为例[J]. 中国商贸, 2015（17）：161-163.

第一，国内价值链延伸战略。三全食品充分利用郑州食品产业规模经济和范围经济的优势，发挥了产业集群强大的辐射作用，形成了以农业、畜牧业、肉类制品生产加工业、零售业、冷链物流配送等一系列完善的垂直专业化分工与合作的食品生产联盟，带动了周边食品企业的发展，实现国内价值链的延伸，提高了郑州食品产业集群整体的价值链的收益。第二，技术发展战略升级。知识资本的创新是实现全球价值链升级的内部驱动力。但是对于大多数中国制造企业而言，高额的研发投入和未知的风险会让他们望而却步，因此企业建立多层次的技术发展战略尤为重要。三全食品特别注重集团企业在实干中实践的生产工艺技术创新；与其他企业、科研院所、大学等合作研发、协同创新；三全公司设有食品行业中仅有的一家国家级企业技术中心，并同时拥有唯一一家博士后科研工作站①。"三全"品牌也被中国品牌研究院认定为速冻食品行业的标志性品牌。第三，自主品牌发展战略。在全球价值链上，品牌所有者往往居于领导型企业地位，它管理和控制着价值链上其他企业的生产活动。食品生产企业要想实现价值链的攀升，必须制定品牌营销发展规划，重视无形资产的保护和管理，在"三全"的带动下郑州市速冻食品品牌市场占有率第一的行业地位无法撼动，同时也涌现出思念、湾仔码头等行业名牌，从而实现食品产业集群实现从自主生产、自有知识产权、自主品牌、自主营销的转变，实现由投资拉动向创新驱动、简单加工生产向精深加工制造、资源依赖向科技依托的"三大转变"。

7.3.4 山东省特色食品产业集群价值链升级分析

山东省是食品生产、消费和出口大省，2014 年末，全省拥有规模以上食品工业企业 5575 家，从业人员 120 余万人，产业规模位居全国首位。拥有粮食加工、食用植物油加工、屠宰及肉类加工、水产品加工、果蔬加工、乳制品、方便食品等 20 个行业，形成了门类齐全、产业链较为完整的产业体系，产业集群带动作用明显。青岛、临沂、烟

---

① 段莎. 龙头企业对郑州食品产业集群升级的影响研究——以三全食品为例[J]. 中国商贸, 2015（17）：161—163.

台、潍坊、德州、威海、聊城 7 个市的食品工业主营业务收入超过 1000 亿元，合计占全省食品工业的 68.3%。以骨干企业（集团）为龙头，以园区为依托，已形成在国内有较大影响的 15 个特色产业集群。

依靠原料主产区或重点市场区域建设生产基地，山东省特色食品产业集群在布局上趋向合理，产业集中度进一步提高。如粮食加工业主要向西部小麦、玉米主产区济宁、菏泽、滨州、聊城等地转移；大豆食用油的原料主要靠进口，继续向滨州、日照、临沂等临港区域集中；海洋食品继续向威海、烟台、青岛、日照等沿海地区集中；畜禽加工向潍坊、临沂、聊城等畜禽主产养殖区集中；果蔬加工向盛产水果的烟台、临沂和蔬菜主产区潍坊、临沂、济南、济宁等区域集中或转移；乳品加工向奶源较丰富、市场销量较大的济南、淄博、泰安等区域集中。

一方面由于食品原料和消费对全球市场的依赖度不断增强，山东省特色食品产业集群主动适应食品产业布局的全球化、区域化发展的必然趋势，青岛啤酒、烟台张裕等产业集群内知名食品企业采取走出去的战略，延伸全球价值链，积极参与国际化、区域化经营，利用“两个资源、两个市场”应对食品原料和市场波动带来的影响，并取得良好的成效。另一方面，山东省特色食品产业集群依靠品牌、资金、资源优势加大对国内市场的开拓力度，在乳制品、食用植物油、肉类、葡萄酒、啤酒等重点行业，逐步增强对我国市场原料和终端产品的控制力度。如益海嘉里旗下“金龙鱼”“胡姬花”2 个品牌小包装食用油产量占全国的 30%以上。张裕集团在新疆、宁夏、陕西、北京、辽宁等地建葡萄种植基地 20 万亩，并在当地建设了葡萄酒加工基地、酒庄。

新技术、新工艺的不断涌现推动山东省特色食品产业集群价值链升级。高新技术已经成为推动食品产业提升核心竞争力的重要手段。近年来，超微粉碎、挤压膨化、超临界萃取、膜分离、酯交换等新技术广泛推广应用，逐步解决制约食品产业发展的关键技术、核心技术，推动食品产业价值链向精深加工和上下游延伸，实现了传统食品产业向工业化、信息化的转变。同时，对于山东省特色食品产业集群价值链的升级建立行业数据信息库和运行监测制度也是十分有必要的。建立由行业协会管理的食品行业数据信息平台，汇总、发布行业统计数据、产业政策、诉求建议等行业信息资源。完善食品行业运行监测制度，及时把握行业动态，做好食品行业转型升级的政策引导和信息服务。

表7.3　山东省特色食品产业集群

序号	产业集群名称	所在市
1	荣成海洋食品产业集群	威海
2	烟台葡萄酒产业集群	烟台
3	莱阳花生油产业集群	烟台
4	临沂干燥蔬菜产业集群	临沂
5	招远龙口粉丝产业集群	烟台
6	诸城肉禽调理食品产业集群	潍坊
7	沂水饼干产业集群	临沂
8	禹城功能糖产业集群	德州
9	邹平玉米油产业集群	滨州
10	博兴大豆油产业集群	滨州
11	日照鱼糜食品产业集群	日照
12	金乡大蒜加工产业集群	济宁
13	平邑果蔬罐头产业集群	临沂
14	曹县芦笋金凤罐头产业集群	菏泽
15	济阳县饮料食品产业集群	济南

第 8 章　全球价值链分工下中国制造企业
国际化生产战略与政策启示

从地球的南端到北端，从西部到东部，从发达国家到发展中国家，全球价值链就像是人体的神经遍布各地，越来越多的企业或主动地融入或被动地卷入全球价值链之中，特别是制造业，其全球化生产的程度日益提高。但是，参与全球价值链，并不意味着一定就会获得高额回报，绝大多数情况下，其权利的分布和利益的分配并不均衡。一些国家参加了众多种类不同、形式各异的价值链，有时作为东道国的领导型企业，主宰着高附加值活动的区位决定以及其他企业参与全球价值链的入门条件；有时又承担着精细化分工下的任务生产和供应。还有些国家，广泛地承接着各类领导型企业撒下的订单，繁忙的生产背后是寥寥无几的利润和收益增值。当然还有些国家一直徘徊于全球价值链之外，对此毫无经验……正如 OECD 的数据显示的那样，除中国之外的亚洲国家制造业产出占世界制造业的 12%，中南美洲制造业占比 5.6%，而非洲这一比例仅有 1.6%[①]。中国制造业的总产出接近世界的 60%，已经发展成为世界最大的制造商，但是其增加值却仅占世界制造业增加值的 20%[②]，悬殊的数字背后反映的是我国制造业在全球价值链上的位置和发展困境。如何提升我国制造业在全球价值链的地位，实现全球价值链的升级以及向制造强国的转变，是摆在中国制造企业面前的一道必答题。

[①] 经济合作与发展组织. 互联经济体——受益于全球价值链[M]. 北京：中国商务出版社，2013：145.

[②] 根据 OECD 数据计算，2011 年，中国制造业增加值占世界制造业增加值的 20.3%，但与此同时，中国当年的制造业总产出接近世界的 60%。

8.1 中国制造业嵌入全球价值链的国际化生产战略

被誉为中国版"工业4.0"的《中国制造2025》已于2015年5月8日正式签批。作为我国实施制造强国的第一个十年规划纲要，提出到2025年，"形成一批具有较强国际竞争力的跨国公司和产业集群，在全球产业分工和价值链中的地位明显提升"①。为此本书分别从中国制造业嵌入全球价值链的国际生产组织安排、全球价值链的竞争与升级和全球价值链的风险防控三个层面阐述我国制造业嵌入全球价值链的国际化生产战略。

8.1.1 全球价值链的国际生产组织结构安排

中国的改革开放进程，也就是我国企业不断融入全球价值链的过程。我国制造业经历了从加工出口、中外合资、在岸外包、对外直接投资、离岸非股权安排等一系列的国际化投资生产方式，极大地提高了其嵌入全球价值链的深度和广度，而企业进入全球价值链的国际生产组织安排，正如前文所述，也需结合企业自身的条件、行业特征、市场特征、政策环境的情况进行优化选择。事实上，不同形式价值链上的权利分布，恰恰反映了这些链条组织结构的不同（参见表8.1）。

表8.1　全球价值链生产组织结构的特征因素

	市场关系	紧密关系	垂直一体化
所有权结构	领导企业不持有供应商任何股份（市场交易）	领导企业与供应商之间维持某种程度的紧密联系（非股权模式）	领导企业直接或间接地持有供应商全部或部分的股份（股权模式）
行业特征	低技术劳动密集型行业，专业化程度较低 具有规模经济	低技术劳动密集型行业，高度专业化 具有范围经济	高技术和高度专业化，劳动或资本密集型行业 具有规模和范围经济
产品部门	易耗品	易耗品	耐用品

---

① 国务院. 国务院关于印发《中国制造2025》的通知[EB/OL].中国政府网，http://www.gov.cn/zhengce/content/2015-05/19/content_9784.htm，2015-05-19.

续表

	市场关系	紧密关系	垂直一体化
产品特征	同质标准化产品（产品寿命周期或长或短）	设计工艺有特殊要求的产品（产品寿命周期短）	质量敏感商品（产品寿命周期长）
买方特征	大量低价格的零售商	品牌拥有者	制造者
供应地域	低收入发展中国家	中低收入发展中国家	中高收入发展中国家
买卖双方的技术转移	不可能	可能	必需
政策环境	贸易壁垒较小	贸易投资便利化（自贸区、出口加工区政策）	投资优惠政策

资料来源：作者绘制，参考 OECD, WTO, WORLD BANK GROUP. Global Value Chains: Challenges, Opportunities and Implications for Policy [R]. G20 Trade Ministers Meeting, Sydney, Australia. 2014-07-19: 23。

如表 8.1 所示，在劳动密集型行业中，对于一些低技术的标准化同质产品，买卖双方主要是通过普通的市场交易采购零部件，买卖双方之间联系并不紧密；但是随着生产工艺要求的提高，以及最终产品的差异化趋势，领导型企业控制、管理全球价值链的需求会越来越大，此时买卖双方通常采取合同制造、服务外包等非股权形式进行生产，双方之间的关系变得更为紧密；而对于那些高技术、高度专业化、高复杂度的产品，领导型企业需要对生产具有绝对的控制权，以保证产品的质量，此时领导型企业通常会采取股权的方式以实现对关键生产流程的绝对控制。一般说来，低收入的发展中国家主要提供低成本同质产品的供应，而中高收入的发展中国家主要提供较高成本差异性产品的供应。贸易壁垒较低时，市场交易普遍，但随着贸易投资便利化的发展以及投资政策的支持，非股权和股权模式的采用越来越多，全球价值链将更多的买方和卖方紧密地联系在了一起。

8.1.2　中国制造业嵌入全球价值链的路径与模式选择

根据第五章和第六章实证研究的结果，对于我国的制造企业而言，在企业成熟度、市场成熟度以及政策完善程度较低的情况下，我国企业可主要通过在岸股权一体化或是承接非股权生产的方式参与全球价值链；而随着企业、市场及政策的不断成熟和完善，一些在国内具有比较优势的制造企业以及一些资源性企业和高技术制造企业开始走出国门，通过对外直接投资或离岸非股权的方式在更深程度上参与全球价值链的竞争（具体如图 8.1 所示）。

图 8.1　全球价值链嵌入路径选择示意图

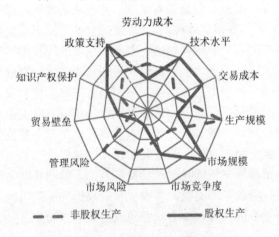

图 8.2　股权与非股权生产决策因素示意图

图 8.2 则显示了不同因素影响下企业对于股权与非股权这两种生产组织模式的选择。如图所示，企业应选择技术水平较高、管理风险较低、市场规模较大的区域进行股权一体化生产；而对于技术依赖度较高、生产效率和生产规模较高的区域可选择非股权生产模式。当管

理风险、市场风险较高时企业应选择非股权方式来回避风险。政策的支持、知识产权保护等因素也是企业考虑选择一体化生产的重要原因。此外，无论是股权一体化生产还是非股权生产，劳动力成本都是企业应该考虑的重要影响因素，同时还应结合企业所处的具体生产阶段以及投资的性质来决定企业在全球价值链上的权利分布。

　　此外，在全球价值链分工背景下，制造企业通过海外投资延伸其全球价值链的过程就是企业在全球范围内通过股权与非股权形式构造其全球生产网络的过程。两种生产模式并不总是相互替代、二中选一的关系，有时还会呈现出互补关系。在价值链的某些环节，企业需要对股权与非股权模式进行成本与收益的评价和比较并进行选择，此时二者是相互替代的。如电子行业某跨国企业对其零部件的离岸生产，可能会因为东道国存在经验丰富的大型合同制造商，而倾向于选择非股权模式。但在价值链的同一阶段，也可能会两种模式并存。如跨国公司通常会在其非股权供应商聚集的区域，同时设立独资的分支机构，以便于实现对其供应商的管理与控制，还有的跨国公司将其研发中心也设立在非股权制造商的聚集地。由此可见，企业出于对全球价值链布局的考虑，可以将股权与非股权模式并行发展，二者之间不一定总是选择的关系，有时某种生产组织模式的应用可能蕴含着一定的机遇，或是由某些特定因素所决定。

8.2　中国制造企业全球价值链的竞争与升级

　　在人们的传统认知中，发展中国家在全球价值链中总是承担着大量工艺简单、低技术、低附加值的生产活动或装配活动，似乎我们能从全球价值链中获得的除了与生产数量并不相称的较低收益之外，再无其他。然而事实也并非全然如此，如著名的电子合同制造商富士康，就通过多年的为汽车和电子行业供应零部件，而发展成为拥有较强成本优势和竞争优势的大型跨国公司，其在世界各地的业务量和研发投资都相当可观①。因此，如何利用全球价值链实现中国制造业的转型与升级是当前中国制造企业面临的重要课题。

8.2.1 制造企业全球价值链竞争力的影响因素

自 20 世纪 80 年代后期，越来越多的大型跨国公司为提升其核心竞争力，而将其非核心的业务，特别是生产和组装业务进行外包，从而使得包括中国在内的一些发展中国家制造企业有机会进入到制造业的全球价值链中来，并在一定程度上实现了本国制造业的产业升级。一个企业在全球价值链上的竞争力受到包括生产能力、基础设施与服务、商业环境、贸易投资政策以及产业规制等多种因素的影响，表 8.2 列出了制造企业全球价值链竞争力的关键影响因素。

如表 8.2 所示，人力资本的质量、成本和可获得性，满足国家或行业的标准及认证，国家创新体系以及基础设施和政策是决定制造企业在全球价值链获得竞争力的关键。与农业、采掘业等行业不同，对于制造业而言，熟练的技术工人或专业技能人才是领导型企业需要的。技术创新能力对于高技术制造业的生产尤为重要，也是企业实现产品或工艺升级的核心能力。消费者安全对于全球价值链的健康发展至关重要，因为一旦出现危害消费者安全的事件，那么坍塌的绝不会是一家企业，而是整条价值链，因此质量认证通常对于进入模块化生产价值链的企业是必需的。虽然经济特区以及自贸区的设立，为我国企业进入全球制造业价值链创造了难得的机遇，但这些区域通常相对孤立，我国企业想要深度融入其价值链并实现价值链升级仍面临巨大的挑战。

表 8.2　制造企业全球价值链竞争力的关键影响因素

关键影响因素	观测点	竞争力获取途径
生产能力：人力资本	1. 劳动力成本 2. 熟练劳动力	虽然对于劳动密集型行业而言，劳动力成本是重要的影响因素，但是经过职业技能培训或大学教育培养所形成的熟练劳动力资本则是提升价值链竞争力和适应价值链需求的关键。

① Cattaneo, Olivier, Gereffi G et al. Global Value Chains in a Postcrisis World: A Development Perspective[J]. Washington, DC: The World Bank, 2010.

续表

关键影响因素	观测点	竞争力获取途径
生产能力：标准和认证	1. 国际标准 2. 产品标准 3. 公共标准	获得国际生产标准认证是企业进入制造业价值链的基本条件，如 ISO 质量认证等；但对于一些特殊行业如药品、食品、航空等还需满足由东道国政府颁布的产品标准；此外，国际劳工标准 ILO、Ethical Trade Initiative 等正在发展成为新的全球价值链管理标准。
生产能力：国家创新系统	1. 合作研发 2. R&D 3. 创新政策	制造企业之间以及与科研院所、大学、政府间的研发合作对于企业提升生产竞争力至关重要，研发投入以及政府对技术创新政策的支持更是企业实现价值链升级的必要条件。
基础设施	1. 交通 2. 能源、水电 3. 基础服务	交通设施的完善程度决定了全球价值链上货物的成本和运输速度，是加入全球价值链的先决条件；能源、水、电等基础设施和服务则会成为全球价值链区位选择的关键因素。信息技术的发展和应用可帮助企业大幅提升其基础设施的水平。
贸易投资政策和便利化	1. 区域贸易协定 2. 贸易政策 3. 投资政策	加入更多的区域贸易协定以及自贸区的设立，可以大幅提高制造业价值链活动的便利性，而贸易保护政策则可能成为全球价值链发展的阻碍。

　　资料来源：作者绘制。参考 BAMBER P. *et al*.Connecting Local Producers Indeveloping Countries to Regional and Global Value Chains:Update[J].*OECD* Trade Policy Papers, No. 160, OECDPublishing. http://dx.doi.org/10.1787/5jzb95f1885l-en,2014:21。

8.2.2 中国制造企业全球价值链的升级

1. 全球价值链的升级模式

　　企业在全球价值链上获取价值的高低依赖于生产者提供的产品和服务的复杂度和难以复制的程度。因此，中国制造企业想要突破价值链低端锁定的困境，实现全球价值链的升级，其核心问题是要提高我国企业生产产品的技术含量及其他知识资本投资。按照传统意义来说，这主要体现在四个方面：流程升级、产品升级、功能升级和价值链升级①。其中，流程升级主要体现在生产效率的提高上，主要表现为由于生产工艺技术创新以及管理创新所带来的区别于其他企业的复杂生产能力和效率；产品升级主要体现在产品增加值的提高上，这往往与产品创新有关，如笔记本电脑、U 盘的诞生几乎都带来了电子产品革命性的进步；功能升级主要体现在产品设计和营销的创新所带来的高附加值和细分市场；价值链升级主要表现为企业利用现有价值链的资源和知识资本，参与到具有更高水平的全新价值链中。

综上可以发现，从流程升级到整个价值链的升级是逐级递进的，一般发展中国家全球价值链的升级也都是从流程升级开始的，而功能升级则可能会为企业带来更多价值。作为新兴经济体的典型代表，中国制造企业的升级重点不在于生产更多的产品，而在于创造更多的价值。下面以我国服装制造业为例，阐释全球价值链的功能升级过程（具体参见图 8.3）。如图所示，通过私人部门、政府部门、教育部门以及行业协会的政策支持，企业可以通过对员工的专项技能培训，以及在与上下游供应商之间紧密联系中的技术外溢，获得和拓展其业务活动的功能和领域，从最初的只赚取加工费的加工厂，经由原始设备制造商、原始设计制造商发展成为自有品牌制造商，成功实现全球价值链的功能升级。

2. 全球价值链的升级内核——知识资本创新

高增加值的活动通常集中于知识资本密集使用的环节，正是由于知识资本的不确定性以及复杂组合的非线性变化，使得这些活动难以被模仿。全球价值链升级的价值在很大程度上就是取决于这种知识资本的不可复制性。知识资本并不是一成不变的，而是动态发展的，全球价值链的升级始终离不开创新性的知识资本。表 8.3 描述了全球价值链升级与创新性知识资本的关系，如表所示，随着全球价值链升级模式的递进，知识资本的不可复制性越来越高，价值链升级的难度越来越大，价值增值也越来越高。

① Kaplinsky. R. Morris M. A Handbook for Value Chain Research[J]. Institute of Development Studies, www.ids.ac.uk/ids/global/pdfs/VchNov01.pdf, 2002.

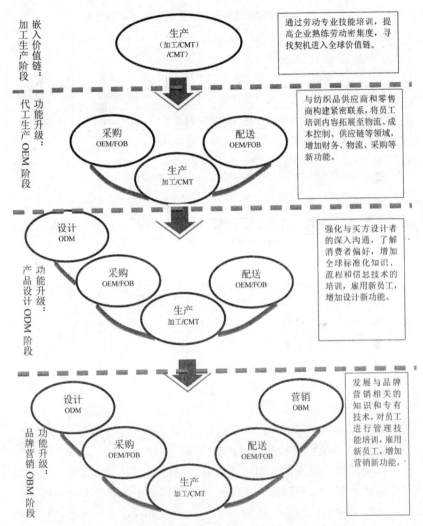

图 8.3 我国服装制造业全球价值链功能升级示意图

备注：CMT（Cutting+Making+Trimming）意为加工费+辅料费；FOB（Free On Board）意为离岸价格，在此指制造企业要负责商品离岸前的一切事项。

资料来源：参考 Bamber P. *et al.* Connecting Local Producers Indeveloping Countries to Regional and Global Value Chains: Update[J]. OECD Trade Policy Papers, No. 160, OECD Publishing. http://dx.doi.org/10.1787/5jzb95f1885l-en, 2014:19。

表 8.3   全球价值链升级与创新性知识资本的关系

升级模式	创新性知识资本	不可复制性	价值增值
流程升级	丰富的专业技能知识，高效的采购网络，创新的生产工艺技术和流程管理	低	低
产品升级	创新的设计，先进的质量管理技能	↓	↓
功能升级	复杂的技术应用，品牌和营销管理能力		
价值链升级	富有经验的管理技能，灵活的组织结构	高	高

资料来源：参考 Kaplinsky R, Morris M, A Handbook for Value Chain Research[J]. Institute of Development Studies.www.ids.ac.uk/ids/global/pdfs/VchNov01.pdf, 2002。

知识资本蕴含在设计、生产、使用商品或服务的全过程，并且由于其无形性、非竞争性和部分的非排他性，使得知识资本很容易外溢和被模仿，正因为此，作为理性经济人的厂商并不愿意事先对未知的知识资本投资，特别是在创新成果还可能被他人无偿享用的情况下，因此企业创新投入不足也就不足为奇了。鉴于此种情况，我们可以得到三点启示：第一，对于发展中国家的制造企业来说，大量的投入研发资金开发未知的技术风险较大，与这种探索搜寻式的技术创新相比，在干中实践式的技术创新效果更好、效率更高；第二，由于技术外部性的存在，使得技术创新成果很容易被模仿和非法使用，因此政府营造良性的技术创新环境可能比研发投入支持更重要；第三，公共政策不应只关注研发活动本身，还应关注创新过程的下游活动（包括试验、技术调整和商业化等），技术创新成果的产业化与技术创新同等重要。

3. 全球价值链升级的企业战略

一面是越来越多的中国制造企业走出国门，一面是国外制造业资本纷纷从中国转移至越南、泰国、印度等其他东南亚国家，一面是美国企业的"重返制造业"浪潮袭来。全球价值链正在经历着结构调整与转型，中国制造企业如果能在全球价值链重塑的过程中把握良机，则有望通过全球价值链这把"梯子"，实现中国制造业的跨越式发展。

第一，高级生产要素聚集战略。实现全球价值链升级的必要条件是高级生产要素的聚集，这里最关键的高级生产要素是人，熟练掌握生产技能的劳动力以及各种专业高级人才。企业一方面应制定长期的员工培训方案，提升熟练劳动力的比重和质量，以满足复杂生产的需要；另一方面是提供良好的职业发展环境，吸引世界范围内的各级各类高级专业人才汇聚并为之提供施展才能的舞台。

第二，多层次的技术发展战略。如前文所述，知识资本的创新是实现全球价值链升级的内部驱动力。但是对于大多数中国制造企业而言，高额的研发投入和未知的风险会让他们望而却步，因此企业建立多层次的技术发展战略尤为重要。这包括企业在干中实践的生产工艺技术创新；与其他企业、科研院所、大学等合作研发、协同创新；通过国际技术许可获得国外先进技术后的再创新；通过外资企业的技术溢出等。

第三，进口升级战略。大多数我国制造企业以低附加值的加工贸易和简单装配为主，通过升级进口产品结构，提高进口产品的复杂度和技术含量，与发达国家的高端生产要素结合，由低技术产品的加工装配向高技术产品的生产转变，以提升我国制造企业在全球价值链的位置。

第四，国内价值链延伸战略。充分发挥规模经济和范围经济的优势，在国内重新整合要素资源，通过国内企业的垂直专业化分工与合作联盟，实现国内价值链的延伸，提高我国制造企业在全球价值链的收益。

第五，自主品牌发展战略。在全球价值链上，品牌所有者往往居于领导型企业地位，它管理和控制着价值链上其他企业的生产活动。因此，我国制造企业要想实现价值链的攀升，必须制定品牌营销发展规划，重视无形资产的保护和管理，实现从自主生产、自有知识产权、自主品牌、自主营销的转变。

第六，对外直接投资战略。鼓励有条件的中国制造企业走出去，更深程度地融入全球价值链，熟悉国际规则和国际惯例，最大限度地接近和利用全球高级生产要素，通过逆向技术溢出，分享世界先进的生产资源，增强对全球价值链的控制力，实现从全球价值链低端向高端的攀升，实现从价值链从属位置向领导型厂商的跨越。

8.3 中国制造业全球价值链的风险治理

　　全球价值链将世界各地的企业、消费者、行业甚至政府都紧密地联系在了一起，形成了相互依赖、相互制约的复杂网络，这个网络在输送着各类产品和服务的同时，也成为风险传播的载体和渠道，将起始于某一地区的供给短缺等风险迅速地传递到世界各地。正如 2008 年的金融危机所经历的那样，金融风险通过全球网络蔓延至世界各国，很少有国家能够在那场危机中独善其身。因此，随着中国制造企业越来越深入地融入全球价值链，对于这种新的风险传播途径应该有所警惕，并积极防控和有效治理。

8.3.1 全球价值链风险

　　全球价值链风险作为系统性风险的一种，具有与系统性风险相同的特征。从积极的方面来讲，如果系统的冲击并不十分明显时，个体风险会通过全球价值链的相互连通性，分散至多个主体共同承担。也就是说，全球价值链具有一定的系统稳定性，在可控的范围内可以削弱、分散和转化风险。但是当系统的冲击超过一定的临界值后，整个价值链就会变得非常脆弱，届时风险会通过全球生产网络的乘数效应数倍的放大，并击溃整个价值链[①]。

　　全球价值链风险主要来源于企业外部和企业内部，具体包括如下几点：

1. 外部环境风险

　　主要包括自然灾害、政治动乱、意外事故、大规模疾病、法律诉讼等，这些风险具有不可预知、不可预防的特性，往往会导致需求、货币、商品价格的大幅波动。

---

① Battiston S, Gatti D D, Gallegati M B et al, Liaisons Dangerousness: Increasing Connectivity, Risk Sharing and Systemic Risk[EB/OL]. www.www3.unicatt.it: 2009.

2. 供应商风险

主要包括生产管理风险、市场竞争与监管风险、财务损失风险等，这些风险往往与市场竞争、外部压力与资源限制等因素有关，并随着对其依赖度的提高而大幅增加下游厂商乃至整个价值链的风险。

3. 配送风险

主要是由基础设施、库存、运输及劳动力等问题引起的，配送风险具有极强的传递性，目前价值链企业所奉行的零库存、及时供应等战略会在配送风险发生时，对整个价值链产生极强的破坏力。

4. 企业内部风险

主要包括生产运营风险、生产要素供应风险、财务风险、技术风险等。相比外部风险而言，企业的内部风险相对易于控制和防范。

8.3.2　全球价值链的风险治理

1. 企业对全球价值链的风险治理

据麦肯锡（2010）[1]的一份调查报告显示，全球价值链的风险有持续增长的态势，因此企业需要建立对全球价值链风险的识别机制、评估及预警机制和应急预案机制。一般说来，对于企业内部的价值链风险，可以通过有效的组织机制得到预防和解决；但对于企业外部的价值链风险则很难控制。

因此，企业对全球价值链风险治理的重点是降低成本和提高效率。其一，我国制造企业可以通过对采购系统的升级以及供应链的调整来缓解和分散风险，在降低成本（库存）和抵御风险能力之间寻求最佳的平衡点，增加系统的稳定性；其二，我国制造企业可以通过制定完备的应急预案，降低对外部价值链的依赖程度，提高应对不可预测事件的处理能力，增加系统的灵活性；其三，我国制造企业应建立风险管理责任制，对相关人员进行专业培训，提高他们应对风险、处理问题的能力，增加系统的敏捷性。

---

[1]　Mckinsey and Company. The Challenges Ahead for Supply Chains[R]. Chicago: McKinsey on Supply Chain: Select Publications, McKinsey & Company, 2010.

2. 对全球价值链风险的共同治理

由于全球价值链风险的复杂性和多样化，单个企业仅靠一己之力很难阻断风险在价值链上的传递，这需要由各国政府、上下游企业、行业协会、消费者以及相关公共部门之间的高度协作，共同防控全球价值链风险。对全球价值链风险的共同治理，除了上面提到的风险识别、风险评估、风险预警等措施外，最为重要的就是建立风险交流机制，主要包括信息和经验的共享、风险防范措施的高度协调以及战略部署的合作统一，以提高全球价值链的系统稳定性和抵御风险的弹性及反应速度。

8.4 政策启示

全球价值链的发展，把越来越多的企业和国家引入到一个相互联系、互相依存的国际生产网络中来，全新的生产范式势必会使得各国原有的经济贸易政策与企业运营实践之间产生"间隙"。对于政策制定者而言，如何找到这些"间隙"，营造一个有利于企业参与全球价值链生产和健康发展的环境尤为关键。其实，政府在全球价值链中的作用，并不只是提供多少补贴或是减免多少税收，也不只是按照社会期望的标准对其进行管理。政府真正要做的是培育一种有利于生产、投资、贸易、交流的亲商环境，让企业能够充分享受来自他们自身以及合作伙伴的各种收益。竞争、透明、诚信的公共治理，以及便利的经商环境和融资渠道，能够帮助企业在全球价值链的竞争中实现流程升级、产品升级、功能升级乃至整个价值链的升级（OECD, WTO, WBG, 2014）①。

8.4.1 贸易政策启示

第一，由于全球价值链的发展，使得我国制造业中间品进口所占

---

① OECD, WTO, WORLD BANK GROUP. Global Value Chains: Challenges, Opportunities and Implications for Policy [R]. G20 Trade Ministers Meeting, Sydney, Australia. http://www.oecd-ilibrary.org/science-and-technology/interconnected-economies_9789264189560-en, 2014-07-19: 23.

份额明显增加，其重要性也逐渐凸现。而进口零部件的活动势必会增加商品的"关境成本"，因此本国的贸易措施，如进口关税政策、原产地规则、反倾销等都因此会对本国的企业竞争力产生影响。这种影响有时甚至会使贸易政策发生转向，如贸易保护政策可能会由"以邻为壑"转变为"以自己为壑"[1]。因此，政府应深入了解我国制造企业在全球价值链所处的位置，这样才能有的放矢地制定相关贸易政策，提高政策的靶向性和有效性。

第二，随着自由贸易协定的陆续签订以及关税减免政策的实施，将会对我国制造企业提高生产效率和进一步开放产生有利影响。不仅如此，这种影响还会通过全球价值链进行传递：从制造业传递到与制造业相关的服务部门；向下游传递，提高下游企业创新的能力；从本国企业向外资企业传递，吸引更多的外资企业进入制造业下游区域，享受进口中间品的成本下降福利；从本国市场传递到外国市场，甚至提高整条价值链的生产效率。

第三，由于全球价值链的活动彼此交错，制造业的价值链生产往往也会和其他行业和部门产生密切联系，而我国目前参加的区域贸易协定并不能覆盖价值链的所有活动，因此在未来的区域贸易协定的谈判中，争取覆盖的行业和商品越广泛，与价值链上更多的国家达成双边或多边的贸易协定，将会极大地推动我国制造业全球价值链的发展和升级。

8.4.2 投资政策启示

第一，全球价值链的形成和发展主要是通过跨国公司在世界各地的外商直接投资来实现的，因此开放的投资政策对促进我国企业参与全球价值链是有正向作用的。从吸引外资的政策来看，要想提高我国制造业在全球价值链的地位，应注重引资的质量和结构，鼓励中、高技术制造业外资的进入，一方面，可以促进我国制造业前向 GVC 的发展；另一方面，这些外资企业的再出口在带动我国制造业后向 GVC 发展的同时，还可提高我国出口产品的技术含量和复杂度。

---

[1] MIroudot S, Rouzet D, Spinelli F. Trade PolicyImplications of Global Value Chains: Case Studies[J]. OECDTrade Policy Papers, No. 161, OECD Publishing.http://dx.doi.org/10.1787/5k3tpt2t0zs1-en, 2013.

第二，越来越多的我国制造企业开始走出国门，更为主动地在更为广阔的空间内参与全球价值链竞争。为鼓励更多的企业走出去，在政策方面我国已经制定并出台了一系列对外投资的扶植政策，包括支持个人国外投资、跨国并购等。除此之外，更为重要的是为走出去的企业提供更多的咨询和帮助，搭建对外直接投资项目合作的信息平台，帮助我国企业消除"走出去"的各种障碍和疑虑，打造新的国际竞争优势，加快其国际化经营的进程。

第三，充分发挥"一带一路"开放政策优势，在有条件的国家和地区尝试建设境外制造业合作园区①。进一步加大政府的政策支持力度，鼓励我国高端装备制造、先进技术制造和优势产能制造业的境外转移，积极引导我国制造企业与国外企业在研发、设计、品牌营销等领域的合作，实现我国制造业向价值链高端的转移。

8.4.3 全球价值链政策启示

第一，进一步提升企业参与全球价值链活动的便利性。这里的便利性有两层涵义：一是指进一步加大基础设施的建设，优化商业环境，简化通关等贸易投资手续；二是指我国国内市场竞争规则、知识产权保护、产业技术标准等投资贸易准则与世界经济的深度一体化。其实从本质上来讲，我国企业参与全球价值链的过程，也是我国的贸易投资准则与国际惯例、国际规则接轨的过程，正如世界贸易组织在2013年达成的"全球性贸易协议"所预示的那样，投资贸易的便利化每年至少创造超过万亿美元的收益，创造超过2100万个就业岗位，使发展中国家的贸易效率提高14至15个百分点[16]。

第二，加大对价值链高端行业发展的政策引导。我国多年加工贸易的发展，在为经济增长做出重大贡献的同时，也不可否认我国企业在全球价值链低端锁定的客观现实，解决这一问题的根本还是在于技术创新。在政策方面，一是建议出台鼓励支持研发合作的法案，将"中国制造"向"中国创造"引导，实现中国由"全球制造中心"向"全

---

① 国务院. 国务院关于印发《中国制造2025》的通知[EB/OL]. 中国政府网, http://www.gov.cn/zhengce/content/2015-05/19/content_9784.htm, 2015-05-19.

球研发中心"的升级；二是应进一步加大对服务贸易、技术贸易的支持力度，有研究表明，服务贸易、技术贸易的增加值远比加工贸易、一般货物贸易的增加值要大①，这样的政策导向也有助于实现我国企业向研发、营销、设计等价值链高端转移的目标。

第三，重视对企业全球价值链控制能力的培育。在全球价值链重构的过程中，对本土跨国企业的培育，提高其在全球价值链中的参与深度和控制能力至关重要，这也是未来企业的核心竞争优势所在。在政策方面，要切实落实"开放型经济体制"，一方面为企业的"走出去"提供支持和帮助，另一方面也为全球高级生产要素的流入和集聚打开大门。只有真正形成技术、人力资源等高级要素的双向流动和聚集的经济环境，才有利于中国在全球价值链的竞争和重构中，占据有利位置，实现全球价值链的利益增值和资源在全球范围内的优化配置。

8.4.4 其他政策建议

第一，完善的制度体系本身就是全球价值链竞争优势的源泉。国际交易的复杂程度越高，制度规则的作用就越重要。国际契约的不确定性往往会导致贸易和投资的次佳选择，而有效的制度保障则可能使国际交易中的难题迎刃而解，因此政府应加强有效的监管协作，创建公平的契约环境，进一步完善制度体系建设，使之演变为我国企业国际竞争优势的源泉。

第二，国际贸易条件的改善是推动我国制造业国际化生产和升级的必要条件。首先在汇率政策方面，由于国际贸易条件的改善与否依赖于众多影响因素在我国和其他国家之间的作用比较，因此单纯的货币贬值或货币升值并不一定能改善我国的贸易条件。因此改变汇率的盯住浮动机制，逐步实现人民币汇率的市场化，阻断人们对于人民币持续升值或贬值的预期，将更利于我国企业国际化战略的实施。其次在财政政策方面，一是引导财政资金向高端装备制造、智能制造等制

---

① 据商务部 2014 年发布的《全球价值链与我国贸易增加值核算报告》显示，2012 年我国服务贸易单位出口增加值 848 美元，远高于加工贸易（385 美元）和一般贸易（780 美元）的单位出口增加值。

造业升级的关键领域的投入；二是创新财政支持方式，财政政策向制造业升级的功能领域如设计、运营方向倾斜；三是调整政府采购向推动制造业研发和成果转化等方向转移[①]。改善制造业国际化生产的要素价格条件，为我国制造业的升级奠定基础。

第三，在金融政策方面，进一步拓宽制造业的融资渠道，引导金融创新与先进制造业的有机结合，降低融资成本。积极推进融资租赁等贸易方式在大型制造企业的试点，以及制造业租赁和贷款资产的证券化试点，促进我国制造业的升级和转型。

第四，从我国制造业全球价值链实践来看，我国上游装备制造业存在着市场发展空间和技术升级差距的双重障碍[②]，因此在政策上应侧重协调上游装备制造业与下游消费品制造业之间的均衡发展，建立下游消费品制造业的本国价值链，拓展上游装备制造业的发展空间，延长我国制造业的国内价值链，增加价值链收益，提升我国制造业的整体竞争力。

第五，信息技术以其快速的技术进步和产品的不断推陈出新，而对其他产业发展和贸易方式的改变产生巨大的影响。因此，支持信息技术与现代制造技术的深度融合，加大政府对智能制造项目的研发投入和产学研政策倾斜，建立智能制造标准体系，搭建智能制造网络平台，将帮助我国制造业完成生产方式革命，实现由"传统制造"向"智能制造"的转变，这将极大地推动我国制造业在全球价值链的升级和跨越。

8.5 本章小结

本章在前文理论模型和实证模型分析的基础上，同时借鉴发达国

---

① 国务院. 国务院关于印发《中国制造2025》的通知[EB/OL]. 中国政府网，http://www.gov.cn/zhengce/content/2015-05/19/content_9784.htm，2015-05-19.

② 巫强，刘志彪. 本土装备制造业市场空间障碍分析——基于下游行业全球价值链的视角[J]. 中国工业经济，2012，288（3）：43-55.

家跨国公司国际化生产的经验，对中国制造企业全球价值链嵌入、整合、升级提出战略建议，并提出相关的制度设计空间和政策启示。

中国制造业嵌入全球价值链的国际化生产战略选择，在劳动密集型行业中，对于一些低技术的标准化同质产品，买卖双方主要是通过普通的市场交易采购零部件，买卖双方之间联系并不紧密；但是随着生产工艺要求的提高，以及最终产品的差异化趋势，领导型企业控制、管理全球价值链的需求会越来越大，此时买卖双方通常采取合同制造、服务外包等非股权形式进行生产，双方之间的关系变得更为紧密；而对于那些高技术、高度专业化、高复杂度的产品，领导型企业需要对生产具有绝对的控制权，以保证产品的质量，此时领导型企业通常会采取股权的方式以实现对关键生产流程的绝对控制。

对于我国的制造企业而言，在企业成熟度、市场成熟度以及政策完善程度较低的情况下，我国企业可主要通过在岸股权一体化或是承接非股权生产的方式参与全球价值链；而随着企业、市场及政策的不断成熟和完善，一些在国内具有比较优势的制造企业以及一些资源性企业和高技术制造企业开始走出国门，通过对外直接投资或离岸非股权的方式在更深程度上参与全球价值链的竞争。企业出于对全球价值链布局的考虑，可以将股权与非股权模式并行发展，二者之间不一定总是选择的关系，有时某种生产组织模式的应用可能蕴含着一定的机遇，或是由某些特定因素所决定。

从贸易政策、投资政策、金融政策以及国际贸易条件改善等方面，提出政府应重点培育一种开放的，有利于生产、投资、贸易、交流的亲商环境，让企业能够充分享受来自他们自身以及合作伙伴的各种收益。竞争、透明、诚信的公共治理，以及便利的经商环境和融资渠道，能够帮助企业在全球价值链的竞争中实现流程升级、产品升级、功能升级乃至整个价值链的升级。

总　结

　　本书缘起于我国制造企业不断向海外价值链延伸进行全球化生产的客观需要与其价值链低端锁定的客观现实之间的矛盾，以我国制造企业作为研究的主体，以全球价值链理论、所有权优势理论、内部化与外部化优势理论、不完全契约理论为分析逻辑的理论基础，以股权与非股权的比较为研究视角，以跨国制造企业的国际化生产安排为研究主线，探讨了全球价值链分工背景下，我国制造企业在全球范围内配置资源进行国际化生产的组织管理模式，并在此基础上提出中国制造企业全球价值链嵌入、整合、升级的战略选择及相关政策建议。本书的写作是站在巨人肩膀上开始的，在大量经典文献研究的基础上获得了研究的新思路和新观点，主要体现在以下几方面。

　　（1）构建了中国制造企业参与全球价值链分工模式的一般分析框架。从全球价值链与贸易、投资、就业和经济增长的新型互动关系中，揭示中国制造企业全球价值链整合下的股权与非股权模式内在选择机制的一般规律，并对中国制造企业在全球价值链的地位以及实现全球价值链增值和升级进行阐释。

　　（2）建立了基于全球价值链的企业国际化生产决策动态均衡模型。将不完全契约的假设条件真正置入决策模型，通过在模型中设定的中间投入品替代弹性指数 ρ 反映的技术依赖度，最终产品替代弹性指数 α 反映的市场控制力，以及总部服务密集度 γ 来反映最终厂商与供应商之间的议价能力，而议价能力的高低决定了企业全球价值链收益分配的比例。

　　（3）扩展了经济发展范式研究的内涵，由原来的通过产业分类分析贸易结构和生产分工，发展为按业务功能分析贸易结构和生产分工。通过建立以全工序生产过程为主要特征的连续生产函数，使得企业国际化生产组织决策不同于以往的某一生产阶段的组织决策，生产所处的不同阶段直接会影响具体的决策结果。当投资具有替代关系时，厂商倾向于对上游供应商采取股权模式；当投资具有互补关系时，厂商则倾向于对上游供应商采取非股权模式。

（4）突破了传统的采用行业数据进行企业微观决策实证检验的做法。采用五点尺度量法的问卷调查数据和世界银行企业调查数据库的微观数据进行企业国际化生产决策的实证检验。并且分别采用数量化理论Ⅱ类、Ⅲ类模型对定性变量进行定量化分析，较好地克服了传统计量方法对定性变量赋值的等间隔问题，提高了模型拟合度。

但是限于数据及模型设立的原因，本书还有以下问题有待深入研究。

（1）关于数据更新的问题。由于 OECD-TiVA 数据库数据最新更新至 2011 年（2015 年 6 月更新），故文中涉及贸易增加值的相关数据也只更新到 2011 年，因此对于近三年我国制造业贸易增加值等相关数据是缺失的，使得现状分析有所欠缺。

（2）关于全球价值链中议价的序列性问题。本书中假设了生产的序列性，但如果最终厂商与供应商之间的议价也是序列发生的，这势必会使最终厂商与供应商之间的议价受到其他供应商议价结果的影响，那么现有结论会发生何种改变？

（3）关于我国制造企业国际化生产决策的实证检验问题。限于企业投入产出的微观数据的可得性，实证检验中个别变量如企业上游指数是采用行业数据替代的；以及由于采用世界银行企业调查数据库数据，虽然样本数量较大，但问题的设计缺乏一定的针对性，这也使得基于微观数据的实证检验不够完美。

基于上述问题，作者将进行更为深入的研究。

附　录

附录 4.1：厂商最优组织决策的求解过程

令 $\tilde{\alpha} = \alpha(1-\gamma), \tau = A^{\frac{1-\alpha}{1-\tilde{\alpha}}} \frac{\tilde{\alpha}}{\rho} \left(\frac{1-\tilde{\alpha}}{1-\rho}\right)^{\frac{\tilde{\alpha}-\rho}{\rho(1-\tilde{\alpha})}} \left(\frac{\tilde{\alpha}\theta^{\frac{1}{1-\gamma}}\left(\frac{h}{\gamma}\right)^{\frac{\gamma}{1-\gamma}}}{c}\right)^{\frac{\tilde{\alpha}}{1-\tilde{\alpha}}},$

$$S = \int_0^i (1-\beta_k)^{\frac{\rho}{1-\rho}} dk$$

则 $\pi_H = \tau \int_0^1 \left(1 - S'^{\frac{1-\rho}{\rho}}\right) S' S^{\frac{\tilde{\alpha}-\rho}{\rho(1-\tilde{\alpha})}} di$

令 $L = \left(1 - S'^{\frac{1-\rho}{\rho}}\right) S' S^{\frac{\tilde{\alpha}-\rho}{\rho(1-\tilde{\alpha})}}$，则有

$$\frac{\partial L}{\partial S} = \frac{\tilde{\alpha}-\rho}{\rho(1-\tilde{\alpha})}\left(1 - S'^{\frac{1-\rho}{\rho}}\right) S' S^{\frac{\tilde{\alpha}-\rho}{\rho(1-\tilde{\alpha})}-1}$$

$$\frac{\partial L}{\partial S'} = \left(1 - \frac{1}{\rho}S'^{\frac{1-\rho}{\rho}}\right) S^{\frac{\tilde{\alpha}-\rho}{\rho(1-\tilde{\alpha})}}$$

根据欧拉—拉格朗日条件，利润最大化满足：

$$\frac{\tilde{\alpha}-\rho}{\rho(1-\tilde{\alpha})}\left(1 - S'^{\frac{1-\rho}{\rho}}\right) S' S^{\frac{\tilde{\alpha}-\rho}{\rho(1-\tilde{\alpha})}-1}$$

$$= \left(1 - \frac{1}{\rho}S'^{\frac{1-\rho}{\rho}}\right)\frac{\tilde{\alpha}-\rho}{\rho(1-\tilde{\alpha})} S^{\frac{\tilde{\alpha}-\rho}{\rho(1-\tilde{\alpha})}-1}$$

$$- \frac{1}{\rho}\left(\frac{1-\rho}{\rho}\right) S'^{\frac{1-\rho}{\rho}} S'' S^{\frac{\tilde{\alpha}-\rho}{\rho(1-\tilde{\alpha})}}$$

假设S'至少阶段可导，简化上式为

$$S^{\frac{\tilde{\alpha}-\rho}{\rho(1-\tilde{\alpha})}}S'^{\frac{1-\rho}{\rho}-1}\left[S''+\frac{\tilde{\alpha}-\rho}{1-\tilde{\alpha}}\frac{S'^2}{S}\right]=0$$

求解上式，可能有三种情况的解

$$S^{\frac{\tilde{\alpha}-\rho}{\rho(1-\tilde{\alpha})}}=0$$

$$S'^{\frac{1-\rho}{\rho}-1}=0$$

$$S''+\frac{\tilde{\alpha}-\rho}{1-\tilde{\alpha}}\cdot\frac{S'^2}{S}=0$$

因为第一个条件和第二个条件分别意味着 $S=0$ 和 $S'=0$，都不可能使厂商的利润实现最大化，因此按照第三个条件求解利润最大化的解。

令 $Q=S'$

$$\frac{\tilde{\alpha}-\rho}{1-\tilde{\alpha}}\cdot\frac{S'^2}{S}=-S''=-\frac{\mathrm{d}Q}{\mathrm{d}i}=-\frac{\mathrm{d}Q}{\mathrm{d}S}\cdot\frac{\mathrm{d}S}{\mathrm{d}i}=-\frac{\mathrm{d}Q}{\mathrm{d}S}\cdot Q$$

即

$$\frac{\tilde{\alpha}-\rho}{1-\tilde{\alpha}}\cdot\frac{Q}{S}=\frac{\mathrm{d}Q}{\mathrm{d}S}$$

可以求解除该一阶微分方程，得出：

$$Q=S'=C_1 S^{\frac{\rho-\tilde{\alpha}}{1-\tilde{\alpha}}}$$

同理，再次求解这个新的一阶微分方程，得出：

$$S=\left[\frac{C_1(1-\rho)}{1-\tilde{\alpha}}(i-C_2)\right]^{\frac{1-\tilde{\alpha}}{1-\rho}}$$

其中，C_1、C_2 都为正常数，令初始条件 $S(0)=0$，截面条件 $S'(1)^{\frac{1-\rho}{\rho}}=\rho$，则可得到：

$$S = \left[\frac{C_1(1-\rho)}{1-\tilde{\alpha}}(i-C_2)\right]^{\frac{1-\tilde{\alpha}}{1-\rho}}$$

$$C_1 = \rho^{\frac{\rho}{1-\tilde{\alpha}}}(\frac{1-\rho}{1-\tilde{\alpha}})^{\frac{\tilde{\alpha}-\rho}{1-\tilde{\alpha}}} \quad C_2 = 0$$

可求出：$S = \frac{1-\rho}{1-\tilde{\alpha}}\rho^{\frac{\rho}{1-\rho}}i^{\frac{1-\tilde{\alpha}}{1-\rho}}$

因为$\beta_i = 1 - S'^{\frac{1-\rho}{\rho}}$，所以$\beta_t^* = 1 - \rho t^{\frac{\rho-\tilde{\alpha}}{\rho}} = 1 - \rho t^{\frac{\rho-\alpha(1-\gamma)}{\rho}}$

附录 5.1：关于企业国际化生产的问卷调查

尊敬的企业负责人：

您好！我们是**大学企业国际化生产调查组，为了深入了解当前企业参与国际化程度，设置了本调查问卷，希望听取您的宝贵意见。我们将对您的答卷严格保密，只做学术性研究为政府相关部门决策提供参考，非常感谢您的支持！

（说明：企业参与国际化生产的方式有很多种，包括诸如产品出口、为跨国公司加工零部件、服务外包、海外投资并购等参与到全球生产价值链中的活动形式。）

填表说明，请在您所选答案前面的○或□内点击鼠标进行选择，需要直接填写的，请您直接填写。

一、企业的总体状况（单选）

1. 企业所属行业是：
　　○A. 农林牧渔业
　　○B. 公用事业、采掘、地质勘查等
　　○C. 制造业
　　○D. 邮电通信业

○E．建筑业、交通运输、仓储

○F．批发和零售贸易

○G．金融保险房地产业

○H．卫生体育、教育文化业

○I．科学研究和综合技术服务业

○J．其他

2．企业所有制性质是：

○A．民营企业

○B．国有企业

○C．中外合资企业

○D．外商独资企业

○E．集体企业

3．企业的员工总数：

○A．50 人以下

○B．50~299 人

○C．300~999 人

○D．1000~1999 人

○E．2000 人以上

4．企业成立的时间是____年

二、企业在中国境内参与国际化生产的情况

1．贵企业在中国境内参与国际化生产与发展的主要方式是（多选）：

□A．商品出口；

□B．为国外 OEM 代工或装配；

□C．成为跨国公司的零部件供应商

□D．承接国外服务外包项目；

□E．接受国外商标、专利、专有技术许可；

□F．与外国公司合作研发；

□G．成为跨国公司的特许加盟商；

□H．其他；

2. 贵公司选择上述国际化生产方式的主要原因是（请针对每一个因素的具体程度进行选择）：

（1）本国企业因素：

A. 劳动力成本（单选）

    ○非常低   ○较低   ○一般

    ○较高   ○非常高   ○不确定

B. 技术水平（单选）

    ○非常低   ○较低   ○一般

    ○较高   ○非常高   ○不确定

C. 生产规模（单选）

    ○非常低   ○较低   ○一般

    ○较高   ○非常高   ○不确定

D. 管理风险（单选）

    ○非常低   ○较低   ○一般

    ○较高   ○非常高   ○不确定

（2）本国市场因素：

E. 交易成本（单选）

    ○非常低   ○较低   ○一般

    ○较高   ○非常高   ○不确定

F. 贸易壁垒（单选）

    ○非常低   ○较低   ○一般

    ○较高   ○非常高   ○不确定

G. 市场风险（单选）

    ○非常低   ○较低   ○一般

    ○较高   ○非常高   ○不确定

H. 市场竞争程度（单选）

    ○非常低   ○较低   ○一般

    ○较高   ○非常高   ○不确定

I. 市场规模（单选）

    ○非常低   ○较低   ○一般

　　　　○较高　　　　○非常高　　　　○不确定

（3）本国制度因素：

　J．政治风险（单选）

　　　　○非常低　　　　○较低　　　　　○一般

　　　　○较高　　　　○非常高　　　　○不确定

　K．知识产权保护（单选）

　　　　○非常低　　　　○较低　　　　　○一般

　　　　○较高　　　　○非常高　　　　○不确定

　L．政策支持力度（单选）

　　　　○非常低　　　　○较低　　　　　○一般

　　　　○较高　　　　○非常高　　　　○不确定

三、企业向海外投资的情况

　1．贵企业进入海外市场的主要方式是（多选）：

　　　　□A．海外新建工厂；

　　　　□B．海外并购；

　　　　□C．委托国外 OEM 代工或装配；

　　　　□D．委托海外的零部件供应商生产；

　　　　□E．向海外服务外包公司发包；

　　　　□F．对外许可商标、专利、专有技术使用权；

　　　　□G．发展海外特许加盟商；

　　　　□H．在海外与其他公司合作研发；

　　　　□I．其他；

　2．贵公司选择上述海外投资方式的主要原因是（请针对每一个因素的具体程度进行选择）：

（1）东道国（外国）企业因素：

　A．东道国劳动力成本（单选）

　　　　○非常低　　　　○较低　　　　　○一般

　　　　○较高　　　　○非常高　　　　○不确定

　B．东道国技术水平（单选）

　　　　○非常低　　　　○较低　　　　　○一般

  ○较高   ○非常高   ○不确定

C. 东道国生产效率（单选）

  ○非常低   ○较低   ○一般

  ○较高   ○非常高   ○不确定

D. 东道国生产规模（单选）

  ○非常低   ○较低   ○一般

  ○较高   ○非常高   ○不确定

E. 东道国合作能力与效率（单选）

  ○非常低   ○较低   ○一般

  ○较高   ○非常高   ○不确定

F. 东道国自然资源充裕度（单选）

  ○非常低   ○较低   ○一般

  ○较高   ○非常高   ○不确定

G. 对东道国技术依赖度（单选）

  ○非常低   ○较低   ○一般

  ○较高   ○非常高   ○不确定

H. 管理风险（单选）

  ○非常低   ○较低   ○一般

  ○较高   ○非常高   ○不确定

（2）东道国（外国）市场因素：

I. 东道国贸易壁垒（单选）

  ○非常低   ○较低   ○一般

  ○较高   ○非常高   ○不确定

J. 东道国市场风险（单选）

  ○非常低   ○较低   ○一般

  ○较高   ○非常高   ○不确定

K. 东道国市场竞争程度（单选）

  ○非常低   ○较低   ○一般

  ○较高   ○非常高   ○不确定

L. 东道国市场规模（单选）

　　○非常低　　○较低　　　○一般
　　○较高　　　○非常高　　○不确定

M. 东道国市场增长潜力（单选）

　　○非常低　　○较低　　　○一般
　　○较高　　　○非常高　　○不确定

（3）东道国（外国）制度因素：

N. 东道国政治风险（单选）

　　○非常低　　○较低　　　○一般
　　○较高　　　○非常高　　○不确定

O. 东道国知识产权保护（单选）

　　○非常低　　○较低　　　○一般
　　○较高　　　○非常高　　○不确定

P. 东道国政策支持力度（单选）

　　○非常低　　○较低　　　○一般
　　○较高　　　○非常高　　○不确定

四、企业国际化经营情况

1. 贵公司是从_____年开始从事国际化生产经营的。

2. 贵公司对目前国际化生产或投资的收益是否满意。（单选）

　　○A. 非常满意
　　○B. 比较满意
　　○C. 一般
　　○D. 不太满意
　　○E. 非常不满意

3. 在未来 3 年内，贵公司将主要采用哪些方式参与全球分工，开拓海外市场。（多选）

　　□A. 在国内承接国外业务订单
　　□B. 向海外进行业务发包
　　□C. 海外新建工厂
　　□D. 海外并购

4. 在未来 3 年内，贵公司国际化生产的规模将（单选）：

○A．继续扩大　　　○B．保持不变　　　○C．逐步缩减

5. 贵公司在参与国际化生产过程中的主要问题是（多选）

□A．自身技术优势不明显

□B．成本优势逐渐递减

□C．生产效率缺乏竞争优势

□D．贸易壁垒较大

□E．市场竞争激烈

□F．我国商业环境欠发达

□G．政策支持力度不够

□H．知识产权保护等相关法律制度还不完善

参考文献

[1] 白光裕，庄芮. 全球价值链与国际投资关系研究——中国的视角[J]. 国际贸易，2015（6）：16-20.

[2] 毕克新，王禹涵，杨朝均. 创新资源投入对绿色创新系统绿色创新能力的影响——基于制造业 FDI 流入视角的实证研究[J]. 中国软科学，2014（3）：153-166.

[3] 蔡松锋，张亚雄. 跨大西洋贸易与投资伙伴协议（TTIP）对金砖国家经济影响分析——基于含全球价值链模块的动态 GTAP 模型[J]. 世界经济研究，2015（8）：79-87，128-129.

[4] 曹明福，李树民. 全球价值链分工：从国家比较优势到世界比较优势[J]. 世界经济研究，2006（11）：11-15.

[5] 曾慧萍. 价值链的全球延展与福建制造业集群发展[J]. 亚太经济，2013（4）：127-131.

[6] 常玉春. 中国国有企业对外直接投资的微观效应研究[M]. 北京：经济管理出版社，2014.

[7] 陈爱贞，刘志彪. 决定我国装备制造业在全球价值链中地位的因素——基于各细分行业投入产出实证分析[J]. 国际贸易问题，2011（4）：115-125.

[8] 陈丰龙，徐康宁. 国际生产网络与地区发展差距：中国的经验研究[J]. 财贸经济，2012（5）：91-97.

[9] 陈宪，谭智勇."商业存在"与"跨境贸易"在 GATS 下的融合[J]. 世界经济研究，2003（7）：56-61.

[10] 陈向明. 质的研究方法与社会科学研究[M]. 北京：教育科学出版社，2000.

[11] 陈鑫，王长江. 外商直接投资与对外贸易相互关系的实证研

究[J]. 江苏商论, 2013 (2): 42-46.

[12] 陈艳莹, 董旭. 服务业与制造业对华 FDI 区位选择的差异——基于存量调整模型的实证研究[J]. 世界经济研究, 2013 (3): 53-58, 88-89.

[13] 程惠芳, 岑丽君. FDI 产业结构与国际经济周期协动性研究[J]. 经济研究, 2010 (9): 17-28.

[14] 储祥银. 投资、贸易与国际政策安排——1996 年世界投资报告概要[J]. 经济资料译丛, 1997 (2).

[15] 崔鹏歌, 尤宏兵. 江苏制造业服务化与全球价值链互动影响——基于联立方程的实证分析[J]. 企业经济, 2015 (6): 155-160.

[16] 邓军. 国际生产分割的发展及其宏观经济效应: 一个文献评述[J]. 浙江社会科学, 2013 (6): 137-143, 161.

[17] 丁勇, 刘婷婷. 航空制造业的全球价值链分析[J]. 天津大学学报 (社会科学版), 2011 (4): 289-293.

[18] 范爱军. 非股权安排的兴起及应采取的对策[J]. 山东大学学报, 1989 (3) 3: 59-64.

[19] 房蒙. 国际生产要素流动下我国面临的两难困境[J]. 经济问题探索, 2015 (4): 134-137.

[20] 高凌云, 王洛林, 苏庆义. 中国出口的专业化之路及其增长效应[J]. 经济研究, 2012 (5): 83-95.

[21] 高越, 李荣林. 国际生产分割、技术进步与产业结构升级[J]. 世界经济研究, 2011 (12): 78-83, 86.

[22] 高越, 王学真. 国际生产分割对中国劳动力需求的影响——基于工业部门数据的经验研究[J]. 国际经贸探索, 2012 (12): 39-49.

[23] 葛和平. 产品内分工、国际生产分割与服务业聚合——以服务外包为中间投入的中美服务贸易的实证检验[J]. 上海经济研究, 2014 (6): 51-63.

[24] 龚关, 胡关亮. 中国制造业资源配置效率与全要素生产率[J]. 经济研究, 2013 (4): 4-15, 29.

[25] 龚霞. 我国劳动密集型制造业升级缓慢的原因分析——基于

全球价值链的视角[J]. 中国外资，2011（20）：211-212.

[26] 古广东. 对外直接投资与母国经济利益：理论分析与实证研究[M]. 北京：中国社会科学出版社，2013.

[27] 顾振华，沈瑶. 知识产权保护、技术创新与技术转移——基于全球价值链分工的视角[J]. 国际贸易问题，2015（3）：86-97，176.

[28] 郭炳南，段芳. 国际生产分割、要素禀赋与工业集聚——基于省际动态面板模型的 GMM 检验[J]. 山西财经大学学报，2011（4）：34-43.

[29] 郭进，徐盈之，王书斌. FDI 区位变迁与制造业区际转移——基于省际面板数据的经验证据[J]. 国际贸易问题，2014（10）：121-131.

[30] 郭锐欣，张鹏飞. 金融控股公司母公司管控边界研究——基于不完全契约理论的视角[J]. 浙江社会科学，2013（12）：29-36，156.

[31] 郭永辉，钱省三. 企业外包战略的决策模型研究[J]. 北京工商大学学报，2005（5）：93-96.

[32] 国务院. 国务院关于印发《中国制造 2025》的通知[EB/OL]. http://www.gov.cn/zhengce/content/2015-05/19/content_9784.htm:2015-05-19.

[33] 何帆，姚枝仲. 中国对外投资：理论与问题[M]. 上海：上海财经大学出版社，2013.

[34] 洪联英，彭媛，张丽娟. FDI、外包与中国制造业升级陷阱——一个微观生产组织控制视角的分析[J]. 产业经济研究，2013（5）：10-22.

[35] 胡国恒. 国际生产的微观组织与利益博弈机制[D]. 西北大学，2006：97.

[36] 胡国恒. 制度质量、比较优势与国际生产的组织变迁[J]. 国际经贸探索，2013（4）：95-106.

[37] 胡国平，杨诗宇，景宏鑫. 生产性服务业 FDI 对我国制造业效率的影响研究：基于关联效应的视角[J]. 投资研究，2013（8）：153-158.

[38] 胡洁，陈彦煌. 国际生产分割、专业服务与失业：发展中国

家观点[J]. 南开经济研究，2014（4）：78-92.

[39] 华广敏，荆林波. 中日高技术服务业 FDI 对制造业效率影响的比较研究——基于中介效应分析[J]. 世界经济研究，2013（11）：66-73，89.

[40] 黄纯纯. 网络产业组织理论的历史、发展和局限[J]. 经济研究，2011（4）：147-160.

[41] 黄凯南. 不完全合同理论的新视角——基于演化经济学的分析[J]. 经济研究，2012（2）：133-145.

[42] 黄凯南. 主观博弈论与制度内生演化[J]. 经济研究，2010（4）.

[43] 黄奕平，何帆，张永生. 中国对外直接投资研究[M]. 北京：北京大学出版社，2013.

[44] 蒋兰陵. 异质的所有制结构、FDI 的技术效率溢出和制造业技术创新[J]. 国际经贸探索，2013（2）：34-44.

[45] 蒋为，黄玖立. 国际生产分割、要素禀赋与劳动收入份额：理论与经验研究[J]. 世界经济，2014（5）：28-50.

[46] 蒋媛媛，李雪增. 不完全契约理论的脉络发展研究[J]. 新疆师范大学学报（哲学社会科学版），2014（2）：106-111.

[47] 赖永剑. FDI 溢出促进了中国制造业的要素重置吗——基于动态面板数据的实证分析[J]. 当代财经，2014（8）：102-110.

[48] 黎峰. 全球价值链下的国际分工地位：内涵及影响因素[J]. 国际经贸探索，2015（9）：31-42.

[49] 黎峰. 全球生产网络下的国际分工地位与贸易收益——基于主要出口国家的行业数据分析[J]. 国际贸易问题，2015（6）：33-42.

[50] 李春涛，宋敏. 中国制造业企业的创新活动：所有制和 CEO 激励的作用[J]. 经济研究，2010（5）：55-67.

[51] 李大伟. 提升我国产业在全球价值链中的位势研究[J]. 宏观经济研究，2015（6）：3-14，59.

[52] 李非，黄伟. 全球价值链分工下两岸贸易利益的分配——基于两岸制造业贸易附加值的研究[J]. 经济问题探索，2015（6）：39-45.

[53] 李逢春. 对外直接投资与投资国产业升级——基于中国的实践研究[M]. 北京：人民出版社，2014.

[54] 李桂芳.中国企业对外直接投资分析报告 2014[M]. 北京：中国人民大学出版社，2014：102.

[55] 李宏，刘珅. FDI 对制造业垂直专业化分工的影响机制——基于一般均衡分析视角[J]. 世界经济研究，2014（11）：80-86，89.

[56] 李娇，陆晓丽. 从国际生产网络视角考察东亚贸易模式转变[J]. 亚太经济，2008（3）：3-9.

[57] 李娇. 东亚贸易模式转变——基于国际生产网络的视角[J]. 国际经贸探索，2008（5）：21-25.

[58] 李杰，李捷瑜，黄先海.海外市场需求与跨国垂直并购[J]. 经济研究，2011（5）：99-110.

[59] 李俊江，孙黎. 中国企业国际生产组织模式选择及实证分析[J]. 吉林大学社会科学学报，2013（6）：21-32.

[60] 李强，郑江淮. 基于产品内分工的我国制造业价值链攀升：理论假设与实证分析[J]. 财贸经济，2013（9）：95-104.

[61] 李松柏. 全球价值链视角下民营制造业升级路径选择——一个文献综述[J]. 商业经济，2015（3）：6-7，11.

[62] 李晓，张建平. 东亚产业关联的研究方法与现状[J]. 经济研究，2010（4）：147-160.

[63] 联合国贸发会议.世界投资报告 2011：国际生产和发展的非股权形式[M]. 北京：经济管理出版社，2011：170.

[64] 梁志成. 论国际贸易与国际直接投资的新型关系——对芒德尔贸易与投资替代模型的重新思考[J]. 经济评论，2001（2）：113-115.

[65] 林桂军,何武. 全球价值链下我国装备制造业的增长特征[J]. 国际贸易问题，2015（6）：3-24.

[66] 林桂军，何武. 中国装备制造业在全球价值链的地位及升级趋势[J]. 国际贸易问题，2015（4）：3-15.

[67] 刘川. 基于全球价值链的区域制造业升级评价研究：机制、能力与绩效[J]. 当代财经，2015（5）：97-105.

[68] 刘德伟，李连芬. 美国式国际生产网络的运行模式[J]. 当代经济管理，2015（3）：45-50.

[69] 刘德伟，李连芬. 日本式国际生产网络的运行模式及其借鉴[J]. 财经科学，2015（7）：89-99.

[70] 刘恩专.发展中国家贸易与投资政策改革的"制度协调说"及其启示[J].世界经济，1994（2）.

[71] 刘琳. 中国参与全球价值链的测度与分析——基于附加值贸易的考察[J]. 世界经济研究，2015（6）：71-83.

[72] 刘庆林，高越，韩军伟. 国际生产分割的生产率效应[J]. 经济研究，2010（2）：32-43，108.

[73] 刘庆林，廉凯. FDI与外包：基于企业国际化模式选择的对比分析[J].经济学家，2007（2）：110-115.

[74] 刘维林，李兰冰，刘玉海. 全球价值链嵌入对中国出口技术复杂度的影响[J]. 中国工业经济，2014（6）：83-95.

[75] 刘杨. 贸易投资一体化与差异化厂商的国际化战略研究——关于中国境内企业的实证检验[D]. 复旦大学，2010.

[76] 刘莹. 国际生产网络与我国加工贸易技术外溢的途径[J]. 长春理工大学学报（社会科学版），2012（4）：57-59.

[77] 卢锋. 我国承接国际服务外包问题研究[J]. 经济研究，2007（9）：49-61.

[78] 卢进勇，温丽琴. 国际生产网络下中国装备制造业取何策略?[J]. 中国经贸，2013（7）：75-77.

[79] 卢进勇."走出去"战略与中国跨国公司崛起——迈向经济强国的必由之路[M]. 北京：首都经济贸易大学出版社，2012.

[80] 吕飞. 中国航空制造业产业升级路径探析——基于全球价值链视角[J]. 对外经贸实务，2013（5）：26-29.

[81] 马风涛，李俊. 中国制造业产品全球价值链的解构分析——基于世界投入产出表的方法[J]. 国际商务（对外经济贸易大学学报），2014（1）：101-109.

[82] 马汉青. WTO18年来达成首份全球性贸易协议贸易便利化

每年创造万亿美元收益[N]. 羊城晚报，2013-12-9.

[83] 马磊，徐向艺. 大股东所有权、控制权与公司治理绩效的灰色关联分析——基于三一重工的案例研究[J]. 财贸研究，2010（4）.

[84] 马涛，杜晓萌. 金融危机下国际生产体系对全球贸易的冲击及福利影响[J]. 国际商务（对外经济贸易大学学报），2011（2）：5-13.

[85] 马志刚. 我国制造业处于国际分工地段环节组装苹果手机仅获利1.8%[N]. 经济日报，2013-9-12.

[86] 迈克尔·波特. 竞争优势[M]. 北京：华夏出版社，1997：50.

[87] 毛日昇. 出口、外商直接投资与中国制造业就业[J]. 经济研究，2009（11）：105-117.

[88] 孟夏，陈磊. 金融发展、FDI与中国制造业出口绩效——基于新新贸易理论的实证分析[J]. 经济评论，2012（1）：108-115.

[89] 聂聆，李三妹. 制造业全球价值链利益分配与中国的竞争力研究[J]. 国际贸易问题，2014（12）：102-113.

[90] 庞春. 一体化、外包与经济演进：超边际——新兴古典一般均衡分析[J]. 经济研究，2010（3）：114-128.

[91] 裴长洪，郑文. 国家特定优势：国际投资理论的补充解释[J]. 经济研究，2011（11）：21-35.

[92] 彭继民，史月英. 我国海外直接投资的发展选择[J]. 中国投资，1999（8）：45-47.

[93] 钱学锋，熊平. 中国出口增长的二元边际及其因素决定[J]. 经济研究，2010（1）：65-79.

[94] 邱斌，叶龙凤，孙少勤. 参与全球生产网络对我国制造业价值链提升影响的实证研究——基于出口复杂度的分析[J]. 中国工业经济，2012（1）：57-67.

[95] 曲建忠，张战梅. 跨国外包与加工贸易及FDI的区别与选择[J]. 生产力研究，2007（22）：68-70.

[96] 尚涛. 全球价值链与我国制造业国际分工地位研究——基于增加值贸易与Koopman分工地位指数的比较分析[J]. 经济学家，2015

（4）：91-100.

[97] 盛斌，张运婷. 全球价值链视角下的中国国际竞争力：基于任务与产品实际有效汇率的研究[J]. 世界经济研究，2015（2）：43-51.

[98] 史宇鹏，何兴强，顾全林等. 法律起源于外资进入模式：来自中国的经验[J]. 经济研究，2011（12）：59-71.

[99] 孙楚仁，沈玉良，章韬，张卡. "全球生产网络、中国经济转型与国际贸易结构调整学术研讨会"综述[J]. 经济研究，2013（1）：155-158.

[100] 孙黎. 异质性企业国际生产组织模式选择研究[D]. 吉林大学，2012.

[101] 孙晓华，王昀，郑辉. R & amp; D 溢出对中国制造业全要素生产率的影响——基于产业间、国际贸易和 FDI 三种溢出渠道的实证检验[J]. 南开经济研究，2012（5）：18-35.

[102] 谭蓉娟. FDI 强度与珠三角装备制造业低碳化转型发展——基于投入产出与面板数据的实证研究[J]. 国际贸易问题，2012（2）：81-91.

[103] 陶锋，李诗田. 全球价值链代工过程中的产品开发知识溢出和学习效应——基于东莞电子信息制造业的实证研究[J]. 管理世界，2008（1）：115-122.

[104] 陶锋，李霆，陈和. 基于全球价值链知识溢出效应的代工制造业升级模式——以电子信息制造业为例[J]. 科学学与科学技术管理，2011（6）：90-96.

[105] 陶锋. 国际知识溢出、社会资本与代工制造业技术创新——基于全球价值链外包体系的视角[J]. 财贸经济，2011（7）：78-83.

[106] 田素华，胡一立. 企业类型与制造业部门 FDI 进入的劳动就业效应——基于我国省区面板数据的经验证据[J]. 国际商务（对外经济贸易大学学报），2012（4）：68-80.

[107] 涂颖清. 全球价值链下我国制造业升级研究[D]. 复旦大学，2010.

[108] 汪建新，贾圆圆，黄鹏. 国际生产分割、中间投入品进口

和出口产品质量[J]. 财经研究, 2015 (4): 54-65.

[109] 王爱虎, 钟雨晨. 中国吸引跨国外包的经济环境和政策研究[J]. 经济研究, 2006 (8): 81-92.

[110] 王斌. 国际贸易与投资关系及一体化理论研究综述[J]. 当代经济, 2009 (6): 86-87.

[111] 王苍峰, 王恬. 国际外包承接对我国内资企业生产率的影响[J]. 国际商务, 2008 (6): 73-78.

[112] 王方方, 扶涛. 中国对外直接投资的贸易因素——基于出口引致与出口平台的双重考察[J]. 财经研究, 2013 (4): 90-100.

[113] 王根蓓. 合同外包与垂直一体化——在华外资企业组织模式选择[M]. 上海: 上海财经大学出版社, 2011.

[114] 王海杰, 李延朋. 全球价值链分工中产业升级的微观机理: 一个产权经济学的观点[J]. 中国工业经济, 2013 (4): 82-93.

[115] 王静文, 吕昕娱. 从国际生产网络角度比较美日企业模式[J]. 现代日本经济, 2007 (5): 50-54.

[116] 王俊, 杨恬恬. 全球价值链、附加值贸易与中美贸易利益测度[J]. 上海经济研究, 2015 (7): 115-128.

[117] 王恺伦, 李婧. 全球经济一体化中的国际生产组织研究[M]. 浙江: 浙江大学出版社, 2010: 69.

[118] 王岚, 李宏艳. 中国制造业融入全球价值链路径研究——嵌入位置和增值能力的视角[J]. 中国工业经济, 2015 (2): 76-88.

[119] 王岚, 盛斌. 比较优势、规模经济和贸易成本: 国际生产分割下垂直关联产业的空间分布[J]. 世界经济研究, 2013 (4): 18-23, 65, 87.

[120] 王岚. 融入全球价值链对中国制造业国际分工地位的影响[J]. 统计研究, 2014 (5): 17-23.

[121] 王千里. FDI、高端装备制造业与增长路径——基于在华FDI对我国装备制造业技术创新影响的实证分析[J]. 亚太经济, 2012 (5): 85-90.

[122] 王天琦. 国富论的现实意义研究——融入全球价值链对中

国制造业国际分工地位的影响[J]. 中国市场，2015 年第 29 期：186-187.

[123] 王文治，扈涛.FDI 导致中国制造业价格贸易条件恶化了吗？——基于微观贸易数据的 GMM 方法研究[J]. 世界经济研究，2013（1）：47-52，66，88.

[124] 王习农. 服务外包不等于服务业外包——服务外包概念再认识与理论新析[J]. 国际贸易问题，2012（8）：91-100.

[125] 王玉燕，林汉川，吕臣. 全球价值链嵌入的技术进步效应——来自中国工业面板数据的经验研究[J]. 中国工业经济，2014（9）：65-77.

[126] 卫瑞，张文城，张少军. 全球价值链视角下中国增加值出口及其影响因素[J]. 数量经济技术经济研究，2015（7）：3-20.

[127] 温丽琴，卢进勇. 中国跨国公司构建自主国际生产经营网络研究[J]. 亚太经济，2012（6）：59-64.

[128] 翁春颖，韩明华. 全球价值链驱动、知识转移与我国制造业升级[J]. 管理学报，2015（4）：517-521.

[129] 巫强，刘志彪. 本土装备制造业市场空间障碍分析——基于下游行业全球价值链的视角[J]. 中国工业经济，2012（3）：43-55.

[130] 吴延兵. 国有企业双重效率损失研究[J]. 经济研究，2012（3）：15-27.

[131] 伍晓光，孙文莉. 动态比较优势、国际生产决策与产品生命周期理论——基于两个经典数理模型的比较研究[J]. 中国社会科学院研究生院学报，2013（1）：60-66.

[132] 肖新艳. 全球价值链呈现"双曲线"特征——"微笑曲线"和"彩虹曲线"[J]. 国际贸易，2015（8）：38-40.

[133] 谢里，曹清峰.FDI 渗透与产业集聚——中国制造业行业差异研究[J]. 山西财经大学学报，2012（4）：48-57.

[134] 辛本禄."经纪人"概念的演进及新探索[J]. 学习与探索，2013（1）：96-100.

[135] 熊宇. 承接生产者服务业外包对制造业升级的促进——基

于全球价值链视角[J]. 国际经贸探索，2011（5）：4-10.

[136] 熊宇. 全球价值链治理新发展与我国制造业升级[J]. 科技进步与对策，2011 年第 22 期：49-53.

[137] 熊珍琴，辛娜. 中国制造业突破全球价值链低端锁定的战略选择[J]. 福建论坛（人文社会科学版），2015（2）：34-38.

[138] 徐斌. 不完全契约、专用性投资与纵向一体化[J]. 经济经纬，2013（1）：67-71.

[139] 徐锋. 论跨国公司在控制权不完整条件下对中外合资企业实质性控制的非股权优势[J]. 科技进步与对策，2006（3）：84-86.

[140] 徐康宁，陈健. 国际生产网络与新国际分工[J]. 国际经济评论，2007（6）：38-41.

[141] 徐康宁，郑义. 国际生产链的解构及其对中国经济的影响[J]. 国际经济评论，2011（4）：124-134.

[142] 徐细雄. 参照点契约理论：不完全契约理论的行为与实验拓展[J]. 外国经济与管理，2012（11）：52-60.

[143] 徐毅，张二震. FDI、外包与技术创新：基于投入产出表数据的经验研究[J]. 世界经济，2008（9）：41-48.

[144] 徐毅，张二震. 外包与生产率：基于工业行业数据的经验研究[J]. 经济研究，2008（1）：103-113.

[145] 许晓娟，智冬晓. 中国本土企业获得 FDI 垂直技术溢出了吗？——基于 1999—2006 年中国制造业企业的实证研究[J]. 中国软科学，2013（8）：43-54.

[146] 杨记军，逯东，杨丹. 国有企业的政府控制权转让研究[J]. 经济研究，2010（2）：69-82.

[147] 杨瑞龙，杨其静. 专用性、专有性与企业制度[J]. 经济研究，2001（3）：3-10.

[148] 杨文芳，方齐云. 产品内国际生产分工对中国的劳动需求效应分析——基于制造业转移承接国的视角[J]. 财贸研究，2010（5）：55-62，137.

[149] 杨怡爽，赵果庆. 空间集聚、FDI 溢出与中国汽车制造业发

展[J]. 经济与管理研究，2014（4）：91-98.

[150] 杨珍增. 知识产权保护、国际生产分割与全球价值链分工[J]. 南开经济研究，2014（5）：130-153.

[151] 叶作义，张鸿，下田充，藤川清史. 全球价值链下国际分工结构的变化——基于世界投入产出表的研究[J]. 世界经济研究，2015（1）：56-64.

[152] 易振华. 垂直专业化生产所有权选择动因探析——基于产权理论视角的研究及其在中国的实证分析[J]. 世界经济研究，2010（5）：58-62.

[153] 尹伟华. 中国制造业参与全球价值链的程度与方式——基于世界投入产出表的分析[J]. 经济与管理研究，2015（8）：12-20.

[154] 尹宗成，刘文. 金融发展对国际生产分割水平的影响及区域差异——基于2000—2013年省际面板数据分析[J]. 经济问题，2015（8）：50-54.

[155] 余珮，孙永平. 集聚效应对跨国公司在华区位选择的影响[J]. 经济研究，2011（1）：71-82.

[156] 袁方，王汉生. 社会研究方法教程[M]. 北京：教育科学出版社，1997：24-26. .

[157] 张公鬼，陈翔，李赞. FDI、产业集聚与全要素生产率增长——基于制造业行业的实证分析[J]. 科研管理，2013（9）：114-122.

[158] 张桂梅，赵忠秀. 金砖四国在全球价值链中的参与模式和经济利益的比较分析[J]. 国际经贸探索，2015（7）：4-18，41.

[159] 张华，张俊喜，宋敏. 所有权和控制权分离对企业价值的影响——我国民营上市企业的实证研究[J].经济学，2004（3）.

[160] 张会清. 新国际分工、全球生产网络与中国制造业发展[D]. 华东师范大学，2010.

[161] 张杰，张培丽，黄泰岩.市场分割推动了中国企业出口吗[J]. 经济研究，2010（8）：29-41.

[162] 张磊，徐琳. 全球价值链分工下国际贸易统计研究[J].世界经济研究，2013（2）：48-53.

[163] 张珉，卓越. 全球价值链治理、升级与本土企业的绩效——基于中国制造业企业的问卷调查与实证分析[J]. 产业经济研究，2010（1）：31-38.

[164] 张松林，武鹏. 全球价值链的"空间逻辑"及其区域政策含义——基于制造组装环节与品牌营销环节空间分离的视角[J]. 中国工业经济，2012（7）：109-121.

[165] 张卫国，陈雪梅，陈宇. 关于非股权战略联盟边界问题的探讨[J]. 科技进步与对策，2006（4）：136-138.

[166] 张璇. 非股权安排再跨国经营中的运用[J]. 经营管理，2004（4）：39-41.

[167] 张岩贵，陈晓燕. 全球价值链与中国制造[J]. 世界经济研究，2009（10）：8-13.

[168] 张艳. 发展现代生产者服务业　促进我国制造业结构升级——基于全球价值链视角下[J]. 江苏商论，2009（11）：80-81.

[169] 张艳辉. 全球价值链下长三角产业升级的实证分析——以电子及通讯设备制造业为例[J]. 上海经济研究，2010（3）：51-59，67.

[170] 张咏华. 制造业全球价值链及其动态演变——基于国际产业关联的研究[J]. 世界经济研究，2015（6）：61-70.

[171] 张宇馨. 制造业 FDI 与服务业 FDI 区位决策的互动影响——基于我国省际面板数据的实证分析[J]. 山西财经大学学报，2012（2）：46-55.

[172] 张玉柯，徐永利. 国际生产网络下日本汽车产业的中国本土化[J]. 日本学刊，2011（1）：106-119.

[173] 张月月，胡峰. 国际生产体系中绿色专利跨国转移的动力机制及制度保障[J]. 中国科技论坛，2013（4）：116-121.

[174] 赵春明，何艳.从国际经验看中国对外直接投资的产业和区位选择[J].世界经济，2002（5）：38-41.

[175] 赵国庆. 应用计量经济学[M]. 北京：中国人民大学出版社，2011：134.

[176] 赵囡囡，卢进勇. FDI 与外包的技术溢出效应比较——中国制造业产品内分工的东道国视角[J]. 国际商务研究，2012（2）：14-22，51.

[177] 中国国际贸易促进委员会. 2013 年度中国企业对外投资情况及意向问卷调查报告[R]. 2014. http://www.ccpit.org/.

[178] 周大鹏. 进口服务中间投入对我国制造业全球价值链分工地位的影响研究[J]. 世界经济研究，2015（8）：27-36.

[179] 周经，张利敏. 非股权安排对中国企业海外投资模式选择的影响及政策研究[J]. 齐齐哈尔大学学报（哲学社会科学版），2015（2）：7-10.

[180] 周升起，兰珍先，付华. 中国制造业在全球价值链国际分工地位再考察——基于 Koopman 等的"GVC 地位指数"[J]. 国际贸易问题，2014（2）：3-12.

[181] 诸葛秀子. 基于全球价值链的中国制造业产品增加值研究[J]. 商业经济研究，2015（14）：125-127.

[182] 宗芳宇，路江涌，武常岐. 双边投资协定、制度环境和企业对外直接投资区位选择[J]. 经济研究，2012（5）：71-82.

[183] ABRAHAM K G, TAYLOR S K. Firms' Use of Outside Contractors: Theory and Evidence[J]. Journal of Labor Economics, 1996, 14:394-424.

[184] AFDB/OECD/UNDP. African Economic Outlook 2014: Global Value Chains and Africa's Industrialisation[J]. Paris: OECD Publishing, DOI: http://dx.doi.org/10.1787/aeo-2014-en, 2014:18.

[185] AGARWAL S, RAMASWAMI S N. Choice of Foreign Market Entry Mode: Impact of Ownership, Location and Internationalization factors[J]. Journal of International Business studies, 1992, 23(1): 1-28.

[186] ALFARO L, ANTRÀS P, CHOR D, et al. Internalizing Global Value Chains: A Firm-Level Analysis[EB/OL]. http://scholar.harvard.edu/antras/publications/internalizing-Global-Value-Chains-Firm-

Level-Analysis:April 2015.

[187] ANTRÀS P, CHOR D, FALLY T, et al. Measuring the Upstreamness of Production and Trade Flows[J]. NBER Working Paper No. 17819,2012.

[188] ANTRÀS P, CHOR D. Organizing the Global Value Chain[J]. NBER Working Paper No. 18163, 2013.

[189] ANTRÀS P, HELPMAN E. Contractual Frictions and Global Sourcing[J].NBER Working Paper No. 12747, 2007.

[190] ANTRÀS P, YEAPLE S R. Multinational Firms and the Structure of International Trade[J]. NBER Working Paper No. 18775,2013.

[191] ANTRÀS P. Firms, Contracts, and Trade Structure[J]. Quarterly Journal of Economics, 2003,118(4):1375-1418.

[192] ANTRÀS P. Grossman-Hart (1986). Goes Global: Incomplete Contracts, Property Rights, and the International Organization of Production[J]. NBER Working Paper No. 17470, 2012.

[193] ANTRÀS P. Incomplete Contracts and the Product Cycle [J]. American Economic Review, 2005, 95(4):1054-1073.

[194] ASSCHE V. Global Value Chains and Canada's Trade Policy: Business as Usual or Paradigm Shift[EB/OL]. www.irp.org, 2012.

[195] AUDET D. Globalization in the Clothing Industry[A]. OECD. Globalization of Industry: Overview and Sector Reports[C]. Paris: Organization for Economic Cooperation and Development, 1996.

[196] BACKER K D, MIROUDOT S. Mapping Global Value Chains[J]. OECD Trade Policy Papers, 2013:42.

[197] BALDWIN R, VENABLES A. Spiders and Snakes: Offshoring and Agglomeration in the Global Economy[J]. Journal of International Economics, 2013, 90(2): 245-254.

[198] BALDWIN R. Integration of the North American Economy and New-Paradigm Globalisaton[J]. CEPR Discussion Paper No.7523.

London, 2009.

[199] BAMBER P. et al. Connecting Local Producers in Developing Countries to Regional and Global Value Chains: Update[J]. OECD Trade Policy Papers, No. 160, OECD Publishing. http://dx.doi.org/10. 1787/5jzb9. 5f18851-en, 2014:21.

[200] BASILE L, TRANI R. Incomplete Contracts Modelling[J]. Metroeconomica, 2008(59): 347-370.

[201] BATTISTON S, GATTI D D, GALLEGATI M B et al, Liaisons Dangerousness: Increasing Connectivity, Risk Sharing and Systemic Risk[EB/OL]. www.www3.unicatt.it:2009.

[202] BERGIN, P.R., FEENSTRA, R.C., HANSON, G.H. Volatility Due to Offshoring: Theory and Evidence[J]. Journal of International Economics, 2011(85):163-173.

[203] BHAGWATI J, DINOPOULOS E, WONG K Y. Quid-Pro Quo Foreign Investment[J]. The American Economic Review, 1992(5): 186-189.

[204] BHAGWATI J. International Trade: Selected Readings[M]. Second Edition. Cambridge: MIT Press, 1987.

[205] BHAGWATI J. Regionalism and Multilateralism: an Overview[A]. MELO J D, PANAGARIYA A. in New Dimensions in Regional Integration[C]. Cambridge, UK: World Bank and Cambridge University Press, 1993:22-51.

[206] BIESEBROECK V, JOHANNES, ZHANG LIJUN. Global Sourcing of a Complex Good[J]. Working Paper, K.U. Leuven, 2011.

[207] BOLTON P, OEHMKE M. Credit Default Swaps and the Empty Creditor Problem[J]. NBER Working Papers No. 15999, 2010.

[208] BONAGLIA F, GOLDSTEIN A. More than T-shirts: The Integration of Developing Country Producers in Global Value Chains[J]. OECD Development Centre Policy Insights, No. 49. Paris: OECD Publishing, 2007:1-2. DOI: http://dx.doi.org/10.1787/243347268732.

[209] BRODA C, WEINSTEIN D. Globalization and the Grains from Variety[J], Quarterly Journal of Economics, 2006,121(2):541-585.

[210] BRODA C, WEINSTEIN D. Variety Growth and World Welfare[J]. American Economic Review Papers and Proceedings, 2004 :139-145.

[211] BROUTHERS K D, BROUTHERS L E. Explaining the National Cultural Distance Paradox[J]. Journal of International Business Studies, 2001,32(1): 177-189. .

[212] BUCKLEY P J, Casson M. The Future of the Multinational Enterprise [M]. London: Macmillan, 1976:68.

[213] BUCKLEY P J, Casson M. The Moral Basis of Global Capitalism: beyond the Eclectic Theory[J]. International Journal of the Economics of Business, 2001,8(2):303-327.

[214] BUCKLEY P J. International Integration and Coordination in the Global Factory[J]. Management International Review, 2011,51(2): 269-283.

[215] CACHON G, HARKER P T, Competition and outsourcing with Scale Economics[J]. Management Science, 2002,48:1314-1333.

[216] CAMPA J, GOLDBERG L S. The Evolving External Orientation of Manufacturing: A Profile of Four Countries[J].Economic Policy Review,1997(7): 53-81.

[217] CATTANEO, OLIVIER, GEREFFI G et al. Global Value Chains in a Postcrisis World: A Development Perspective[J]. Washington, DC: The World Bank. 2010.

[218] CHEN YONGMIN, HORSTMANN I J, MARKUSEN J R. Physical Capital, Knowledge Capital, and the Choice between FDI and outsourcing[J]. Canadian Journal of Economics,2012, 45(1): 1-15.

[219] CHINITZ B. Contrasts in Agglomeration: New York and Pittsburgh[J].The American Economic Review, 1961(2): 279-289.

[220] COASE R H. The Nature of the Firm[J].Economica, 1937,

4(16): 386-405.

[221] CONTRACTOR F, KUNDU S. Modal Choice in a World of Alliances: Analyzing Organizational Forms in the International Hotel Sector[J]. Journal of International Business Studies, 1998, 29(2):325-358.

[222] CORCOS G, IRAC D M, MION G. The Determinants of Intrafirm Trade: Evidence from French Firms[J]. Review of Economics and Statistics, 2013 (3): 825-838.

[223] DINOPOULOS E. Domestic Unionization and Import Competition[J].Journal of International Economics, 1991(8):79-100.

[224] DINOPOULOS E. Quid Pro Quo Foreign Investment and VERs: A Nash Bargaining Approach[J]. Economics and Politics, 1992(4): 43-60.

[225] DOLLAR D. Outward-Oriented Developing Economies Really Do Grow More Rapidly: Evidence from 95 LDCs, 1975-1985[J]. Economics Development and Cultural Change, 1992.

[226] DOMBERGER S. The Contracting Organization: A Strategic Guide to Outsourcing[M]. Oxford: Oxford University Press, 1998.

[227] DUNNING J H. The Eclectic (OLI) Paradigm of International Production: Past, Present and Future[J]. International Journal of the Economics of Business, 2001, 8(2):173-190.

[228] DUNNING J H. Trade, Location of Economic Activity and the Multinational Enterprise: A Search of an Eclectic Approach [M]. London: Macmillan, 1977.

[229] EDWARDS S. Openness, Productivity and Growth: What Do We Really Know?[J]. Economic Journal, 1998:108.

[230] EGGER H, EGGER P, International Outsourcing and the Productivity of Low-Skilled Labor in the EU[J]. Ecoomic Inquiry, 2006,44(1):98-108.

[231] ERNST D, FAGERBERG J, HILDRUM J. Do Global Production Networks and Digital Information Systems Make Knowledge

Spatially Fluid?[J]. Economics Series, 2002(43).

[232] ERRAMILLI M K, RAO C P. Service Firms International Entry-mode Choice: a Modified Transaction-Cost Analysis Approach[J]. Journal of Marketing, 1993,57: 19-38. .

[233] ERRAMILLI M K. Entry Mode Choice in Service Industries[J]. International Marketing Review, 1990,7(5): 50-62.

[234] ERRAMILLI, CHEKITANS. Choice Between Non-Equity Entry Modes: An Organizational Capability Perspective [J]. Journal of International Business Studies, 2002, 33:223–242.

[235] FAJGELBAUM P, GROSSMAN G M, et al. Income Distribution, Product Quality, and International Trade[J].Journal of Political Economy, 2011(118): 721-765.

[236] FAJGELBAUM P, GROSSMAN G M, HELPMAN E. A Linder Hypothesis for Foreign Direct Investment[J]. NBER Working Paper No. 17550,2011.

[237] FALLY T. On the Fragmentation of Production in the US[D]. University of Colorado-Boulder, 2011.7.

[238] FARRELL J. Owner-consumers and efficiency[J]. Economics Letters, 1985(4): 303-306.

[239] FEENSTRA R C, HANSON G H. Foreign Direct Investment and Relative Wages: Evidence from Mexico's Maquiladoras[J]. Journal of International Economics, 1997,42(3-4):371-393.

[240] FEENSTRA R C, HANSON G H. Globalization, Outsourcing, and Wage Inequality[J]. American Economic Review, 1996,86(2): 240-245.

[241] FEENSTRA R C, HONG CHANG, MA HONG, et al. Contractual Versus Non-Contractual Trade: the Role of Institutions in China[J]. NBER Working Paper No. 17728,2012.

[242] FEENSTRA R C, SPENCER B. Contractual Versus Outsourcing: The Role of Proximity[D], University of British Columbia,

2005.

[243] FEENSTRA R C, WEINSTEIN D E. Globalization, Markups, and the U.S. Price Level[J]. NBER Working Paper No. 15749,2013.

[244] FEENSTRA R C,HANSON G H. Ownership and Control in Outsourcing to China: Estimating the Property-Rights Theory of the Firm [J]. Quarterly Journal of Economics, 2005(120): 729-761.

[245] FEENSTRA R C. Integration of Trade and Disintegration of Production in the Global Economy[J]. The Journal of Economic, 1998(12): 31-50.

[246] FIELER, CECILIA A. Nonhomotheticity and Bilateral Trade: Evidence and a Quanti-Tative Explanation[J]. Econometrica, 2011(4): 1069-1101.

[247] FIXLER D, KIMBERLY Z. The productivity of the Banking Sector: Integrating Financial and Production Approaches to Measuring Financial Service Output[J]. Canadian Journal of Economics, 1999,32(2): 547-569.

[248] FRANKEL J A, ROMER D. Does Trade Cause Growth?[J]. American Economic Review, 1999, 89 (3).

[249] GATIGNON H, ANDERSON E. The Multinational Corporation's Degrees of Control over Foreign Subsidiaries: an Empirical Test of a Transaction Cost Explanation[J]. Journal of Law Economics and Organization, 1988,4(2):305-336.

[250] GEREFFI G, HUMPHREY J, STURGEON T. The Govemance of Global Value Chain [J]. Review of Internal Political Economy, 2005, 12(1): 78-104.

[251] GEREFFI G, KORZNIEWICZ M. In Commodity Chains and Global Capitalism [M]. London: Green Wood Press, 1994: 189-201.

[252] GEREFFI G. Beyond the Producer-Driven/Buyer-Driven Dichotomy: The Evolution of Global Value Chains in the Internet Era [J]. IDS Bulletin, 2001(32): 30-40.

[253] GIRMA S, GÖRG H. Outsourcing, Foreign Ownership, and Productivity: Evidence from UK Establishment-Level Data[J]. Review of International Economics, 2004,12(5): 817-832.

[254] GORG H. Fancy a stay at the "Hotel California "?Foreign Direct Investment,Taxation and Exit Costs[R]. DNB Staff Reports, Netherlands Central Bank, 2003.

[255] GROSSMAN G, HANSBERG E R. Task Trade Between Similar Countries[J]. Econometrica, 2012(80): 593–629.

[256] GROSSMAN G, HANSBERG E R. The Rise of Offshoring: it is not Wine for Cloth any more[A]. The New Economic Geography: Effects and Policy Implications[C]. Jackson Hole Conference Volume, 2006,08: 59-102.

[257] GROSSMAN G, HELPMAN E. Integration Versus Outsourcing in Industry Equilibrium [J]. The Quarterly Journal of Economics, 2002, 117(1): 85-120.

[258] GROSSMAN G, HELPMAN E. Outsourcing in a Global Economy[J]. Review of Economic Studies, 2005,72 (1): 135-159.

[259] GROSSMAN G, HELPMAN E. Outsourcing Versus FDI in Industry Equilibrium [J]. Journal of the European Economic Association, 2003(1): 317–327.

[260] GROSSMAN G, ROSSI-HANSBERG E. Trading Tasks: A Simple Theory of Offshoring[J]. American Economic Review, 2008, 98(5):1978-1997.

[261] GROSSMAN S J, HART O D. The Costs and Benefits of Ownership: A Theory of Vertical and Lateral Integration [J]. Journal of Political Economy, 1986, 94(4): 691-719.

[262] HALLAK, CARLOS J, SCHOTT P K. Estimating Cross-Country Differences in Product Quality[J]. Quarterly Journal of Economics, 2011(126): 417-474.

[263] HANSON G H, MATALONI R J, SLAUGHTER M J.

Expansion Strategies of U.S. Multinational Firms[J]. BEA Papers, 2001.

[264] HART O, MOORE J. Property Rights and the Nature of the Firm [J]. Journal of Political Economy, 1990, 98: 1119-1158.

[265] HELPER S. Strategy and Irreversibility in Supplier Relations: the Case of the US Automobile Industry[J]. Business History Review, 1991,65(4):781-824.

[266] HELPMAN E, KRUGMAN P R. Market Structure and Foreign Trade [M]. Cambridge, MA: MIT Press,1985.

[267] HELPMAN E. A Simple Theory of Trade with Multinational Corporations[J]. Journal of Political Economy , 1984, 92(3): 451-471.

[268] HELPMAN E. Trade, FDI, and the Organization of Firms[J]. Journal of Economic Literature, 2006, 44(3): 589-630.

[269] HENNART, FRANCOIS J. Down with MNE-centric Theories—Market Entru and Expansion as the Strategies for the Garment Industry[J]. Journal of International Business Studies, 2009,40:1432-1454.

[270] HERMALIN B E. Adverse Selection, Short-Term Contracting, and the Underprovision of On-the-Job Training[J]. The B.E. Journal of Economic Analysis & Policy, 2002,1(1): 1-21.

[271] HORN R D, AARON H. Director: The Coming of Age of a Reformer Skeptic[J]. History of Political Economy. 2010,42(4): 601-630.

[272] HUMMELS D, ISHII J. YI K M. The Nature and Growth of Vertical Specialization in World Trade[J]. Journal of International Economics, 2001, 54(1): 75-96.

[273] HUMPHREY J, SCHMITZ H. Governance and Upgrading: Linking Industrial Cluster and Global Value Chain Research[J]. IDS Working Paper No. 120, 2000.

[274] HYMER S. The Multinational Corporation and the Law of Uneven Development [A]. BHAGWATI J. Economics and the New World Order[C]. World Law Fund. New York, 1971: 25-27.

[275] IVARSSON I, ALVSTAM C G. Supplier Upgrading in the

Home-furnishing Value Chain: An Empirical Study of IKEA's Sourcing in China and South East Asia[J]. World Development, 2010, 38(11): 1575-1587.

[276] JOHNSON R C, NOGUERA G. Accounting for Intermediates: Production Sharing and Trade in Value Added [J]. Journal of International Economics, 2012(86): 224-336.

[277] KAPLINSKY R, MORRIS M, A Handbook for Value Chain. Research[J]. Institute of Development Studies. www.ids.ac.uk/ids/global/pdfs/VchNov01.pdf, 2002.

[278] KERSTING E K. International Organization of Production with Heterogeneous Firms[J]. Villanova School of Business Department of Economics and Statistics Working Paper Series with Number 17, 2011.

[279] KHARAS H. The Emerging Middle Class in Developing Countries[J]. OECD Development Centre Working Papers, No 285, 2012.

[280] KLEIN B, CRAWFORD R, ALCHIAN A. Vertical Integration, Appropriable Rents and the Competitive Contracting Process[J], Journal of Law and Economics, 1978(21): 145-162.

[281] KOGUT B, ZANDER U. Knowledge of the Firm and the Evolutionary Theory of the Multinational Corporation[J]. Journal of International Business Studies, 1993, 24(4): 625-645.

[282] KOGUT B. Designing Global Strategies: Comparative and Competitive Value-Added Chains [J]. Sloan Management Review, 1985(26): 15-28.

[283] KOHLER W, SMOLKA M. Global sourcing: Evidence from Spanish Firm-Level Data[J]. World Scientific Studies in International Economics,2012(4):139-189.

[284] KOMMERSKOLLEGIUM. Everybody is in Services: The Impact of Servicification in Manufacturing on Trade and Trade Policy[M]. Stockholm: National Board of Trade, 2012.

[285] KONAN D E. The Vertical Multinational Enterprise and

International Trade [J]. Review of International Economics, 2000, 8(1): 113-125.

[286] KOOPMAN R, POWERS W, WANG Z, et al. Give Credit to Where Credit is Due: Tracing Value Added in Global Production Chains[J]. NBER Working Papers No. 16426,2011.

[287] LANZ R, MIROUDOT S, NORDAS H K. Trade in Task s[J]. Trade Policy Paper. No. 117 OECD Publishing. doi:10.1787/5kg 6vzhkvmmw.en.2011.

[288] LI NING. Religion, Opportunism, and International Market Entry Via Non-Equity Alliances or Joint Ventures[J]. Journal of Business Ethics,2008, 80 (4):771-789.

[289] LIU R J, TREFLER D. Much Ado About Nothing: American Jobs and the Rise of Service Outsourcing to China and India[J]. NBER Working Papers No. 14061, 2008.

[290] LODEFALK M. The Role of Services for Manufacturing Firms' Exports[J]. Orebro Business School Working Paper Series No. 10/2012, 2012.

[291] MA CHUN GUANG, WANG YANG. The Strategic Choice of Non-Equity Modes by Chinese Enterprises under the Current Global Financial Crisis[J]. International Journal of Business Strategy, 2012,12(2).

[292] MADHOK A. Cost, Value and Foreign Market Entry Mode: The Transaction and the Firm[J]. Strategic Management Journal, 1997,18: 39-61.

[293] MARIN D, ROUSOVÁ L, VERDIER T. Do Multinational Transplant Their Business Model? [D]. University of Munich, Mimeo, 2012.

[294] MARIN D, VERDIER T. Power in the Multinational Corporation in Industry Equilibrium [J]. Economic Theory, 2009, 38: 437-464.

[295] MARKUSEN J R, SVENSSON L E O. Trade in Goods and

Factors with International Differences in Technology[J]. International Economic Review, 1985, 26(1):175-192.

[296] MARKUSEN J R. Factor Movements and Commodity Trade as Complements [J]. Journal of International Economics, 1983,14(3-4): 341-356.

[297] MASKIN E, TIROLE J. Unforeseen Contingencies and Incomplete Contracts[J]. Review of Economic Studies, 1999,(66): 83-114.

[298] MASKIN E. On Indescribable Contingencies and Incomplete Contracts[J]. European Economic Review, 2002,46(4-5):725-733.

[299] MCKINSEY & COMPANY, The Challenges Ahead for Supply Chains[R]. McKinsey on Supply Chain: Select Publications, McKinsey & Company, Chicago, 2010.

[300] MIROUDOT S, ROUZET D, SPINELLI F. Trade Policy Implications of Global Value Chains: Case Studies[J]. OECD Trade Policy Papers, No. 161, OECD Publishing.http://dx.doi.org/10.1787/5k 3tpt2t0zs1-en, 2013.

[301] MIT Center for Transportation and Logistics. Supply Chain Survey[R]. Global SCALE Network, 2009.

[302] MUNDELL R A. International Trade and Factor Mobility [J]. The American Economic Review, 1957,47(3):321-335.

[303] NAKOS G, BROUTHERS K D. Entry Mode Choice of SMEs in Central and Eastern Europe[J]. Entrepreneurship Theory & Practice, 2002(Fall): 47-63.

[304] NEWFARMER R, SZTAJEROWSKA M. Trade and Employment in a Fast-Changing World [A]. Lippoldt D. Policy Priorities for International Trade and Jobs [C]. www.oecd.org/trade/icite. 2012.

[305] NORDAS H.K. Trade in Goods and Services: Two Sides of the Same Coin?[J]. Economic Modelling, 2010, 127: 496-506.

[306] NUNN N, TREFLER D. Incomplete Contracts and the Boundaries of the Multinational Firm[J]. Journal of Economic Behavior &

Organization, 2012.

[307] NUNN N, TREFLER D. The Boundaries of the Multinational Firm: An Empirical Analysis[J]. The Organization of Firms in a Global Economy, 2008(2): 55-83.

[308] OECD, WTO, WORLD BANK GROUP. Global Value Chains: Challenges, Opportunities and Implications for Policy [R]. G20 Trade Ministers Meeting, 2014: http://www.oecd-ilibrary.org/science-and-techno. logy/interconnected-economies_9789264189560-en.

[309] OECD. Interconnected Economies Benefiting from Global Value Chains[M]. Paris: OECD Publishing, DOI: http://dx.doi.org/10. 1787/9789264189560-en, 2013.

[310] OECD. STAN Bilateral Trade Database by Industry and End-Use Category[R]. STAN: OECD Structural Analysis Statistics (database), 2011.

[311] OECD/WTO. Trade in Value-Added: Concepts, Methodologies and Challenges [EB/OL].http://www.oecd.org/sti/ind/49894138.pdf, 2011: 2.

[312] OHLIN B. Interregional and International Trade [J]. Harvard Economic Studies, 1933(39).

[313] PASCALI L. Contract Incompleteness, Globalization and Vertical Structure: an Empirical Analysis[J]. Boston College Working Papers in Economics No. 727, 2009.

[314] PILAT D, YAMANO N, YASHIRO N. Moving up the Value Chain: China's Experience and Future Prospects [A]. OECD. OECD China in Focus: Lessons and Challenges[C]. Paris ,2012.

[315] PISANO G P, SHIH W C. Restoring American Competitiveness [J]. Harvard Business Review. 2009, 87(7-8).

[316] PORTER M E. Competitive Advantage [M]. New York: Free Press, 1985:37-64.

[317] PRAHALAD C K, HAMEL K. The Core Competence of the

Corporation[J].Harvard Business Review, 1990,68(3): 79-91.

[318] RICARDO D. On the Principles of Political Economy and Taxation [M]. Variorum Edition in SRAFFA P. Works & Correspondence of RICARDO D in 1817, Cambridge: Cambridge University Press, 1951.

[319] RUGMAN A. Book Review on Hymer's Ph. D Dissertation Published in 1976[J]. Journal of International Business Studies, 1978:103-104.

[320] SACHS J, WARNER A. Economic Reform and the Process of Global Integration[J]. Brookings Papers on Economic Activity No. 1. Washington, DC. 1995 .

[321] SAMUELSON P A. Economics: An Introductory Analysis [M]. McGraw-Hill,1948.

[322] SHENKAR O. Cultural Distance Revisited: towards a More Rigorous Conceptualization and Measurement of Cultural Difference[J]. Journal of International Business Studies, 2001, 32(3): 519-535.

[323] SIMONA G, SARIANNA M, LUNDAN. The Use of Non-equity Modalities and Host-country Impact: Some Evidence from the International Hotel Industry and Areas of Further Research[J]. Transnational Corporations, 2015,21(3):19.

[324] SLAUGHTER M J. Production Transfer Within Multinational Enterprises and American Wages[J]. Journal of International Economics, 2000,50(4): 449-472.

[325] SMITH A. The Wealth of Nations [M].Chicago: University of Chicago Press, 1776.

[326] SPENCER B J. International Outsourcing and Incomplete Contracts[J]. Canadian Journal of Economics, 2005(38): 1107-1135.

[327] STURGEON T J. How Do We Define Value Chains and Production Networks? [J]. IDS Bulletin, 2001(32): 9-18.

[328] SVENSSON L E O. Factor Trade and Goods Trade[J]. Journal of International Economics, 1984,16(3-4):365-378.

[329] TATE, ELLRAM W, HARTMANN L, et.al. Offshore Outsourcing of Services: An Evolutionary Perspective[C]. Academy of Management Annual Meeting, 2009, Chicago, USA.

[330] TIMMER M, ERUMBAN A A, LOS B, et al. New Measures of European Competitiveness: A Global Value Chain Perspective[J]. World Input-Output Database Working Paper No. 9, 2012.

[331] TIROLE J. Incomplete Contracts: Where do We Stand?[J]. Econometrica, 1999,67: 741-781.

[332] TOMIURA E. Foreign Outsourcing, Exporting, and FDI: A Productivity Comparison at the Firm Level[J]. Journal of International Economics, 2007,72(1):113-127.

[333] TORRENS R. Essay on the External Corn Trade[M]. London: Hatchard, 1815.

[334] ULLI A. New Dimensions of Outsourcing: A Combination of Transaction Cost Economics and the Core Competencies Concept[J]. European Journal of Purchasing & Supply Management, 2000(6): 23-29.

[335] UNCTAD. World Investment Report 2011: Non-Equity Modes of International Production and Development [R]. New York and Geneva, 2011.

[336] UNCTAD. World Investment Report 2015: Reforming in International Investment Governance[R]. New York and Geneva, 2015.

[337] WILLIAMSON O E, WACHTER M L, HARRIS J E. Understanding the Employment Relation: The Analysis of Idiosyncratic Exchange[J]. Bell Journal of Economics, 1975, 6(1):250-278.

[338] WILLIAMSON O E. Assessing Contract[J]. Journal of Law, Economics and Organization, Oxford University Press,1985, 1(1): 177-208.

[339] WILLIAMSON O E. Markets and Hierarchies: Analysis and Antitrust Implications[M].New York: Free Press,68ILLIAMSON O E. The Economic Institutions of Capitalism [M]. New York: Free Press,1985.

[340] WILLIAMSON O E. The Institutions of Governance[J]. American Economic Review, 1998,88(2): 75-79.

[341] WILLIAMSON O E. The New Institutional Economics: Taking Stock, Looking Ahead[J]. Journal of Economic Literature, 2000, 8(3): 595-613.

[342] WILLIAMSON O E. Transaction Cost Economics: The Governance of Contractual Relations[J]. Journal of Law and Economics, 1979(22).

[343] WILLIAMSON P J, VERDIN P J. Age, Experience and Corporate Synergy: When Are They Sources of Business Unit Advantage? [J]. British Journal of Management, 1992(3): 221-235 .

[344] WILSON J S, MANN C L, OTSUKI T. Assessing the potential Benefit of Trade Facilitation: A Global Perspective[J]. Policy Research Working Paper Series 3224, The World Bank, 2004.

[345] WTO. World Trade Report 2014: Trade and Development: Recent Trends and the Role of the WTO [R]. Geneva, 2014: 79.

[346] YEAPLE S R. Offshoring, Foreign Direct Investment, and the structure of U.S. trade[J].Journal of the European Economic Association, 2006,4(2-3):602-611.

[347] YEAPLE S R. The Role of Skill Endowments in the Structure of U.S. Outward Foreign Direct Investment[J]. The Review of Economics and Statistics, 2003, 85(3): 726-734.

[348] YEATS. Just How Big is Global Production Sharing?[A]. Arndt S, KIERZKOWSKI H. Fragmentation: New Production Patterns in the World Economy[C]. New York: Oxford University Press, 2001:108-143.

[349] ZINGALES L. Survival of the Fittest or the Fattest? Exit and Financing in the Trucking Industry[J].NBER Working Papers No. 6273, 1997.